品读国学系列之诸子篇

右手《论语》 左手《道德经》

叶德文 著

图书在版编目（CIP）数据

左手《道德经》右手《论语》/ 叶德文著 .—北京：
中国文联出版社，2020.2
ISBN 978-7-5190-4290-5

Ⅰ. ①左… Ⅱ. ①叶… Ⅲ. ①道家 ②《道德经》—通
俗读物 ③儒家 ④《论语》—通俗读物 Ⅳ. ①B223.1-49
②B222.2-49

中国版本图书馆 CIP 数据核字（2020）第 025849 号

左手《道德经》　右手《论语》

作　　者：叶德文

终 审 人：朱彦玲　　　复 审 人：刘　旭
责任编辑：王　萌　　　责任校对：姜晓燕
封面设计：赵嘉嘉　　　责任印制：陈　晨

出版发行：中国文联出版社
地　　址：北京市朝阳区农展馆南里 10 号，100125
电　　话：010-85923042（咨询）85923000（编务）85923020（邮购）
传　　真：010-85923000（总编室），010-85923020（发行部）
网　　址：http://www.clapnet.cn　　http://www.claplus.cn
E - mail：clap@clapnet.cn　　wangm@clapnet.cn

印　　刷：北京虎彩文化传播有限公司
装　　订：北京虎彩文化传播有限公司
法律顾问：北京市德鸿律师事务所王振勇律师
本书如有破损、缺页、装订错误，请与本社联系调换

开　　本：710×1000　　1/16
字　　数：330 千字　　印　张：23
版　　次：2020 年 2 月第 1 版　　印　次：2020 年 2 月第 1 次印刷
书　　号：ISBN 978-7-5190-4290-5
定　　价：58.00 元

序

德文读大学期间，我给他们班上过中国文化概论课。虽然很多年过去了，但德文对祖国传统文化的浓厚兴趣和他执着认真的精神仍然让我记忆犹新，在今日这个浮躁的社会环境里，雅好古代文化的人甚为稀少。近日，德文将他的《品读国学系列之诸子篇·左手〈道德经〉右手〈论语〉》书稿送给我，希望我阅读之后能写几句话。恰逢高校毕业季，各类论文看得我昏天黑地的，间隙品读德文书稿，不禁感慨系之，就随便聊几句以塞责。

当今中国的经济实力增长迅速，国际影响力也在日益扩大。在经济实力提升的同时，我们的文化建设（特别是思想文化、道德修养等）亟须加强。近年来，国家层面多次提出要增强文化自信，建设具有中国特色的符合时代发展需要的新文化已经成为人们的共识。在建设具有时代特色的新文化过程中，除了广泛汲取世界各民族的优秀文化精华为我所用之外，弘扬民族文化，吸收传统文化养分更是不可或缺的环节。而在中国传统文化中，以孔子为代表的儒家文化和以老子为代表的道家文化无疑是很重要的组成部分，加上后世形成的儒道互补理论，深深地影响了一代又一代的中国知识分子。

正如德文的书稿中所讨论的那样。单从魏晋清流的人生哲学中，我们就不难看出这种儒融于道的解脱之举在当时知识分子身上不经意的体现。名士们在追求自由理想人格的过程中，提出了“越名教而任自然”的解脱口号，然而只要封建时代人身依附的关系存在，这种解脱口号就不可能变为现实。人是社会关系的总和，只有社会的人，而没有自然的人。“越名教而任自然”的解脱口号看起来相当鲜明，富有战斗力，但正是在这个口号里，却蕴含着无法解脱的、深沉的痛苦与悲愤，魏晋清流的解脱努力便是儒道互补这一艰难的人生园地中开出的最苦涩的花朵。阮籍、嵇康和同时代的许多文人都在顽强地探索，愤怒地挣扎，却始终找不到理想的解脱之路。他们要解脱，现实却不允许他们解脱，他们要顺世，而现实的黑暗又迫使他们寻找解脱，在这样的社会夹缝中，他们的人生哲学只能或以追求精神的自由逍遥为理想人格，或以迎合世俗为处世之道，前者可以减轻精神上的痛苦，后者则可以保证肉体上的不痛苦。这既是阮籍、嵇康的悲剧，也是封建时代许多文人的共同悲剧。

如果说李白的解脱之道是“人生在世不称意，明朝散发弄扁舟”式的反抗社会桎梏，是“凤歌笑孔丘”“黄金白璧买歌笑，一醉累月轻王侯”的傲世不尊的话；那么，北宋大文豪苏轼则是把解脱的对象转向自身，通过否定自身的不超然而达到超然的解脱。其理想的人格模式表现在思想意识方面，是儒家的进取、道家的解脱二者融汇为一。表现在道德情操方面，便是儒家的忧国忧民、忠贞正直和道家淡泊情怀、清高超俗，两者互为补充。表现在人生实践方面，则是“居庙堂之高，则忧其民；处江湖之远，则忧其君”。可以说，苏轼便是这种理想人格的典型体现者。他既善于深入人生，又善于超越人生，在各种生活环境中尝遍了各种人生滋味，而又总能出乎其外，发现其中的至味。他总能在艰难困苦中，设法找到人生的乐趣，在任何环境中，都保持无往而不乐的超然心境。就像林语堂先生说的：“苏东坡是一个秉性难改的乐天派。”但实际上，苏轼并非一点痛苦也没有，只不过他比阮籍在儒道互补之路上走得更远些、更成功些罢了。

其实，在中国古代士人阶层中，一手《论语》，一手《道德经》，出儒入道，几乎是一种常态。中国传统的士人不管是以进取为主，还是以隐遁为主，大多有过在儒、道二者中选择自身价值的痛苦的磨炼和抉择。一方面，孔儒的“正雅”，使他们富有人情味和充满责任感；另一方面，老庄之道的变通又使他们得以逃避精神烦恼，摆脱内外交困之心灵压力，因而，儒道互补的人格模式实实在在地为中国封建士人架构了一座心灵平衡的路桥，许多人彷徨乎桥上，逍遥乎其中。他们的人生哲学，至今仍值得我们去细细品味总结。而作为构建这座路桥的原始材料：艰难跋涉于为政与为学之间的先秦诸子，其渗透了苦涩滋味的人生，其人、其行、其文、其思想学术，都更值得我们去深入探究。从这个层面来讲，德文的探究，德文的书稿无疑是有意义的。

叶志衡

戊戌端阳日于杭城九思斋

自　序

老子《道德经》是中国乃至世界思想史、文学史、哲学史上影响巨大的典籍之一，是道家哲学思想的重要来源，涵括了“修身立命、治国安邦、出世入世”的全貌，提出了“无为而治”的政治原则，其主旨思想是要求统治阶层“无为而治”，顺应自然、效法自然。

孔子《论语》是中国璀璨文化中首屈一指的著作，其核心思想涵盖了“孝”“忠”“信”“仁”“行”“文”，这也是两千五百年来中国文化灵魂的核心之一。世界上许多古代文化典籍都被遗忘甚至消失了，而中国文化却在五千年的演变中存续下来，《道德经》《论语》等传统典籍发挥了关键性的作用。

《道德经》与《论语》构成了中国传统文化最重要的两条路径，如果说孔子是中国文化的在朝派，而老子则是在野派。老子乃至道家学说最有意义的地方在于给孔子的“理想国”开辟了一条精神逃脱的小路。通过研读《道德经》与《论语》这两部国学典籍，有助于我们在千年的文化长河中找寻到文化源泉和民族之魂。

目　录

上篇

《道德经》品读

《道德经》又称《老子》，是中国古代先秦百家争鸣之前的一部著作，为春秋战国时期的诸子所共仰，是道家哲学思想的重要来源，《道经》在前，《德经》在后，分81章，全文约为5千字，是中国历史上首部完整的哲学著作。

《道德经》提出了“无为而治”的政治原则，儒家也讲“无为而治”，如《论语·卫灵公》:“无为而治者，其舜也与？夫何为哉？恭己正南面而已矣。”朱熹认为:“圣人德盛而民化，不待其有所作为也。”表达了儒家的德治主张。《道德经》“无为而治”的理论依据是“道”，现实依据是变“乱”为“治”;“无为而治”的主要内容是“为无为”和“无为而无不为”，具体措施是劝“统治者少干涉”和“民众无知无欲”。

《道德经》前37章讲“道”，后44章言“德”，简单来说，“道”是体，“德”是用。以《道德经》为代表的老子学说渊源于三大古神书，即《连山》《归藏》《周易》。

第一章

道，可道，非常道。名，可名，非常名。“无”，名天地之始；“有”，名万物之母。故，常“无”，欲以观其妙；常“有”，欲以观其徼。此两者，同出而异名，同谓之玄。玄之又玄，众妙之门。

【译文】

“道”如果可以用言语来表述，那它就是常“道”（“道”是可以用言语来表述的，它并非一般的“道”）；“名”如果可以用文辞去命名，那它就是常“名”（“名”也是可以说明的，它并非普通的“名”）。“无”可以用来表述天地混沌未开之际的状况；而“有”，则是宇宙万物产生之本原的命名。因此，要常从“无”中去观察领悟“道”的奥妙；要常从“有”中去观察体会“道”的端倪。“无”与“有”二者，来源相同而名称相异，都可以称之为玄妙、深远。它不是一般的玄妙、深奥，而是玄妙又玄妙、深远又深远，是宇宙天地万物之奥妙的总门（从“有名”的奥妙到达无形的奥妙，“道”是洞悉一切奥妙变化的门径）。

【解读】

这一章老子重点介绍了他的哲学范畴“道”。“道”的属性是唯物的还是唯心的？这是早已存在的一个问题，自古及今，它引起许多学者的浓厚兴趣。在历史上，韩非子生活的时代距离老子比较近，而且他是第一个为《道德经》作注的学者。关于什么是道，在《解老》中，韩非子这样说：“道者，万物之所然也。万理之所稽也。理者，成物之文也。道者，万物之所以成也。故曰：道，理之者也。”这表明，韩非子是从唯物的方面来理解老子的“道”的。在《史记》中，司马迁把老子与韩非子列入同传（还附有庄子、申不害），即认为韩、庄、申“皆原于道德之意，而老子深远矣”。汉代的王充在《论衡》一书中，同样认为老子的“道”的思想是唯物论的。但是从东汉末年到魏晋时代，情形有了变化。一些学者体会老子哲学所谓“天下万物生于有，有生于无”的妙义，肯定宇宙的本体只有一个“无”，号称玄学。随后佛学传入中国并渐渐兴盛起来，玄学与佛学合流，因而对“道”的解释，便倒向唯心论方面。宋明时期的理学家同样吸取了佛学与玄学思想，对老子的“道”，仍旧作了唯心主义解释。总之，“道”是唯物还是唯心论，学者们一直有根本不同的看法。

【评析】

重点认识“道”的革命性和权威性。“道”这个哲学概念，首经老子提出，这个颇带东方神秘主义的名词，在《老子》一书中频频出现，它有时似乎在显示宇宙天地间一种无比巨大的原动力；有时又在我们面前描画出天地混沌一片的那种亘古蛮荒的状态；或展示天地初分，万物始生，草萌木长的一派蓬勃生机，如此等等。

从老子对“道”的种种构想中，我们完全可以体味到他对“道”的那种近乎虔诚的膜拜和敬畏的由来。老子对“道”的尊崇，完全源于对自然和自然规律的诚信，这完全有别于那个时代视“天”和“上帝”为绝对权威的思想观念。“道”，对老子来说，仅仅是为了彻底摆脱宗教统治而提出的一个新的根据，它比“上帝”更具权威性，因而具备了中国古代哲学史的革命性和合理性。

老子的“道”具有一种对宇宙人生独到的悟解和深刻的体察，这源于他对自然界的细致入微的观察和一种强烈的神秘主义直觉。这种对自然和自然规律的着意关注，是构成老子哲学思想的基石。

源于一种生物学上的意义，人类与自然的关系，无论在精神上抑或在物质方面，从古迄今，都表现为一种近乎原始的依赖性，有如婴儿之于母体。《史记·屈原贾生列传》有云：“夫天者，人之始也；父母者，人之本也，人穷则反本，故劳苦倦极，未尝不呼天也；疾痛惨怛，未尝不呼父母也。”这个所谓的“本”，从更广泛的意义上讲，也就是指“自然”，这个人类和万物的母亲。屈原《天问》为什么会提出许多对宇宙天体、历史、神话和人世方面的疑问？当他对政治前途和黑暗现实感到失望时，很自然地会产生一种对自然的返归心态和求助愿望。出于一种对现实的不满和焦虑，推本溯源，急切希望找到人在神秘的自然力面前的合适位置。相对应的，西方的弗洛伊德也提出过“快乐原则”说，“快乐原则”说论述了文明给人类带来物质利益的同时，也给人类的精神带来了极为沉重的压抑，这是文明之一大缺憾。然而他所说的人类天生的追求快乐的原则，也正是建立在人和自然的和谐关系上。今天，人们在生活需求和文化思想方面涌动的“回归自然”潮流，不也从更广泛的意义上解释了古代哲学家们对宇宙自然竭力尽智地探索的原因吗？由此我们也可理解老子哲学里尊崇自然，否决知识，追求“小国寡民”的政治生活，以及对“道”纯朴本性和神秘的原始动力的渲染的历史原因所在了。

春秋战国时期，分封制的统治模式逐步崩塌，中央集权加强，奴隶社会向封建社会过渡，王权上移，政治和社会关系均发生了急剧的变化，旧有的“天命观”和“天道观”同样也束缚着思想的发展。老子形而上学的“道”的提出，是从对自然史的认识上寻找否决“天命观”“天道观”的理论根据。

第二章

天下皆知美之为美，斯恶已；皆知善之为善，斯不善已。故有无相生，难易相成，长短相形，高下相倾，音声相和，前后相随，恒也。是以圣人处无为之事，行不言之教。万物作焉而弗始也。生而弗有，为而弗恃，功成而弗居。夫唯弗居，是以弗去。

【译文】

天下人都知道美之所以为美，那是由于有丑陋的存在。都知道善之所以为善，那是因为有恶的存在。所以有和无互相转化，难和易互相形成，长和短互相显现，高和下互相充实，音与声互相谐和，前和后互相接随，这是永恒的。因此圣人用无为的观点对待世事，用不言的方式施行教化；听任万物自然兴起而不为其创始，有所施为，但不加自己的倾向，功成业就而不居功。正由于不居功，就无所谓失去。

【解读】

朴素的辩证法，是老子哲学中最有价值的部分。在中国的哲学史上，还从来没有谁像他那样深刻和系统地揭示出了事物对立统一的规律。老子认为，事物的发展和变化，都是在矛盾对立的状态中产生的。对立着的双方互相依存，互相联结，并能向其相反的方向转化。而这种变化，他把它认为是自然的根本性质，“反者，道之动也”（第四十章）。老子的辩证法是基于对自然和社会综合的概括，其目的在于找到一种合理的社会生活的政治制度的模式。他所提出的一系列的对立面，在人类社会生活中随处可见，如善恶、美丑、是非、强弱、成败、祸福等，都蕴含着丰富的辩证法原理。譬如说，如果人们没有对美好事物的认定和追求，也就不会产生对丑恶现象的唾弃；当你还沉浸在幸福或成功的喜悦中时，或许一场灾祸或不幸正悄悄临近。

宋代诗人苏东坡在《题西林壁》中写道：“不识庐山真面目，只缘身在此山中。”这富有哲理的诗句，表述了对事物全体与部分、宏观与微观、现象与本质等诸种关系的领悟；这富于启迪性的人生哲理，与老子的辩证法有异曲同工之妙。如果我们站在历史的高度上，会发现人类文明的进步是在真理与谬误、美与丑、进步与落后等矛盾斗争中前进的。而辩证法的丰富内涵就包含在全部人类文明史中。

老子的朴素辩证法，对中国文化的影响是极其深远的。传统文学艺术中有不少体现辩证思维的范畴，就与之有明显的渊源联系。例如“有”与“无”，出自老庄哲学，“有无相生”体现了事物对立统一的辩证关系，实际也体现了艺术创作的辩证关系。后世的作家、艺术家，他们逐步从老庄哲学中引申出了这样一种思想：通过“有声”“有色”的艺术，而进入“无声”“无色”的艺术深层境界，才是至美的境界。与之相关，“虚”

与“实”的概念也随之应运而生，而“虚实相生”理论也成为中国古代艺术美学中独具特色的理论。现代书法家沈尹默先生曾经说过，世人公认中国书法是最高艺术，就是因为它能显示出惊人奇迹，无色而具图画之灿烂，无声而有音乐之和谐，令人心旷神怡。王伯敏《中国绘画史》说：“中国画题款的发展，与书法的发展极为密切。中国书法，具有它的形式美，乃是‘无色而具有图画之灿烂，无声而有音乐之和谐’。”“奇”与“正”这对范畴涉及艺术创作中整齐与变化相统一的创造、表现方法，为中国古代作家、艺术家所常用。“正”指正常、正规、正统、整齐、均衡，“奇”指反常、怪异、创新、参差、变化，二者在艺术创作中是“多样统一”规律的具体表现之一。在创作者们看来，其意味着事物与事物或形式因素之间既有对称、均衡、整齐，也有参差、矛盾、变化，彼此相反相成，正中见奇，奇中有正，奇正相生，于是产生出和谐的、新颖的艺术美。倘若寻根究源，“奇”与“正”作为对立的哲学范畴，正始见于《老子》五八章：“祸兮，福之所倚；福兮，祸之所伏。孰知其极：其无正也。正复为奇，善复为妖。”而将这对范畴移用于文学理论中，则始于中国第一部文学理论文学批评史——刘勰所著的《文心雕龙》，该书共10卷，50篇，以孔子美学思想为基础，兼采道家，认为道是文学的本源，圣人是文人学习的楷模，“经书”是文章的典范，把作家创作个性的形成归结为“才”“气”“学”“习”四个方面。其中《知音》篇是中国文学理论批评史上探讨批评问题的较早的专篇文献，它提出了批评的态度问题、批评家的主观修养问题、批评应该注意的方面等。例如，关于批评态度问题，刘勰非常强调批评应该有全面的观点，由于文学创作从内容到形式都是丰富而多样的，因此批评家就不应“各执一隅之解，欲拟万端之变”，“将阅文情，先标六观：一观位体，二观置辞，三观通变，四观奇正，五观事义，六观宫商。斯术既形，则优劣见矣”。否则就会出现“东向而望，不见西墙”的现象。

不容否认，在中国哲学辩证法发展史上，老子的学说及其影响值得大书特书。

【评析】

无论学术界在“道”的属性方面的争论多么激烈，学者们都一致认为老子的辩证法思想是其哲学上的显著特征。老子认识到，宇宙间的事物都处在变化运动之中，事物从产生到消亡，都是有始有终的、经常变化的，宇宙间没有永恒不变的东西。老子在本章中指出，事物都有自身的对立面，都是以对立的方面为自己存在的前提，没有“有”也就没有“无”，没有“长”也就没有“短”；反之亦然。这就是中国古典哲学中所谓的“相反相成”。本章所用“相生、相成、相形、相倾、相和、相随”等，是指相比较而存在，相依靠而生成，只是不同的对立概念使用不同的动词。

在第三句中首次出现“无为”一词。无为不是无所作为，而是要按照自然界的“无为”的规律办事，主张发挥人的创造性，像“圣人”那样，用无为的手段达到有为的目的。显然，在老子哲学中有发挥主观能动性，去贡献自己的力量，去成就大众的事业的积极进取的因素。老子非常重视矛盾的对立和转化，他的这一见解，恰好是朴素辩证法思想的具体运用。他希望“圣人”能够依照客观规律，以无为的方式去化解矛盾。

第三章

不尚贤，使民不争。不贵难得之货，使民不为盗。不见可欲，使民心不乱。是以圣人之治，虚其心，实其腹，弱其志，强其骨；常使民无知、无欲，使夫智者不敢为也。为无为，则无不治。

【译文】

不推崇有才德的人，令老百姓不互相争夺；不珍爱难得的财物，令老百姓不去偷窃；不显耀足以引起贪心的事物，令民心不被迷乱。因此，圣人的治理原则是：排空百姓的心机，填饱百姓的肚腹，减弱百姓的竞争意识，增强百姓的筋骨体魄，长期使老百姓没有智巧，没有欲望，致使那些有才智的人也不敢妄为造事。圣人按照“无为”的原则去做，办事顺应自然，那么，天下就不会不太平了。

【解读】

这一章主题是讲“无为而治乃大治”。任用贤才，富国强兵，而后取列国为一统，本是春秋战国时代从以血缘关系为纽带的世卿世禄制向封建的中央集权制国家发展之一大时代特征。对人才的重视、使用乃至研究，成了长达五个半世纪的先秦社会中的热点问题。先秦时代是诸子、士和知识分子的黄金时代。由于列国都重视人才，知识分子的社会地位大大提高。他们或者纵横捭阖，游说诸侯；或者著书立说，自由阐发自己的观点。《四库全书总目》等书则记载“诸子百家”实有上千家，归纳而言只有12家被发展成学派，诸子百家流传最为广泛的是“法家、道家、墨家、儒家、阴阳家、名家、杂家、农家、小说家、纵横家、兵家、医家”。可以说，多元的政治格局和动荡、变乱的社会现实，为他们发挥聪明才智提供了最广阔的历史舞台。但不可否认的是，社会大变革中产生的种种弊端，特别是苛重的租税和劳役、频繁的战事所造成的经济凋敝和艰辛的民生，以及统治者的伪善、贪婪、残暴不仁等，都给诸子以反思，他们希望从理论上来探究其原因。于是，有了从社会本体即人的本性的研讨，来找寻构建理想社会的基石。

墨家、法家对人性做出了“恶”的假定，并因之而提出“崇贤尚才”的主张。主张用积极、斗争的方式来促进社会的改良。他们高扬了人类的主观能动性和创造性，对先秦社会的发展发挥了良好的积极作用，如商鞅变法直接促成秦王朝统一六国。与之相反，老子认为人的本性是善良的纯真的。而种种丑恶行为，则应当是不合理不完善的社会制度造成人性扭曲的不正常现象。由此，老子坚持去伪存真，保留人性善美而契合自然之道的东西；摒弃所有引起人的贪欲的东西，尤其是当时流行的推崇贤能的风尚，更被他认为是最易产生罪恶的渊薮。他的政治思想，在今天看来，似乎难以理解。他理想社会中的人民，身体强健，心灵单纯，没有奢侈的物质享受欲望，也没有被各种令人头晕目眩的文化或知识困扰的烦恼。他是一个历史的循环论者。在他的眼里，让人们在一种自由宽松的社会环境中保持人类纯朴天真的精神生活，与自然之道相契合，比物质文明虽然发达，但充满着危机、争斗和阴谋的社会制度显然更符合于人类的本性。他所强调的“无为”，即是顺应自然，其治理社会的效力，显然要比用法令、规章、制度、道德、知识来约束人的社会行为要合理得多、有力得多。这就是“无为而无不为”的基础含义。而老子的这种社会理想，又是同他的“道”论密切相关的。

出于对自然法则的深刻悟解，老子把适应于“道”的运动，看作是人类政治制度、社会生活以及道德准则都应该遵循的最高准则。具体体现在他政治思想中的即是他鼓吹的“无为之治”和“不言之教”。所谓“无为之治”并不是无所为，而是强调人的社会行为要顺应自然，适用于“道”的运动。李约瑟在《中国的科学与文明》中把这种行为方式解释为“抑制违反自然的行动”。具体地讲，就是要求统治者给老百姓宽松的生活和生产的环境，不强加干预，以顺应自然。老百姓在这种怡然自得的生活环境里，无苛政之苦、无重税之忧，自然会感到这种政策的好处，从而达到了“不言之教”的教化作用。

“无为之治”并不是脱离现实的乌托邦，也不是虚渺幻想中架设起来的空中楼阁，它具有现实中施行的可行性和合理性。最显明的史例就是汉初的黄老无为之治。由于秦王朝的残暴统治和汉楚之争，西汉初期，社会生产遭受严重破坏，经济凋敝，人口大量减少。《史记·平准书》记载当时“自天子不能具钧驷，而将相或乘牛车，齐民无藏盖”。在这种凋敝的社会经济状况下，自高祖刘邦开始，实行了黄老的无为之治，采取了“与民休息”的政策。至文帝时期，更进一步推行“轻徭薄赋”“约法省禁”政策，使生产逐渐得到恢复和发展。

在老子看来，高明的当政者和领导者应懂得自然之道，顺应人的天性，让下属和百姓各尽其能，各守其职，各得其所，相安无事，而切忌用过多的条规制度来进行强制性约束，否则会适得其反。也就是说，最好的政策应该是“清静无为”的政策，不要左一个运动，右一个政策，搞得民众无所适从。一个国家、一个社会就像井水一样，搅动得越凶，残渣败叶就越是泛起，水就越是混浊，最好的办法是停止施加外力，让它自己慢慢平静下来，这样井水就会自然清静了。“无为而治乃大治”，这就是老子“无为”论给后人的有益启示。

【评析】

在上一章里，老子提出了“无为”的概念，认为要顺应自然规律，做到“无为”。本章里，老子进一步阐述了他的社会政治思想。老子所说的无为，并非不为，而是不妄为。他认为，体现“道”的“圣人”，要治理国家，就应当不尊尚贤才异能，以使人民不要争夺权位和功名利禄。前面说到，先秦时代关于选贤用能的学说已形成强大的社会舆论，各诸侯国争用贤才也形成必然的趋势。老子在这种背景下，敢于提出“不尚贤”的观点，与其他诸子百家形成对立，似乎不合时宜。不过，在老子的观点中，不包含贬低人才、否定人才的意思。而是说，统治者不要给贤才过分优越的地位、权势和功名，以免使“贤才”成为一种诱惑，引起人们纷纷争权夺利。

在本章里，老子透露出他人生哲学的出发点，他既不讲人性善，也不讲人性恶，而是说人性本来是“无知无欲”，犹如一张白纸。如果社会出现尚贤的风气，人们对此当然不会视而不见，肯定会挑起人们的占有欲、追逐欲，从而导致天下大乱。倘若不使人们看到可以贪图的东西，那么人们就可以保持“无知无欲”的纯洁本性。

不使人们有贪欲，并不是要剥夺人们的生存权利，而是要尽可能地“实其腹”“强其骨”，使老百姓生活温饱，身体健壮；此外要“虚其心”“弱其志”，使百姓们没有盗取利禄之心，没有争强好胜之志，这样做，就顺应了自然规律，就做到了无为而治。这一章与前章相呼应，从社会的角度，使人人都回归纯洁的、无知无欲的自然本性。遵循这样的自然规律，天下自然可以大治。

老子的“无为”思想和学说，在当时的历史条件下，有其进步的一面和合理的因素。他认为，历史的发展有一定的规律。这规律不由上帝安排、操纵，也不受人的主观意志支配，而是客观的、自然的。这种观点对当时思想界存在的敬天法祖的观念和某些宗教迷信观念，起到一定的破除作用。

第四章

道冲，而用之有弗盈也。渊兮！似万物之宗。锉其锐，解其纷，和其光，同其尘。湛兮！似或存。吾不知其谁之子，象帝之先。

【译文】

大“道”空虚无形，但它的作用又是无穷无尽。深远啊！它好像万物的祖宗。消磨它们的锋锐，消除它们的纷扰，调和它们的光辉，将它们混同于尘世。隐没不见啊，又好像实际存在。我不知道它是谁的后代，似乎是天帝的祖先。

【引语】

在本章里，老子仍然在论述“道”的内涵。他认为，“道”是虚体的，无形无象，人们视而不见、触而不着，只能依赖意识去感知它。虽然“道”是虚体的，但它并非一无所有，而是蕴含着物质世界的创造性因素。这种因素极为丰富，极其久远，存在于天帝产生之先。因而，创造宇宙天地万物自然界的是“道”，而不是天帝。这样，老子从物质方面再次解释了“道”的属性。

承接第一章内容“无形”，老子称颂“道”虽然虚不见形，但不是空无所有，从“横”的角度谈，“道”是无限博大，用之不尽；从“纵”的角度谈，“道”又是无限深远，无以追溯其来历，它好像是自然万物的祖宗，又好像是天帝的祖先，如此说来，不是天帝造物，而是“道”

生天帝，继生万物，“道”的作用是宇宙至高无上的主宰。

【解读】

老子把“道”喻为一只肚内空虚的容器，是对其神秘性、不可触摸性和无限作用的最直观和最形象的譬喻。“冲”字在《老子》这一章句中的意思，应该作为冲和谦虚之意，冲便是虚而不满，同时有源远流长、绵绵不绝的含义。哲理的揭示，只有扎根于形象，才会使蕴含的丰富性、概括性、抽象性和外延性得到能动和富有想象力的发挥，老子对道的这种不拘常规的描述方式，给予后来道家人物自由放荡的思想和行为以先导和启迪意义。

最引人深思的例子，是对庄子作品中深邃的哲理发挥和艺术形象想象力的极度夸张的影响。《庄子·德充符》写了好几个奇丑无比的得道之士，如断脚的叔山无趾，生着瘤子的瓮盎大瘿，曲足驼背又没有嘴唇的闉跂支离无脤等。可这样的人，偏偏国君看其顺眼，男人们乐于相处，女人们甚至争着相嫁。究其缘由，就因为这些人悟道天然，形显而德美，内在的道德美胜过了外在的形体丑。《庄子》一书中，像这样用放荡的思维和古怪的事例来阐说道理的篇章，可谓比比皆是。他说厉鬼与西施“道通为一”，说中央之帝浑沌被人为凿出“七窍”而丢了命，诸如此类，都体现出这种特征。

这种超常规的思维方式，对于后来魏晋时期玄学的自由发挥，也有直接的影响。玄学在残酷的政治高压下，以反对世俗礼教的束缚，主张人性的解放、服膺于自然为宗旨。竹林七贤之一的刘伶，佯狂纵酒，放浪形骸。一次，他饮酒大醉，脱衣裸形在屋里。有人因此而嘲笑他，刘伶却回答说：“我把天地当作房屋，房屋当作衣裤，你又为什么走到我的裤子中来呢？”这种看似怪诞的言行，却真实反映了清谈人物对人与自然关系以及对道的特性的理解。老子说：“人法地，地法天，天法道，道法自然。”道家思想主张人与自然关系的谐和，追求个人的生活方式、思想、道德和行为准则与道、自然、天地相契合的最高境界。刘伶的这种惊世骇俗的言行，正是对世俗和礼教的唾弃，正是把自己的精神、肉体融合到自然广大深厚怀抱里的一种实践。

“越名教而任自然”，这是魏晋名士的名言。对现实礼教的鄙弃，对自然天性的追求，使得思想放荡、性格不羁的他们，在世俗的眼中总是显得那么奇异怪诞、格格不入。那个临刑前还要弹奏一曲《广陵散》的嵇康，就是一个敢于怀疑和批判的思想放荡者。他竟然对一向被视为“凶逆”的管叔、蔡叔给予新评价，认为其“未为不贤”，只是“不达圣权”而已；不仅如此，他还无法无天地“非汤武而薄周孔”。诸如此类，他都表现出一种独立不羁的人格精神，千载而后，仍让人不能不感叹敬佩。

【评析】

在本章里，老子通过形容和比喻，对“道”作以具体描述。本来老子认为“道”是不可名状的，实际上“道可道，非常道”就是“道”的一种写状，这里又接着描写“道”的形象。

老子说，“道”是空虚无形的，但它所能发挥的作用却是无法限量的，无穷无尽而且永远不会枯竭。它是万事万物的宗主，支配着一切事物，是宇宙天地存在和发展变化必须依赖的力量。在这里，老子自问：“道”是从哪里产生出来的呢？他没有做出正面回答，而是说“道”存在于天帝现相之前。既然在天帝产生以前，那么天帝也就无疑是由“道”产生出来的。由此，研究者们得出结论，认为老子确实提出了无神论的思想。

也有学者把老子的“道”与同一时期（公元前500年前后）的古希腊哲学家赫拉克利特的“逻各斯”相提并论，认为这两个范畴的内涵非常接近。赫拉克利特的“逻各斯”是永恒的存在，万事万物皆依“逻各斯”而产生。但它不是任何神或者任何人所创造的，而是创造世界的种子，是一种“以太”的物体。“逻各斯”无时无处不存在于自然界和人类社会，但人们却不能感觉到它的存在，然而它的存在是确实的。老子的“道”同样具有“逻各斯”的这些属性和职能，二者的形象十分近似。

在前四章里，老子集中提出了“道”是宇宙的本原，而且先于天帝而存在；事物都是互相矛盾而存在的，并且处于变化发展之中等观点。此外，老子还提出了他自己对社会政治和人生处世的某些基本观点。这些学说无不充满智慧。

第五章

天地不仁，以万物为刍狗；圣人不仁，以百姓为刍狗。天地之间，其犹橐籥乎？虚而不屈，动而愈出。多闻数穷，不若守于中。

【译文】

天地是无所谓仁慈的，对待万事万物就像对待刍狗一样，任凭它们自生自灭。圣人也是没有仁爱的，同样像对待刍狗那样对待百姓，任凭人们自作自息。天地之间，岂不像个风箱一样吗？它空虚而不枯竭，越鼓动风就越多，生生不息。政令繁多反而更行不通，不如保持虚静。

【引语】

本章的内容主要包括两方面的意思，一是老子再次表述了自己无神论的思想倾向，否定当时思想界存在的把天地人格化的观点。他认为天地是自然的存在，没有理性和感情，它的存在对自然界万事万物不会产生任何作用，因为万物在天地之间依照自身的自然规律变化发展，不受“天、神、人”的左右。二是老子又谈到“无为”的社会政治思想，这是对前四章内容的进一步发挥。他认为，作为圣人即理想的统治者，应当遵循自然规律，无为而治，任凭老百姓自作自息、繁衍生存，而不会采取干预的态度和措施。本章也是承上章对“道冲”做进一步论述。此处由“天道”推论“人道”，由“自然”推论“社会”，核心思想是阐述清静无为的好处。本章用具体比喻说明如何认识自然和正确对待自然，论述天地本属自然，社会要顺乎自然，保持虚静，比喻鲜明生动。

【解读】

“天”的新发现。不讲仁慈，听任事物的自生自灭。这就是老子在对自然界的客观唯物性质认识的基础上，所提出的“无为之治”的大体原则。

“天”是中国哲学史上最早出现的一个范畴。古人惯于把天看作是世界的主宰，并往往赋予天以人格和宗教方面的含义，先秦诸子也大多继承了这种传统的天命观。夏王朝的建立，由于有了统一的君主专制政权，反映到宗教上，在多神之上便出现了众神之长，即上帝，又叫作“天”。从此，“天”被赋予了至高无上的神性，而成为天神。这种人格化的主宰者式的天神观念，到了商、周时期得到进一步强化和丰富。春秋时期，传统的天命神学并未完全解体，依然是当时占统治地位的意识形态。孔子关于“天”的理解是有矛盾的，就其思想的主导方面而言，仍是坚持了殷周以来的天神观念，肯定天是有意志的，并且肯定天命，鼓吹“生死有命，富贵在天”；而墨子则提出“天志”“天意”，宣扬天有意志，认为天能赏善罚恶，并有“兼爱”精神；孟子更以人性的义理推及天道，说“诚者天之道；思诚者人之道”。时至今日，人们还常说“天理难容”这样的话，可见，传统天命观是如何广泛而深远地影响着我们思想方法。

老子是一个勇敢的批判者，他具备了他同时代和以后诸多哲学家、学者所不具备的睿智和胆识。正是他第一个说出了天不讲仁慈这样的真理，并用哲学的推理，把自然界的原理转向人世。在老子的眼中，天不带有任何人类道义和道德方面的感情，它有自己客观运行的方式。天虽然不讲仁慈，但也无所偏向，不特意对万物施暴。而它滋生万物，给世界以蓬勃的生机，使人类得以繁衍生息，社会文明得以昌明。因此，“圣人”也不对百姓讲仁慈，他应仿效自然运行的样子，治理社会。如果治理者发的议论多了，人为的干预多了，各种矛盾也就会激化，更何况个人的意见往往带有片面性或谬误。

老子在关于“天”的问题上，既不同于孔子的“天命”，又区别于墨子的“天志”，认为“道”是宇宙万物的根本。“天”是由“道”产生的，它没有意志，没有好恶，更不是一种超自然的精神力量。这无疑是一种自然之天。老子的功绩，就在于他否定了有人格的天神，重新恢复和提出自然之天。

【评析】

这一章从反对“有为”的角度出发，老子谈论的仍是“无为”的道理。天地不仁，表明天地是一个物理的、自然的存在，并不具有人类般的理性和感情；万物在天地之间依照自然法则运行，并不像有神论者所想象的那样，以为天地自然法则对某物有所偏爱或有所嫌弃，其实这只是人类感情的投射作用。这一见解，表现了老子反对鬼神术数的无神论思想，是值得重视的进步思想。从“无为”推论下去，无神论是符合逻辑的必然结果。他认为天地是无为的，自然界的一切事物，只需依照自然界的发展规律生长变化，不需任何主宰者凌驾于自然之上来加以命令和安排。

老子对此问题，通过生活中的两件事加以解说。一是人们祭祀时使用的用草扎制而成的狗，祈祷时用它，用完后随手就扔掉了。同样，圣人无所偏爱，取法于天地之间，纯任自然。即圣明的统治者对老百姓也不应有厚有薄，而要平等相待，让他们根据自己的需要安排作息。二是使用的风箱，只要拉动就可以鼓出风来，而且不会竭尽。天地之间好像一个风箱，空虚而不会枯竭，越鼓动风越多。老子通过这两个比喻想要说明的问题是：“多闻数穷，不如守中。”政令烦苛，只会加速其败亡，不如保持虚静状态。这里所说的中，不是中正之道，而是虚静。儒家讲中正、中庸、不偏不倚，老子讲的这个“中”，还含有“无数”的意思。即用很多强制性的言辞法令来强制人民，很快就会遭到失败，不如按照自然规律办事，虚静无为，万物反能够生化不竭。有为，总不会有好的结果，这是老子在本章最后所提出的警告。

总之，本章的主旨仍是宣传“虚用”，同前两章相连，犹在宣传“无为”，所使用的方法，仍是由天道而人道，由自然而社会。

第六章

谷神不死，是谓玄牝。玄牝之门，是谓天地之根。绵绵呵！其若存！用之不堇。

【译文】

生养天地万物的道（谷神）是永恒长存的，称为玄妙的母性。玄妙母体的生育之门，就是天地的根本。连绵不绝啊！道的存在却难觅踪迹，而作用是无穷无尽的。

【引语】

老子在这一章里继续说明“道”的特征。他所运用的方法仍是比喻、借代。他用“谷”象征“道”，说明“道”既是空虚的又是实在的；他用“神”比喻“道”，说明“道”生万物，绵延不断；他用“玄牝之门”比喻“道”是产生万事万物的根源，等等。他想说明“道”的作用是无穷无尽的，从时间而言，它历久不衰，天长地久。从空间而言，它无处不在、无穷无尽。它孕育着宇宙万物而生生不息。

【解读】

“怪异思维何曾怪”。把神秘莫名的“道”喻之为雌性动物的生殖器官，非常贴切地描述了无所不能的、生育着万物的“道”的特性。这种粗拙、简明和带有野蛮时代遗风的表述方法，在老子的书中屡屡出现。这说明了两方面的问题：（1）从用词遣名的习惯上看，反映出老子对人类因循知识的厌倦，他担心文明的习惯和知识会日益削弱人类对自然的洞察和对“道”的领悟；（2）老子不愿意把“道”界定在某个认识范畴之内。他所关注着的“道”是宇宙、天地间的一种相互联系、相互制约、相互影响、相互作用的整体的统一关系，而不在于某部分或某种性质的界定或划分。因此，他的“道”具有不同于众的描述方式和认识角度。

无独有偶，20世纪初的心理学大师弗洛伊德在论及人与文明的关系时，也使用了如此“粗俗”的描述方法。他把人类的住房分析成是母亲的替代物，说:“子宫是第一个住房，人类十有八九还留恋它，因为那里安全舒畅。”是的，人类最原始的本性表现为对母体的依恋，这在每个人的内心中都有所体验。然而这种本性又在人类精神需求上曲折地表现为依赖自然，企求与自然合为一体的强烈愿望。我们今天对自然的依恋，对田园牧歌式生活的向往，也正如孩提之对温柔的母体，急切地希望在自然无穷的奥秘中寻回我们失去太多了的东西。太多的城市的喧嚣，过度的工业污染，人口失调以及紧张复杂的人事关系，使人们的精神承受着沉重的压力。我们致力于环境保护：种植森林，净化空气和江河海洋的水质，保护濒临绝灭的野生动植物，是在拯救我们赖以生存的自然环境。我们在哲学上、文化思想上研究人与自然的关系，也都是在寻回人类业已失去了的梦。因此，重新回过头来理解老子给“道”赋予的睿智、广博和深沉的哲学含义，当对今天社会文明持续、协调的发展具有很强的启迪意义。人们大多习惯于常规化的思维，把不合于此之物斥为“怪”，这其实是一种思维的惰性表现。要知道，打破常规，才会有认识的深化和观念的革命。读《老子》一书，我们尤其不可忘记这一点。

【评析】

本章用简洁的文字描写形而上的实存的“道”，即继续阐述第四章“道”在天地之先的思想，用“谷”来象征“道”体的虚状；用“神”来比喻“道”生万物的绵延不绝，认为“道”是在无限的空间支配万物发展变化的力量，是具有一定物质规律性的统一体。它空虚幽深，因应无穷，永远不会枯竭，永远不会停止运行。这种支配万物发展变化的力量，就是对立统一规律。“谷神不死”，体现出“道”的永恒性，即恒“道”。

“玄牝之门”是产生万事万物的地方，它的作用非常之大。“玄牝之门”“天地根”，都用来说明“道”为产生天地万物的始源。古代也有人把本章的要旨解释为胎息养生之术，认为：“天地之门，以吐纳阴阳生死之气。每至旦，面向午，展两手于膝之上，徐按捺百节，口吐浊气，鼻引清气，所以吐故纳新。是鼜气良久，徐徐吐之，仍以左右手上下前后拓。取气之时，意想太和，元气下人毛际，流于五脏，四支皆受其润，如山纳云，如地受泽。若气通则竟腹中咽，咽转动。若得十通，即竟，身体润泽而色光涣，耳目聪明，饮食有味，气力倍加，诸疾去矣。”（《太平御览·方术部》引《修养杂诀》）这是把老子的思想与传统养生术联系起来的解释。这种思考的角度，也不失为对老子学说的一种发挥。

第七章

天长，地久。天地之所以能长且久者，以其不自生也，故能长生。是以圣人后其身而身先，外其身而身存，非以其无私邪？故能成其私。

【译文】

天长地久，天地之所以能长久存在，是因为它们不为了自己的生存而自然地运行着，所以能够长久生存。因此，有道的圣人遇事谦退无争，反而能在众人之中领先；将自己置之度外，反而能保全自身生存。这不正是因为他无私吗？所以能成就他自身。

【解读】

本章也是由道推论人道，反映了老子以退为进的思想主张。老子认为：天地由于“无私”而长存永在，人间“圣人”由于退身忘私而成就其理想。如大禹为人民治水，八年在外三过家门而不入，人民拥戴他为王。老子用朴素辩证法的观点，说明利他（“后其身”“外其身”）和利己（“身先”“身存”）是统一的，利他往往能转化为利己，老子想以此说服人们都来利他，这种谦退无私的精神，有它积极的意义。

【评析】

这一章继第五章之后，再一次歌颂天地。天地是客观存在的自然，是“道”所产生并依“道”的规律运行而生存，从而真正地体现“道”。老子赞美天地，同时以天道推及人道，希望人道效法天道。在老子的观念中，所谓人道，即以天道为依归，也就是天道在具体问题上的具体运用。这一点，是老子书中经常发表的观点，在本章里，他就表达了这种观点。接下来，老子以“圣人”来说明人道的问题。圣人是处于最高地位理想的治者，对他而言，人道既要用于为政治世，又要用于修身养性，而且要切实效法天地的无私无为。对天地来说，“以其不自生也，故能长生”；对圣人来说，“非以其无私邪？故能成其私”。这其中包含有辩证法的因素，不自生故能长生，不自私故能成其私，说明对立的双方在互相转化。通俗地讲，老子所赞美的圣人能谦居人后，能置身度外。这种思想，是以无争争，以无私私，以无为为的为人处世智慧。仁智互见，在《道德经》书的许多观点来讲都是如此。对各种解释可以姑且存之，经比较研究，终究可以找到切合实际的观点。

第八章

上善若水。水善利万物而不争，处众人之所恶，故几于道。居，善地；心，善渊；与，善仁；言，善信；政，善治；事，善能；动，善时。夫唯不争，故无尤。

【译文】

最善的人好像水一样。水善于滋润万物而不与万物相争，停留在众人都不喜欢的地方，所以最接近于“道”。居处，善于像水一样安于低洼之地；心胸善于保持沉静而深不可测；交友待人，善于像水那样施仁；

说话，善于恪守信用；为政，善于精简处理把国家治理好；处事，像水那样无所不能；行动，像水那样顺势而为。正因为有不争的美德，所以没有过失，也就没有怨咎。

【解读】

在上一章以天地之道推及人道之后，这一章又以自然界的水来喻人、教人。老子首先用水性来比喻有高尚品德者的人格，认为他们的品格像水那样，一是柔，二是停留在低洼的地方，三是滋润万物而不与争。最完善的人格也应该具有这种心态与行为，不但做有利于众人的事情而不争，而且还愿意去别人不愿去的地方，愿意做别人不愿做的事情。他可以忍辱负重，任劳任怨，能尽其所能地贡献自己的力量去帮助别人，而不会与别人争功争名争利，这就是老子“善利万物而不争”的著名思想。

【评析】

老子在自然界万事万物中最赞美水，认为水德是近于道的。而理想中的“圣人”是道的体现者，因为他的言行有类于水。为什么说水德近于道呢？王夫之解释说：“五行之体，水为最微。善居道者，为其微，不为其著；处众之后，而常德众之先。”以不争争，以无私私，这就是水的最显著特性。水滋润万物而无取于万物，而且甘心停留在最低洼、最潮湿的地方。在此后的七个并列排比句中，都具有关于水德的写状，同时也是介绍善之人所应具备的品格。老子并列举出七个“善”字，都是受到水的启发。最后的结论是：为人处世的要旨，即为“不争”。也就是说，宁处别人之所恶也不去与人争利，所以别人也没有什么怨尤。这章与儒家思想可谓儒道相济，其中《论语·雍也篇》有道：“知者乐水，仁者乐山；知者动，仁者静；知者乐，仁者寿。”为什么“知者乐水，仁者乐山”呢？有云：“知者，达于事理而周流无滞，有似于水，故乐水。仁者，安于义理而厚重不迁，有似于山，故乐山。”

另，《荀子·宥坐》记载了孔子答弟子子贡问水的一段对话：“孔子观于东流之水。子贡问于孔子曰：‘君子之所以见大水必观焉者，是何？’孔子曰：‘夫水，遍与诸生而无为也，似德。其流也埤下，裾拘必循其理，似义。其洸洸乎不淈尽，似道。若有决行之，其应佚若声响，其赴百仞之谷不惧，似勇。主量必平，似法。盈不求概，似正。淖约微达，似察。以出以入，以就鲜洁，似善化。其万折也必东，似志。是故君子见大水必观焉。’”在此处，孔子以水描述了他理想中的具备崇高人格的君子形象，这里涉及德、义、道、勇、法、正、察、志以及善化等道德范畴。这其中的观点与道家有显而易见的区别，但也有某些相似之处。可以此段引文与《道德经》第八章参照阅读。

第九章

持而盈之，不如其已；揣而锐之，不可长保。金玉满堂，莫之能守；富贵而骄，自遗其咎。功遂身退，天之道也。

【译文】

执持盈满，不如适时停止；显露锋芒，锐势难以保持长久。金玉满堂，无法守藏；如果富贵到了骄横的程度，那是给自己留下了祸根。一件事情做得圆满了，就要含藏收敛，这是符合自然规律的道理。

【解读】

这一章正面讲一般人的为人之道，主旨是要留有余地，不要把事情做得太过，不要被胜利冲昏头脑。老子认为，不论做什么事都不可过度，应该适可即止。锋芒毕露，富贵而骄，居功贪位，都是过度的表现，难免招致灾祸。一般人遇到名利当头的时候，没有不心醉神往的，没有不趋之若鹜的。老子在这里说出了知进而不知退、善争而不善让的祸害，希望人们把握好度，适可而止。本章的主旨在于写“盈”。“盈”即是满溢、过度的意思，自满自骄都是“盈”的表现。持“盈”的结果，将不免于倾覆的祸患。所以老子谆谆告诫人们不可“盈”，一个人在成就了功名之后，身退不“盈”，才是长保之道。

【评析】

本章论述的重点是“盈”和“功成身退”。贪慕权位利禄的人，往往得寸进尺；恃才傲物的人，总是锋芒毕露，耀人眼目，这些是应该引以为戒的。否则，富贵而骄，便会招来祸患。就普通人而言，建立功名是相当困难的，但功成名就之后如何去对待它，那就更不容易了。老子劝人功成而不居，急流勇退，结果可以保全天年。然而有些人则贪心不足，居功自傲，忘乎所以，结果身败名裂。秦国丞相李斯即是如此。李斯在秦国做到丞相之职，可谓富贵功名于一身，权大势重不可一世。然而最终却做了阶下囚。临刑时，他对儿子说：“吾欲与若复牵黄犬，俱出上蔡东门，逐狡兔，岂可得乎？”不仅丞相做不成了，连做一个布衣百姓与儿子外出狩猎的机会也没有了，这是多么典型的一个事例啊！然而，对普通人而言，如果他没有身败名裂之时，是不大可能领会“功成身退”的真谛的。

“飞鸟尽，良弓藏；狡兔死，走狗烹”，汉高祖刘邦诛杀异姓王、宋太祖赵匡胤杯酒释兵权、明太祖朱元璋火烧庆功楼等不胜枚举，作为普通人要做到淡泊名利与地位，才有可能“功成身退”。事物的发展本来就是向着自己的反面，否泰相参、祸福相依，古今中外历史上长盛不衰的能有几人？“功成名就”固然是好事，但其中却也含有引发祸水的因素。老子已经悟出辩证法的道理，正确指出了进退、荣辱、正反等互相转化的关系。因而他奉劝人们在事情做好之后，不要贪婪权位名利，不要尸位其间，而要收敛意欲，含藏动力。宋代著名文学家欧阳修有这样的词句：“四纪才名天下重，三朝构厦为梁栋。定册功成身退勇，辞荣宠，归来白首笙歌拥。”（《渔家傲·与赵康靖公》）正体现了“功成身退”的精神。

第十章

载营魄抱一，能无离乎？专气致柔，能如婴儿乎？涤除玄览，能无疵乎？爱民治国，能无为乎？天门开阖，能为雌乎？明白四达，能无知乎？生之畜之，生而不有，为而不恃，长而不宰，是谓玄德。

【译文】

精神和形体合一，能不分离吗？聚结精气以致柔和温顺，能像婴儿的无欲状态吗？清除杂念而深入观察心灵，能没有瑕疵吗？爱民治国能遵行自然无为的规律吗？感官与外界的对立变化相接触，能宁静吗？明白四达，能不用心机吗？让万事万物生长繁殖，产生万物、养育万物而不占为己有，生养万物而不主宰它们，这就叫作“玄德”。

【解读】

这一章着重讲修身的功夫。这里写了六句问话，似乎是把“道”在运用于修身治国方面所做的几条总结，对一般人和统治者提出了概括的要求。本章每句的后半句似乎是疑问，其实疑问本身就是最好的答案。无论是形体还是精神，主观努力还是客观实际，都不可能是完全一致的，但是老子要求人们在现实生活中应该将精神和形体合一而不偏离，即构建肉体生活与精神生活的和谐。这样就必须做到心境极其静定、洗清杂念、摒除妄见，懂得自然规律，加深自身的道德修养，从而能够“爱民治国”。

【评析】

本章继前几章而深入阐述有关修身的问题。开头六句提出六个疑问：“能无离乎？”“能如婴儿乎？”“能无疵乎？”“能无为乎？”“能为雌乎？”“能无知乎？”这六个问题实际上说的就是有关修身、善性、为学、治国诸多方面的内容。对于这一章的解释，学术界有些分歧。一是对“生之畜之，生而不有，为而不恃，长而不宰，是谓玄德”这句话的判定，有人认为是与五十一章“道生之，德畜之”等雷同，因而系错简；也有人认为，五十一章是就道而言，本章是就圣人而言，文句相同，其对象不同。在《道德经》一书中，文句相同或近似的情况、前后重复的情况都是常见的，不必认定为错简。此外对于“载营魄抱一”的“一”，本书认为此一为“一身”的意思，即精神与躯体合而为一，不可分离；也有人认为“一”即“道”，“抱一”即统一于道。

第十一章

三十辐共一毂，当其无，有车之用。埏埴以为器，当其无，有器之用。凿户牖以为室，当其无，有室之用。故有之以为利，无之以为用。

【译文】

三十根辐条汇集到一根毂的孔洞当中，有了车毂中空的地方，才有车的作用。揉陶土做成器皿，有了器皿中空的地方，才有器皿的作用。开凿门窗建造房屋，有了门窗四壁内的空部分，才有房屋的作用。所以，“有”给人便利，“无”发挥了它的作用。

【解读】

在现实社会生活中，一般人只注意实有的东西及其作用，而忽略了虚空的东西及其作用。对此，老子在本章里论述了“有”与“无”即实在之物与空虚部分之间的相互关系。他举例说明“有”和“无”是相互依存的、相互为用的；无形的东西能产生很大的作用，只是不容易被一般人所觉察。他特别把“无”的作用向人们显现出来。老子举了三个例子：车子的作用在于载人运货，器皿的作用在于盛装物品，房屋的作用在于供人居住，这是车、皿、室给人的便利。车子是由辐和毂等部件构成的，这些部件是“有”，毂中空的部分是“无”，没有“无”车子就无法行驶，当然也就无法载人运货，其“有”的作用也就发挥不出来了。器皿没有空的部分，即无“无”，就不能起到装盛东西的作用，其外壁的“有”也无法发挥作用。房屋同样如此，如果没有四壁门窗之中空的地方可以出入、采光、通风，人就无法居住，可见是房屋中空的地方发挥了作用。本章所讲的“有”与“无”是就现象界而言的，与第一章所说的“有”与“无”不同，后者是就超现象界而言的，读者应注意加以区别。

【评析】

在《道德经》一开始，老子用大部分篇章，通过认识天地、刍狗、风箱、山谷、水、土、容器、锐器、车轮、房屋等具体的东西去发现抽象的道理。他的学说往往是从具体到抽象、从感性认识到理性认识，而并非总在故弄玄虚。冯友兰先生在《老子哲学讨论集》中说：“老子所说的‘道’，是‘有’与‘无’的统一，因此它虽然是以‘无’为主，但是也不轻视‘有’，它实在也很重视‘有’，不过不把它放在第一位就是了。老子第二章说‘有无相生’，第十一章说‘三十辐共一毂，当其无，有车之用。埏埴以为器，当其无，有器之用。凿户牖以为室，当其无，有室之用。故有之以为利，无之以为用。’这一段话很巧妙地说明了‘有’和‘无’的辩证关系。一个碗或茶盅中间是空的，可正是那个空的部分起了碗或茶盅的作用。房子里面是空的，可正是那个空的部分起了房屋的作用。如果是实的，人怎么住进去呢？老子做出结论说‘有之以为利，无之以为用’，它把‘无’作为主要的对立面。老子认为碗、茶盅、房子等是‘有’和‘无’的辩证的统一，这是对的；但是认为‘无’是主要对立面，这就错了。毕竟是有了碗、茶盅、房子等，其中空的地方才能发挥作用。如果本来没有茶盅、碗、房子等，自然也就没有中空的地方，任何作用都没有了。”

第十二章

五色令人目盲；五音令人耳聋；五味令人口爽；驰骋畋猎，令人心发狂；难得之货，令人行妨；是以圣人为腹不为目，故去彼取此。

【译文】

缤纷的色彩，使人眼花缭乱；纷杂的音调，使人听觉失灵；丰盛的食物，使人舌不知味；纵情狩猎，使人心情放荡发狂；稀有的物品，使人行为不轨。因此，圣人但求吃饱肚子而不追逐声色之娱，所以摒弃物欲的诱惑而保持安定知足的生活方式。

【解读】

对于这一章，人们普遍认为老子是针对奴隶主贵族贪欲奢侈、纵情声色而写的，是揭露和劝诫，也是严正警告。但在具体解释时，却有两种截然不同的意见。一种意见说，老子从反对统治阶级腐朽生活出发，得出一般结论，即反对一切声色，否定发展文化。持此观点的人认为，老子所谓“为腹不为目”的说法，是把物质生活和精神文明对立起来，是他的愚民思想的一种表现，即只要给人们温饱的生活就可以了，这是彻底的文化否定论。另一种意见认为，老子所说的“五色”“五音”“五味”、围猎之乐、难得之货，并非都是精神文明，所以不存在把物质生活与精神文明对立起来的问题，这些反映了奴隶主贵族的糜烂生活那种令人目盲、令人耳聋、令人心发狂的腐朽文化，这种文化的价值也不过等同于打猎之乐和难得之货。这两种意见都有自己的道理，有理解上的差异，也有学者价值观的区别。不过，此处的争论倒是提醒我们今天在发展物质文明的同时，也要重视精神文明的发展，反对物欲对精神的腐蚀。

【评析】

老子生活的时代，正处于新旧制度相交替、社会动荡不安之际，奴隶主贵族生活日趋腐朽糜烂。他目睹了上层社会的生活状况，因而认为社会的正常生活应当是为“腹”不为“目”，务内而不逐外，但求安饱，不求纵情声色之娱。在此，老子所反对的奴隶主贵族的腐朽生活方式，并不是普通劳动民众的，因为“五色”“五味”“五音”、打猎游戏、珍贵物品并不是一般劳动者可以拥有的，而是贵族生活的组成部分。因此，我们认为老子的观点并不是要把精神文明与物质文明对立起来，并不是否定发展文化，不像有些学者所言，认为老子的这些观点是他对人类社会现实和历史发展所持的狭隘庸俗的反历史观点。他希望人们能够丰衣足食，建立内在宁静恬淡的生活方式，而不是外在贪俗的生活。一个人越是投入外在化的旋涡里，则越会流连忘返，产生自我疏离感，而心灵则会日益空虚。所以，老子才提醒人们要摒弃外界物欲的诱惑，保持内心的安足清静，确保固有的天性。

第十三章

宠辱若惊，贵大患若身。何谓宠辱若惊？

宠为下，得之若惊，失之若惊，是谓宠辱若惊。何谓贵大患若身？吾所以有大患者，为吾有身，及吾无身，吾有何患？故贵以身为天下，若可寄天下；爱以身为天下，若可托天下。

【译文】

受到宠爱和受到侮辱都好像使人惊慌，把荣辱这样的大患看得与自身生命一样珍贵。什么叫作得宠和受辱都使人惊慌？

得宠是卑下的，得到宠爱感到格外惊喜，失去宠爱则令人惶恐不安。这就叫作得宠和受辱都感到惊恐。什么叫作重视大患像重视自身生命一样？我之所以有大患，是因为我有身体；如果我没有身体，我还会有什么祸患呢？所以，珍视自己的身体是为了治理天下，天下就可以托付给他；爱惜自己的身体是为了治理天下，天下就可以依靠他了。

【解读】

这一章讲的是人的尊严问题。老子强调“贵身”的思想，论述了宠辱对人身的危害。老子认为，一个理想的治者，首要在于“贵身”，不胡作妄为。只有珍重自身生命的人，才能珍重天下人的生命，也就可使人们放心地把天下的重责委任于他。这与儒家思想亦是相通，如《孟子·梁惠王上》：老吾老以及人之老，幼吾幼以及人之幼，天下可运于掌。由爱己推及爱身边及天下之人，可治理天下。在上一章里，老子说到“为腹不为目”的“圣人”，能够“不以宠辱荣患损易其身”，才可以担负天下重任。此章接着说“宠辱若惊”。在他看来，得宠者以得宠为殊荣，为了不失去殊荣，便在赐宠者面前诚惶诚恐，曲意逢迎。他认为，“宠”和“辱”对于人的尊严之挫伤，并没有两样，受辱固然损伤了自尊，受宠又何尝不损害人格尊严呢？得宠者总觉得受宠是一份意外的殊荣，便担心失去，因而人格尊严无形地受到损害。如果一个人未经受任何辱与宠，那么他在任何人面前都可以傲然而立，保持自己完整、独立的人格。

【评析】

本章所讲关于“贵身”和人的尊严的问题，大意是说“圣人”不以宠辱荣患等身外之事易其身，这是接着上一章“是以圣人为腹不为目”而言的。凡能够真正做到“为腹不为目”，不为外界荣辱乱心分神者，才有能力担负治理天下的重责。人生在世，难免要与功名利禄、荣辱得失打交道。许多人以荣宠和功利名禄为人生最高理想，目的就是享受荣华富贵、福佑子孙。总之，人活着就是为了寿、名、位、货等身外之物。对于功名利禄，可说是人人都需要。但是，把福寿禄摆在什么位置上，人与人的态度就不同了。如果你把它摆在比生命还要宝贵的位置之上，那就大错特错了。老子从“贵身”的角度出发，认为生命远远贵于名利荣宠，要清静寡欲，对一切声色货利之事，皆无动于衷，然后可以受天下之重寄，而为万民所托命。这种态度基本上是正确的。正如洪应明《菜根谭》所说，宠辱不惊，闲看庭前花开花落；去留无意，漫随天外云卷云舒。

第十四章

视之不见，名曰夷；听之不闻，名曰希；搏之不得，名曰微。此三者不可致诘，故混而为一。其上不皦，其下不昧，绳绳兮不可名，复归于无物。是谓无状之状，无物之象，是谓惚恍。迎之不见其首，随之不见其后。执古之道，以御今之有。能知古始，是谓道纪。

【译文】

看它看不见，把它叫作“夷”；听它听不到，把它叫作“希”；摸它摸不到，把它叫作“微”。这三者的形状无从追究，它们原本就浑然一体。道上下既不混沌也不明亮，无头无绪、延绵不绝却又不可称名，一切运动都又回复到无形无象的状态。这就是没有形状的形状，不见物体的形象，这就是“惚恍”。迎着它看不见它的前头，跟着它也看不见它的后头。把握着早已存在的“道”，来驾驭现实存在的具体事物。能认识、了解宇宙的初始，这就叫作认识“道”的规律。

【解读】

本章是描述“道”体的。在第六章和第八章，分别以具体的形象“山谷”和“水”，来比喻道的虚空和柔弱。本章以抽象的理解，来描述“道”的性质，并讲到运用“道”的规律。在这里，“道”即是“一”。在前面几章中，老子所说过的“道”有两种内涵：一是指物质世界的实体，即宇宙本体；二是指物质世界或现实事物运动变化的普遍规律。这两者之间实际是相互联系的。本章所讲的“一”（即“道”）包含以上所讲“道”的两方面内涵。老子描述了“道”的虚无缥缈，不可感知，看不见，听不到，摸不着，然而又是确实存在的，是所谓“无状之状，无物之象”。“道”有其自身的变化运动规律，掌握这种规律，便是了解具体事物的根本。

【评析】

在本章里，老子通过形容和比喻，对“道”作以具体描述。本来老子认为“道”是不可名状的，实际上“道可道，非常道”就是“道”的一种写状，这里又接着描写“道”的形象。老子说，道是空虚无形的，但它所能发挥的作用却是无法限量的，无穷无尽而且永远不会枯竭。它是万事万物的宗主，支配着一切事物，是宇宙天地存在和发展变化必须依赖的力量。在这里，老子自问：“道”是从哪里产生出来的呢？他没有做出正面回答，而是说它存在于天帝现相之前。既然在天帝产生以前，那么天帝也就无疑是由“道”产生的。由此，研究者们得出结论，认为老子确实提出了无神论的思想。也有学者把老子的“道”与古希腊哲学家赫拉克利特的“逻各斯”相提并论，认为这两个范畴的内涵非常接近。赫拉克利特的“逻各斯”是永恒的存在，万事万物皆依“逻各斯”而产生。但它不是任何神或者任何人所创造的，而是创造世界的种子，是一种“以太”的物体。“逻各斯”无时无处不存在于自然界和人类社会，但人们却不能感觉到它的存在，然而它的存在是确实的。老子的“道”同样具有“逻各斯”的这些属性和职能，二者的形象十分近似。

在前四章里，老子集中提出了“道”是宇宙的本原，而且先于天帝而存在；事物都是互相矛盾而存在的，并且处于变化发展之中等观点。此外，老子还提出了他自己对社会政治和人生处世的某些基本观点。这些学说无不充满智慧。

第十五章

古之善为道者，微妙玄通，深不可识。夫唯不可识，故强为之容：豫兮若冬涉川；犹兮若畏四邻；俨兮其若客；涣兮其若凌释；敦兮其若朴；旷兮其若谷；混兮其若浊。孰能浊以静之徐清？孰能安以动之徐生？保此道者，不欲盈。夫唯不盈，故能蔽而新成。

【译文】

古时候善于行道的人，微妙通达，深刻玄远，不是一般人可以理解的。正因为不能认识他，所以只能勉强地形容他说：他小心谨慎啊，好像冬天踩着水过河；他警觉戒备啊，好像防备着邻国的进攻；他恭敬郑重啊，好像要去赴宴做客；他行动洒脱啊，好像冰块缓缓消融；他纯朴厚道啊，好像没有经过加工的原料；他旷远豁达啊，好像深幽的山谷；他浑厚宽容，好像不清的浊水。谁能使浑浊安静下来，慢慢澄清？谁能使安静变动起来，慢慢显出生机？保持这个“道”的人不会自满。正因为他从不自满，所以能够去故更新。

【解读】

这一章紧接前章，对体道之士做了描写。老子称赞得“道”之人的“微妙玄通，深不可识”，他们掌握了事物发展的普遍规律，懂得运用普遍规律来处理现实存在的具体事物。也可以说这是教一般人怎样掌握和运用“道”。得“道”之士的精神境界远远超出一般人所能理解的水平，他们具有谨慎、警惕、严肃、洒脱、融和、纯朴、旷达、浑厚等人格修养功夫，他们微而不显，含而不露，高深莫测，为人处世，从不自满高傲。

【评析】

“道”是玄妙精深、恍惚不定的。一般人对“道”感到难以捉摸，而得“道”之士则与世俗之人明显不同，他们有独到的风貌、独特的人格形态。世俗之人“嗜欲深者天机浅”，极其浅薄，让人一眼就能够看穿；得“道”人士静密幽沉、难以测识。老子在这里也是勉强地为他们做了一番描述，即“强为之容”。他们有良好的人格修养和心理素质，有良好的静定功夫和内心活动。表面上他们清静无为，实际上极富创造性，即静极而动、动极而静，这是他们的生命活动过程。老子所理想的人格是敦厚朴实、静定持心，内心世界极为丰富，并且可以在特定的条件下，由静而转入动。这种人格上的静与动同样符合于“道”的变化规律。

第十六章

致虚极，守静笃；万物并作，吾以观复。夫物芸芸，各复归其根。归根曰静，静曰复命。复命曰常，知常曰明。不知常，妄作凶。知常容，容乃公，公乃全，全乃天，天乃道，道乃久，没身不殆。

【译文】

尽力使心灵的虚寂达到极点，使生活清静坚守不变。万物都一齐蓬勃生长，我从而考察其往复的道理。那万物纷纷芸芸，各自返回它的本根。返回到它的本根就叫作清静，清静就叫作复归于生命。复归于生命就叫作自然，认识了自然规律就叫作明白事理。不认识自然规律的轻妄举止，往往会引起灾凶。认识自然规律的人是无所不包的，无所不包就会坦然公正，公正就能周全，周全才能符合自然的“道”，符合自然的道才能长久，终身不会遭到危险。

【解读】

本章里，老子特别强调致虚守静的功夫。他主张人们应当用虚寂沉静的心境，去面对宇宙万物的运动变化。在他看来，万事万物的发展变化都有其自身的规律，从生长到死亡、再生长到再死亡，生生不息，循环往复以至于无穷，都遵循着这个运动规律。老子希望人们能够了解、认识这个规律，并且把它应用到社会生活之中。在这里，他提出“归根”“复命”的概念，主张回归到一切存在的根源，这是完全虚静的状态，是一切存在的本性。

【评析】

以往人们研究老子，总是用“清静无为”“恬淡寡欲”这几句话概括他的人生态度。但从总体上看，老子比较重视清静无为，主要是就治国治世而言的政治用语，不完全指修身的问题。这一章并不是专讲人生，而是主要讲认识世界，当然也包括认识人生。但无论是认识人生哲理，还是认识客观世界，其基本态度是“致虚”“守静”“归根”和“复命”。先说“致虚”。虚无是道的本体，但运用起来却是无穷无尽的。“致虚极”是要人们排除物欲的诱惑，回归到虚静的本性，这样才能认识“道”，而不是为争权夺利而忘了“道”。“致虚”必“守静”，因为“虚”是本体，而“静”则在于运用。司马迁说：“李耳无为自化，清静自正。”（《史记·太史公自序》）这是很扼要的概括。“静”与“动”是一对矛盾，在这个矛盾中，老子着重于“静”而不是“动”，也不否定“动”的作用。再说“归根”。根是草木所由生的部分，有根本、根源、根基诸义，是一切事物的起点。在老子看来，对立是过程，是相对的，统一是归宿，是绝对的。这就是归根的哲学含义。不过，老子的哲学带有循环论的色彩。任继愈《老子新译》说：“老子主张要虚心，静观万物发展和变化，他认为万物的变化是循环往复的，变来变去，又回到它原来的出发点（归根），等于不变，所以叫作静。既然静是万物变化的总原则，所以是常，为了遵循这一静的原则，就不要轻举妄动，变革不如保守安全。把这一原则应用到生活、政治各方面，他认为消极无为，可以不遭危险。”

第十七章

太上，下知有之；其次，亲而誉之；其次，畏之；其次，侮之。信不足焉，有不信焉。悠兮，其贵言。功成事遂，百姓皆谓“我自然”。

【译文】

最好的统治者，人民只知道有他的存在；其次的统治者，人民亲近他并且称赞他；再次的统治者，人民畏惧他；更次的统治者，人民轻蔑他。统治者的诚信不足，人民才不相信他。最好的统治者是多么悠闲，他很少发号施令。事情办成功了，老百姓说“我们本来就是这样的”。

【解读】

这一章里，老子提出了自己的政治思想主张，他把统治者按不同情况分为四种，其中最好的统治者是人民只知道有他的存在，最坏的统治者是被人民所轻蔑，处于中间状况的统治者是老百姓亲近并称赞他，或者畏惧他。老子理想中的政治状况是：统治者具有亲民诚实的素质，他悠闲自在，很少发号施令，政府只是服务于人民的工具而已，政治权力丝毫不逼临于人民身上，即人民和政府相安无事，各自过着安闲自适的生活。当然，这只是老子的主观愿望，是一种乌托邦式的政治幻想。

【评析】

老子在全书中第一次描画了他的理想国政治蓝图。第一句四个层次的划分，不是从古到今的时代或时间顺序，而是指治理好坏的统治状况。在老子的观念上，理想的“圣人”是要“处无为之事，行不言之教”，要一如处“太上”之世，体“玄德”之君，能够“生之畜之”。在《帝王世纪》中，记载了帝尧之世，“天下大和，百姓无事，有八十老人击壤于道，观者叹曰：‘大哉帝之德也！’老人曰：‘吾日出而作，日入而息。凿井而饮，耕田而食。帝何力于我哉？’”这种生动的画面，可以说是对老子的“百姓皆曰我自然”的最好图解。

在本章中，老子把这种理想的政治情境，与儒家主张实行的“德治”、法家主张实行的“法治”相对比，将其等而下之。实行“德治”，老百姓觉得可以亲近和称赞统治者，这当不错，但还是次于“无为而治”者。实行“法治”的统治者，用严刑峻法来镇压人民，实行残暴扰民的政策，这就是统治者诚信不足的表现。人民只是逃避他，畏惧他，老子强烈反对这种“法治”政策。而对于“德治”，老子认为这已经是多事的征兆了。最美好的政治，莫过于统治者“贵言”，从不轻易发号施令，人民和政治相安无事，以至于人民根本不知道统治者是谁。当然，这种美治在当时并不存在，只是老子的“乌托邦”式幻想。

第十八章

大道废，有仁义；慧智出，有大伪；六亲不和，有孝慈；国家昏乱，有忠臣。

【译文】

大道被废弃了，才有提倡仁义的需要；聪明智巧的现象出现了，伪诈才盛行一时；家庭出现了纠纷，才能显示出孝与慈；国家陷于混乱，才能见出忠臣。

【解读】

本章可以从两方面来理解。一是它的直接内容，即指出由于君上失德，大道废弃，需要提倡仁义以挽颓风。老子对当时病态社会的种种现象加以描述。二是表现了相反相成的辩证法思想，老子把辩证法思想应用于社会，分析了智慧与虚伪、孝慈与家庭纠纷、国家混乱与忠臣等，都存在着对立统一的关系。国家大治、六亲和顺，就显不出忠臣孝子；只有六亲不和、国家混乱，才需要提倡孝和忠，这也是相互依属的关系。这是说，社会对某种德行的提倡和表彰，正是由于社会特别欠缺这种德行的缘故。

【评析】

本章接着上一章“信不足焉，有不信焉”，认为社会上出现的仁义、大伪、孝慈、忠臣等，都是由于君上失德所致。至德之世，大道兴隆，仁义行于其中，人皆有仁义，所以仁义显不出来，也就没有倡导仁义的必要。及至大道废弃，人们开始崇尚仁义，试图以仁义挽颓风，此时，社会已经是不纯厚的了。在这里，老子把辩证法运用于社会治理，指出仁义与大道废、大伪与智慧出、孝慈与六亲不和、忠臣与国家混乱，形似相反，实则相成，揭示了它们之间的对立统一关系，表达了相当丰富的辩证思想。

第十九章

绝圣弃智，民利百倍；绝仁弃义，民复孝慈；绝巧弃利，盗贼无有。此三者，以为文不足，故令有所属；见素抱朴，少私寡欲；绝学无忧。

【译文】

抛弃聪明智巧，人民可以得到百倍的好处；抛弃仁义，人民可以恢复孝慈的天性；抛弃巧诈和货利，盗贼也就没有了。圣智、仁义、巧利这三者全是巧饰，作为治理社会病态的法则是不够的，所以要使人们的思想认识有所归属，保持纯洁朴实的本性，减少私欲杂念，抛弃圣智礼法的浮文，才能免于忧患。

【解读】

上一章叙述了大道废弃后社会病态的种种表现，本章则针对社会病态，提出治理的方案。在前一章里，老子说“慧智出，有大伪”，因而主张抛弃这种聪明智巧。他认为“圣”“智”产生法制巧诈，用法制巧诈治国，便成为扰民的“有为”之政。抛弃这种扰民的政举，人民就可以得到切实的利益。本章中，许多版本引到“少私寡欲”就结束，把“绝学无忧”作为下一章的开端。本书主张把此句放在本章的观点，“绝学无忧”正可以与前句“见素抱朴，少私寡欲”并列。

【评析】

对于“绝学无忧”一句，在学术界有三种不同的理解。一种意见认为“绝学无忧”指弃绝学习就没有忧虑了，老子要毁灭一切文化，当然也就不要学习了。这种意见认为，老子是愚民政策的创始人，是倡导愚民思想和政策的鼓吹者。另一种意见认为，“绝学”，指抛弃那些讲圣智、仁义、巧利的学问，将其置于身外，免去权欲的诱惑，做到无忧无患。还有一种意见认为，老子所说的“绝”，其实就是绝招的“绝”，是指至深、独到的学问。老子认为只有取得不同于世俗的独到学问，才能获得对私欲无所冲动的自由。这种意见认为老子正是这样的具有独到绝学的人，表明了他的学习态度。

第二十章

唯之与阿，相去几何？美之与恶，相去若何？人之所畏，不可不畏。荒兮，其未央哉！众人熙熙，如享太牢，如春登台。我独泊兮，其未兆，如婴儿之未孩；累累兮，若无所归。众人皆有余，而我独若遗。我愚人之心也哉！沌沌兮！俗人昭昭，我独昏昏。俗人察察，我独闷闷。澹兮，其若海；飂兮，若无止。众人皆有以，而我独顽似鄙。我独异于人，而贵食母。

【译文】

应诺和呵斥，相距有多远？美好和丑恶，又相差多少？人们所畏惧的，不能不畏惧。这风气远古以来就是如此，好像没有尽头的样子。众人都熙熙攘攘、兴高采烈，如同去参加盛大的宴席，如同春天里登台眺望美景。而我却独自淡泊宁静，无动于衷，如同婴儿还不会发出嘻笑声。疲倦闲散啊，好像浪子还没有归宿。众人都有所剩余，而我却像什么也不足。我真是只有一颗愚人的心啊！真是混混沌沌！众人光辉自炫，唯独我迷迷糊糊；众人都那么严厉苛刻，唯独我这样淳厚宽宏。澹泊啊，像大海一样沉静；飘逸啊，像不停留的风。世人都精明灵巧有本领，唯独我愚昧而笨拙。我唯独与人不同的，是我在全力以赴地探索万物的本源与生命的真相：我是谁？我从哪里来？要到哪里去？可贵之处是我懂得了“道”的本源。

【解读】

老子从辩证法的原理认为，贵贱善恶、是非美丑种种价值判断都是相对形成的，而且随环境的差异而变动。在本章里，老子将世俗之人的心态与自己的心态做了对比描述。他揭露社会上层追逐物欲的贪婪之态，并以相反的形象夸张地描述自己。文中的“我”指老子本人，但又不仅仅是指他个人，而是一种有抱负、有期望的人。“众人”“俗人”指社会上层。这些人对是非、善恶、美丑的判断，并无严格标准，甚至是混淆的、任意而行。他说“我”是“愚人之心”，这当然是正话反说。世俗之人纵情于声色货利，而“我”却甘守淡泊朴素以求精神的升华，而不愿随波逐流。

【评析】

任继愈在《老子新译》中说：“老子对当时许多现象看不惯，把众人看得卑鄙庸俗，把自己看得比谁都高明。而在表面上却故意说了些贬低自己的话，说自己低能、糊涂、没有本领，其实是从反面抬高自己，贬低社会上的一般人。他在自我吹嘘、自我欣赏，最后一句，说出他的正面意见，他和别人不同之处，在于得到了‘道’。”在老子看来，善恶美丑贵贱是非，都是相对形成的，人们对于价值的判断，经常随着时代的不同而变换，随着环境的差异而更改。世俗的价值判断极为混淆，众人所戒忌的，也正是自己不必触犯的。在这里，老子也说了一些牢骚话，使人感到愤世嫉俗的意味，其中不乏深入的哲理。他说明自己在价值观上，在生活态度上，不同于那些世俗之人，他们熙熙攘攘，纵情于声色货利，而老子自己则甘愿清贫淡泊，并且显示出自己与众人的疏离和相异之处。

第二十一章

孔德之容，惟道是从。道之为物，惟恍惟惚。惚兮恍兮，其中有象；恍兮惚兮，其中有物。窈兮冥兮，其中有精，其精甚真，其中有信。自今及古，其名不去，以阅众甫。吾何以知众甫之状哉？以此。

【译文】

大德的形态，是由道所决定的。“道”这个东西，没有清楚的固定实体。它是那样的恍恍惚惚啊，其中却有形象；它是那样的恍恍惚惚啊，其中却有实物。它是那样的深远暗昧啊，其中却有精质，这精质是最真实的，这精质是可以信验的。从当今上溯到古代，它的名字永远不能废除，依据它，才能观察万物的初始。我怎么才能知道万事万物开始的情况呢？是从“道”认识的。

【解读】

从本书第一章起，老子就指出“道”是宇宙的本原。但这个本原“道”，是精神的还是物质的呢？对此问题，学术界的解释不同，就出现“道”是唯心主义的和“道”是唯物主义这两种观点。本章中，老子进一步发挥第十四章关于“道”是“无状之状，无物之象，是谓惚恍”的观点，明确地提出“道”由极其微小的物质所组成，虽然看不见，无形无象，但确实存在，万物都是由它产生的。在本章里，老子还提出“德”的内容是由“道”决定的，“道”的属性表现为“德”的观点，集中地描述了“道”的一些特点。第一章、第四章、第十四章、本章和第二十五章，是研究老子哲学思想的核心——道的性质问题的重要篇章。

【评析】

学术界一派观点认为老子的“道”不是物质实体，而是绝对精神之类的东西，这种观点有待商榷。我们的观点是倾向于“道”具有物质性。因为老子说了“道之为物”，又说“道”中有物、有象、有精，这显然不属于观念性，而是属于物质性的东西。在以后的章节里，还将遇到此类问题。此外，关于道与德的关系问题，老子的意见是：“道”是无形的，它必须作用于物，通过物的媒介，而得以显现它的功能。这里，“道”所显现于物的功能，老子把它称为“德”。“道”产生了万事万物，而且内在于万事万物，在一切事物中表现它的属性，也就是表现了它的“德”，在人生现实问题上，“道”体现为“德”。

第二十二章

曲则全，枉则直，洼则盈，敝则新，少则得，多则惑。是以圣人抱一为天下式。不自见，故明；不自是，故彰；不自伐，故有功；不自矜，故长。夫唯不争，故天下莫能与之争。古之所谓“曲则全”者，岂虚言哉？诚全而归之。

【译文】

委曲便会保全，屈枉便会伸直，低洼便会充盈，陈旧便会更新，少取便会获得，贪多便会迷惑。所以有道的人坚守这一原则作为天下事理的范式，不自我表扬，反能显明；不自以为是，反能是非彰明；不自我夸耀，反能得有功劳；不自我矜持，所以才能长久。正因为不与人争，所以天下没有人能与他争。古时所谓“委曲便会保全”的话，怎么会是空话呢？它实实在在能够达到。

【解读】

这一章，老子从生活经验的角度，进一步深化了第二章所阐释的辩证法思想。第二章重点讲的是矛盾的转化。本章一开头，老子就用了六句古代成语，讲述事物由正面向反面变化所包含的辩证法思想，即委曲和保全、弯曲和伸直、不满和盈溢、陈旧和新生、缺少和获得、贪多和迷惑。他用辩证法思想作为观察和处理社会生活的原则，最后得出的结论是“不争”。

【评析】

普通人所看到的只是事物的表象，看不到事物实质。老子从自己丰富的生活经验中总结出带有智慧的思想，给人们以深深的启迪。生活在现实社会中的人们，不可能做任何事情都一帆风顺，极有可能遇到各种困难，在这种情况下，老子告诉人们，可以先采取退让的办法，静观以待变，然后再采取行动，从而达到自己的目标。

在《庄子·天下》篇中，庄子说老子之道是“人皆求福，己独曲全。曰，‘苟免于咎’”。这里说的“曲全”，便是“苟免于咎”。老子认为，事物常在对立的关系中产生，人们对事物的两端都应当观察，从正面去透视负面的状况，对于负面的把握，更能显现出正面的内涵。事实上，正面与负面，并非截然不同的东西，而是经常转换的关系。普通人只知道贪图眼前的利益，急功近利，这未必是好事。老子告诫人们，要开阔视野，虚怀若谷，坚定地朝着自己的目标前进。但是如果不考虑客观情况，一味蛮干，结果只能适得其反。在“曲”里存在着“全”，有“少”里存在着“多”，在“屈”里存在着“直”，在“洼”里存在着“盈”，在“敝”里存在着“新”，把握了其中的奥秘，就可以做到“不争”。然而，事实当然并非完全如此，有些事不争也可以取得成功，有些事不争就不能取得成功。

第二十三章

希言自然。故飘风不终朝，骤雨不终日，孰为此者？天地。天地尚不能久，而况于人乎？故从事于道者同于道；德者同于德；失者同于失。同于道者，道亦乐得之；同于德者，德亦乐得之；同于失者，失亦乐得之。信不足焉，有不信焉！

【译文】

少发政令不扰民是合乎于自然的。狂风刮不了一个早晨，暴雨下不了一整天。谁使它这样的呢？天地。天地的狂暴尚且不能长久，更何况是人呢？所以，从事于道的就同于道，从事于德的就同于德，从事于失的人就同于失。同于道的人，道也乐于得到他；同于德的人，德也乐于得到他；同于失的人，失也乐于得到他。统治者的诚信不足，就会有人不信任。

【解读】

这一章和第十七章是相对应的。第十七章揭示出严刑峻法的高压政策，徒然使百姓“畏之侮之”。因而希望统治者加以改变。前面几章已多次阐明“行不言之教”“悠兮其贵言”“多言数穷”等类似的话，本章一开始便继续阐述“希言自然”的道理。这几个“言”字，按字面解释，是说话，内涵都是指政教法令。老子用自然界狂风暴雨必不持久的事实做比喻，告诫统治者要少行强制性的法令，更不要施行暴政，而要行“清静无为”之政，才符合自然规律，才能使百姓安然畅适。倘若以法令戒律强制百姓，用苛捐杂税榨取百姓，那么百姓就会以背戾抗拒的行动反抗统治者，暴政将不会持久。

【评析】

在这一章里，老子说得道的圣人（统治者）要行“不言之教”。他说，只要相信“道”，照着做，就自然会得到道。反之，就不可能得到道。在本章里老子举自然界的例子，说明狂风暴雨不能整天刮个不停、下个没完。天地掀起的狂风暴雨都不能够长久，更何况人滥施苛政、虐害百姓呢？这个比喻十分恰切，有很强的说服力。它告诫统治者暴政是长久不了的，要遵循道的原则，遵循自然规律。统治者如果清静无为，社会风气就会安宁平和；统治者如果恣肆横行，人民就会反抗他；统治者如果诚信不足，人民就不会信任他。纵观古今中外的历史，哪一个施行暴戾苛政的统治者不是短命而亡呢？中国第一个封建中央集权的王朝秦朝仅仅存在了一二十年的时间，原因何在？就是由于秦朝施行暴政、苛政，人民群众无法生活下去了，于是揭竿而起。另一个短命的王朝隋朝也是因此而被唐朝所取代的。历史是一面镜子，它反映出的是统治者清静无为，不施苛政暴政，社会就符合自然，清明纯朴，统治者与老百姓相安无事，统治者的天下就可以长存。

第二十四章

企者不立，跨者不行；自见者不明；自是者不彰；自伐者无功；自矜者不长。其在道也，曰余食赘形。物或恶之，故有道者不处。

【译文】

踮起脚跟想要站得高，反而站立不住；迈起大步想要前进得快，反而不能远行。自逞己见的反而得不到彰明；自以为是的反而得不到显昭；自我夸耀的建立不起功勋；自高自大的不能做众人之长。从道的角度看，以上这些急躁炫耀的行为，只能说是剩饭赘瘤。因为它们是令人厌恶的东西，所以有道的人绝不这样做。

【解读】

在本章里，老子用“企者不立，跨者不行”做比喻，说“自见”“自是”“自伐”“自矜”的后果都是不好的、不足取的。这些轻浮、急躁的举动都是反自然的，短暂而不能持久。急躁冒进，自我炫耀，反而达不到自己的目的。本章不仅说明急躁冒进、自我炫耀的行为不可取，也喻示着雷厉风行的政举将不被人们所普遍接受。

【评析】

在帛书甲、乙本中，这一章都抄写在第二十二章前面，因为此章与二十一章内容相一致，叙述用的语气、语言也是一种风格。这样的排列顺序，或许是有道理的。本章所具体阐述的问题，仍然是有关社会政治及其得失的内容，同时还包含有辩证法的观点。即“企者不立”“跨者不行”“自见者不明”“自是者不彰”“自伐者无功”“自矜者不长”。这些表现及其结果往往是对立的、相互矛盾的。这是老子思想中极富精义的部分。不过在这其中仍然贯穿着以退为进和所谓“委曲求全”的处世哲学。当然，这是老子哲学思想的一贯主张，不过在现实生活中一定要灵活运用，它并不是放之四海而皆准的真理。

第二十五章

有物混成，先天地生。寂兮寥兮，独立不改，周行而不殆，可以为天地母。吾不知其名，字之曰：道，强为之名曰：大。大曰逝，逝曰远，远曰反。故道大，天大，地大，人亦大。域中有四大，而人居其一焉。人法地，地法天，天法道，道法自然。

【译文】

有一个东西浑然而成，在天地形成以前就已经存在。听不到它的声音也看不见它的形体，寂静而空虚，不依靠任何外力而独立长存永不停息，循环运行而永不衰竭，可以作为万物的根本。我不知道它的名字，所以把它叫作“道”，再勉强给它起个名字叫作“大”。它广大无边而运行不息，运行不息而伸展遥远，伸展遥远而又返回本原。所以说道大、天大、地大、人也大。宇宙间有四大，而人居其中之一。人取法地，地取法天，天取法“道”，而道纯任自然。

【解读】

截至本章，我们对老子的“道”，已经有了几点基本的了解。这一章，老子描述了“道”的存在和运行，这是《道德经》里很重要的内容。主要包括：“有物混成”，用以说明“道”是浑朴状态的，它是圆满和谐的整体，并非由不同因素组合而成的。“道”无声无形，先天地而存在，循环运行不息，是产生天地万物之“母”。“道”是一个绝对体，现实世界的一切都是相对而存在的，而“道”是“独立而不改”的。在本章里，老子提出“道”“人”“天”“地”这四个存在，“道”是第一位的，它不会随着变动运转而消失，经过变动运转又回到原始状态，这个状态就是事物得以产生的最基本、最根源的地方。

【评析】

关于“道”的性质和“道”的规律，其基本点在第一、第四、第十四、第二十一章和本章里都看到了。即“道”是物质性的、最先存在的实体，这个存在是耳不闻目不见，又寂静又空虚，不以人的意志为转移而永远存在，无所不至地运行而永不停止。任继愈说：“道不是来自天上，恰恰是来自人间，来自人们日常生活所接触到的。比起希腊古代唯物论者所讲的‘无限’来，似乎更实际些，一点也不虚玄。它是独立存在的，也不依靠外力推动。宗教迷信的说法，认为上帝是世界的主宰者，但老子说的‘道’在上帝之前已经出现；传统观念认为世界的主宰者是‘天’，老子把天还原为天空，而道是先天地而生的。道产生万物，是天地之根，万物之母，宇宙的起源。”汤一介说：“老子讲的道先于天地存在，只是说在时间上先于天地存在，而不是在逻辑上先于天地存在。老子讲的道虽是无形无象，但不是超空间的，而是没有固定的具体的形象，这样的道才可以变化成为有固定具体形象的天地万物。”这种观点是很中肯的。

第二十六章

重为轻根，静为躁君。是以君子终日行不离辎重，虽有荣观，燕处超然。奈何万乘之主，而以身轻天下？轻则失根，躁则失君。

【译文】

厚重是轻率的根本，静定是躁动的主宰。因此君子终日行走，不离开载装行李的车辆，虽然有美食胜景吸引着他，却能安然处之。为什么大国的君主，还要轻率躁动以治天下呢？轻率就会失去根本；急躁就会丧失主导。

【解读】

这一章里，老子又举出两对矛盾的现象：轻与重、动与静，而且进一步认为，矛盾中的一方是根本的。在重轻关系中，重是根本，轻是其次，只注重轻而忽略重，则会失去根本；在动与静的关系中，静是根本，动是其次，只重视动则会失去根本。在本章里，老子所讲的辩证法是为其政治观点服务的，他的矛头指向是“万乘之主”，即大国的国王，认为他们奢侈轻淫，纵欲自残，即用轻率的举动来治理天下。在老子看来，一国的统治者，应当静、重，而不应轻、躁，如此，才可以有效地治理自己的国家。

【评析】

在第二章中，老子举出美丑、善恶、有无、难易、长短、高下、音声、前后这些范畴，第十三章中举出荣辱，本章又举出动静、重轻的范畴加以论述，都是老子朴素辩证法思想的反映。他揭示出事物是互相依存的，而不是孤立存在的，说明他确实认识到客观现象和思想现象中，矛盾是普遍存在的，存在于一切过程之中。然而，老子的辩证法思想是不彻底的。正如任继愈《老子新译》说：“动与静的矛盾，应当把动看作是绝对的，起决定作用的，是矛盾的主要方面。老子虽然也接触到动静的关系，但他把矛盾的主要方面弄颠倒了，也就是把事物性质弄颠倒了。因此，他把静看作起主要作用的方面。所以老子的辩证法是消极的，有形而上学因素。这种宇宙观和他所代表的没落阶级的立场完全相适应。”这个批评，点中了老子辩证法思想的局限性。不过，就本章而言，老子的观点又是可以肯定的。他在这里论述的是万乘之国的国主怎样才能够巩固和保持自己统治地位的问题。他说“静”“重”，评“轻”“躁”，认为“这种轻躁的作风就像断了线的风筝一样，立身行事，草率盲动，一无效准”。（陈鼓应语）因而一国的统治者，应当“静”“重”，而不是轻浮躁动，才能巩固自身的统治。

第二十七章

善行，无辙迹；善言，无瑕谪；善数，不用筹策；善闭，无关楗而不可开；善结，无绳约而不可解。是以圣人常善救人，故无弃人；常善救物，故无弃物。是谓袭明。故善人者，不善人之师；不善人者，善人之资。不贵其师，不爱其资，虽智大迷，是谓要妙。

【译文】

善于行走的，不会留下辙迹；善于言谈的，不会发生疵病；善于计数的，用不着筹码；善于关闭的，不用栓销而使人不能打开；善于捆缚的，不用绳索而使人不能解开。因此，圣人经常挽救人，所以没有被遗弃的人；经常善于物尽其用，所以没有被废弃的物品。这就叫作内藏着的聪明智慧。所以善人可以作为恶人们的老师，不善人可以作为善人的借鉴。不尊重自己的老师，不爱惜他的借鉴作用，虽然自以为聪明，其实是大大的糊涂。这就是精深微妙的道理。

【解读】

本章是对“自然无为”思想的引申。老子用“善行”“善言”“善数”“善闭”“善结”作喻指，说明人只要善于行不言之教，善于处无为之政，符合于自然，不必花费太大的气力，就有可能取得很好的效果，并且无可挑剔。这一章又发挥了不自见、不自是、不自伐、不自矜的道理，不从正面“贵其师”，不从反面“爱其资”，做到“虽智大迷”。因而，本章的主导思想，是把自然无为扩展应用到更为广泛的生活领域之中。

【评析】

本章所讲的内容，重在要求人们尤其是圣人要恪守“无为而治”的原则，说明有道者顺任自然以待人接物，更表达了有道者无弃人无弃物的心怀。人无弃人，物无弃物，天下的善人、不善人，善物、不善物，都是有用处的。善者为师，恶者为资，一律加以善待，特别是对于不善的人，并不因其不善而鄙弃他，一方要劝勉他，另一方面也给他一个成为善人的借鉴作用，这就考虑到事物所包含的对立的两个方面。

第二十八章

知其雄，守其雌，为天下溪。为天下溪，常德不离，复归于婴儿。知其白，守其黑，为天下式。为天下式，常德不忒，复归于无极。知其荣，守其辱，为天下谷。为天下谷，常德乃足，复归于朴。朴散则为器，圣人用之，则为官长，故大制不割。

【译文】

深知什么是雄强，却安守雌柔的地位，甘愿做天下的溪涧。甘愿作天下的溪涧，永恒的德行就不会离失，回复到婴儿般单纯的状态。深知什么是明亮，却安于暗昧的地位，甘愿做天下的模式。甘愿做天下的模式，永恒的德行不相差失，恢复到不可穷极的真理。深知什么是荣耀，却安守卑辱的地位，甘愿做天下的川谷。甘愿做天下的川谷，永恒的德行才得以充足，回复到自然本初的素朴纯真状态。朴素本初的东西经制作而成器物，有道的人沿用真朴，则为百官之长，所以完善的政治是不可分割的。

【解读】

这一章重点讲“复归”的学说，前几章虽多次讲到这个问题，但本章是作为重点专讲的，给人留下的印象更为深刻。老子提出这样的一个原则：知雄、守雌，用这个原则去从事政治活动，参与社会生活。这种原则在老子所处的时代，可以作为一种生活态度的选择。当时正处在春秋末年，政治动荡、社会混乱、你争我夺，纷纭扰攘，面对这样一种社会状况，老子提出了“守雌”的处世原则。他认为，只要人们这样做了，就可以返璞归真，达到天下大治。此处还应注意，不仅是“守雌”，还有“知雄”。在雄雌的对立中，对于雄的一面有透彻的了解，然后处于雌的一方。本章所用的几个名词，代表着老子的一些基本观念。

【评析】

“朴”“婴儿”“雌”等可以说是老子哲学思想上的重要概念。在第十五章有“敦兮其若朴”，第十九章有“见素抱朴”，本章的“复归于朴”以及第三十七章和第五十七章都提到“朴”这一概念。这些地方所提到的“朴”字，一般可以解释为素朴、纯真、自然、本初、淳正等意，是老子对社会理想及个人素质的最一般的表述。在第十章有“专气致柔，能如婴儿乎？”第二十章有“沌沌兮，如婴儿之未孩”，本章有“复归于婴儿”，后面的章节中也有提及“婴儿”这个概念的地方。“婴儿”，其实也是“朴”这个概念的形象解说，只有婴儿才不被世俗的功利宠辱所困扰，好像未知啼笑一般，无私无欲，淳朴无邪。老子明确反对用“仁、义、礼、智、信”这些儒家的规范约束人、塑造人，反对用这些说教扭曲人的本性，这就涉及老子所说的“复归”这个概念，即不要按照圣贤所制定的礼义法制去束缚人们，而应当让人们返回到自然素朴状态，即所谓“返璞归真”。在本章里，老子还主张用柔弱、退守的原则来保身处世，并要求“圣人”也应以此作为治国安民的原则。守雌守辱、为谷为溪的思想是含有主宰性在里面的，面对社会纷乱争斗的场面，不仅守雌，而且还要知雄，这是告诫人们要居于最恰切、最妥当的地位。台湾著名学者陈鼓应说，“守雌”含有持静、处后、守柔的意思，同时也含有内收、凝敛、含藏的意义。

第二十九章

将欲取天下而为之，吾见其不得已。天下神器，不可为也，不可执也。为者败之，执者失之。故物或行或随；或歔或吹；或强或羸；或挫或隳。是以圣人去甚、去奢、去泰。

【译文】

想要治理天下，却又要用强制的办法，我看他不能够达到目的。天下的人民是神圣的，不能够违背他们的意愿和本性而加以强力统治，否则用强力统治天下，就一定会失败；用强力把持天下，就一定会失去天下。世人秉性不一，有前行有后随，有性缓有性急，有的刚强，有的羸弱；有的安居，有的危殆。因此，圣人要除去那种极端、奢侈的、过度的措施。

【解读】

本章可以看作老子论“无为”之治，对于“有为”之政所提出的警告，即“有为”必然招致失败，“有为”就是以自己的主观意志去做违背客观规律的事，或者把天下据为己有。事实上，老子所讲的“无为”，并不是无所作为，也不是在客观现实面前无能为力。他在这里说，如果以强力而有所作为或以暴力统治人民，都将是自取灭亡，世间无论人或物，都有各自的秉性，其间的差异性和特殊性是客观存在的，不要以自己的主张意志强加于人而采取某些强制措施。理想的统治者往往能够顺任自然、不强制、不苛求，因势利导，遵循客观规律。

【评析】

在《道德经》里，老子多处谈到统治者应行“无为”之治。他极力宣传“无为”的政治思想，主张一切都要顺应自然，顺应物性禀赋，希望那些得“道”的统治者治国安民，做任何事情都不要走极端，不要存奢望，不要好大喜功。

第三十章

以道佐人主者，不以兵强天下，其事好还。师之所处，荆棘生焉。大军之后，必有凶年。善有果而已，不敢以取强。果而勿矜，果而勿伐，果而勿骄，果而不得已，果而勿强。物壮则老，是谓不道，不道早已。

【译文】

依照“道”的原则辅佐君主的人，不以兵力逞强于天下，穷兵黩武这种事必然会得到报应。军队所到的地方，荆棘横生。大战之后，一定会出现荒年。善于用兵的人，只要达到用兵的目的也就可以了，并不以兵力强大而逞强好斗。达到目的了却不自我矜持，达到目的了也不去夸耀，达到目的了也不自以为是，达到目的却出于不得已，达到目的却不逞强。事物过于强大就会走向衰朽，这就说明它不符合于“道”，不符合于“道”的，就会很快死亡。

【解读】

历来在解释《道德经》的学者中，有一派认为《道德经》是一部兵书。究竟它是不是一部兵书，这个问题在本章【评析】中再做论述，但老子具有反战思想则是无疑的。春秋战国时代，社会动荡不安，大小战争此伏彼起，对国家造成破坏，给老百姓的生活带来灾难。老子反对战争，符合人民的利益和愿望。在本章里，老子认为战争是人类最愚昧、最残酷的行为，“师之所处，荆棘生焉”“大军之后，必有凶年”，揭示了战争给人们带来的严重后果。老子的反战思想，无论在当时还是后世，都有其积极的意义。

【评析】

在《道德经》的这一章和下一章里老子都讲到用兵问题。但必须重申，《道德经》主要是一部哲学著作而不是兵书，论兵是从哲学的角度，而不是军事学的角度。讲到许多哲学问题时，也涉及军事，因为哲学与军事虽非属于同一学科，但有许多内在相通之处。《道德经》着重讲战乱给人们带来的严重后果，这是从反对战争这一角度出发的，因为战争是人类最残酷最愚昧的行为。唐代王真《道德真经论兵要义述》说，“五千之言”，八十一章，“未尝有一章不属意于兵也”。明末王夫之也认为《道德经》可为“言兵者师之”。近人章太炎《訄书·儒道》里提及，《道德经》一书概括了古代兵书的要旨，他指出：“老聃为柱下史，多识故事，约《金版》《六韬》之旨，著五千言，以为后世阴谋者法。”当代学者张松如认为，八十一章中直接谈兵的，本章、下章及第六十九章，共三章而已。讲哲理偶以兵事取喻者不及十章。所以《道德经》不是兵书，例如从军事学角度讲，它无论如何也不能与《孙子兵法》相提并论。在春秋战国时代，战争是社会生活中的重要内容，哲学家、思想家们对这些社会实际问题并不会熟视无睹。他们从这些战争的过程中，观察到某些带有哲理性的问题，并上升到哲学高度加以分析研究，寻找到包括战争在内的一般事物发展变化的规律，如“物壮则老”等，这无疑具有普遍的启示价值。

第三十一章

夫兵者，不祥之器，物或恶之，故有道者不处。君子居则贵左，用兵则贵右。兵者不祥之器，非君子之器，不得已而用之，恬淡为上，胜而不美，而美之者，是乐杀人。夫乐杀人者，则不可得志于天下矣。吉事尚左，凶事尚右。偏将军居左，上将军居右。言以丧礼处之。杀人之众，以悲哀莅之，战胜以丧礼处之。

【译文】

兵器啊，是不祥的东西，人们都厌恶它，所以有“道”的人不使用它。君子平时居处就以左边为贵而用兵打仗时就以右边为贵。兵器这个不祥的东西，不是君子所使用的东西，万不得已而使用它，最好淡然处之，胜利了也不要自鸣得意，如果自以为了不起，那就是喜欢杀人。凡是喜欢杀人的人，就不可能得志于天下。吉庆的事情以左边为上，凶丧的事情以右方为上，偏将军居于左边，上将军居于右边，这就是说要以丧礼仪式来处理用兵打仗的事情。战争中杀人众多，要用哀痛的心情参加，打了胜仗，也要以丧礼的仪式去对待战死的人。

【解读】

这一章仍是讲战争之道，是上一章的继续和发挥。上一章着重从后果讲，这一章以古代的礼仪来比喻。按中国古代的礼仪看，主居右，客居左，所以居左有谦让的意思，“君子居则贵左，用兵则贵右”。老子认为，兵器战争虽然是不祥的东西，但作为君子，在迫不得已之时，也要用战争的方式达到自己的目的，只是在获取胜利时不要以兵力逞强，不要随意地使用兵力杀人。相反，对于在战争中死去的人，还要真心表示哀伤痛心，并且以丧礼妥善安置死者。

【评析】

战争会给人类带来巨大的灾祸，这是人所共知的。任继愈认为《道德经》“也是反对战争的”。因为在这一章里，老子说“夫兵者，不祥之器”，这里显然没有主战用兵的意思。但是，老子同时又说，对于战争“不得已而用之”，这表明老子在诅咒战争的同时，也还是承认了在“不得已”时还是要采用的。在春秋战国时代，战争是普遍的，国与国之间相互攻伐，战争规模日益扩大，动辄数万、数十万的兵力投入战争之中，伤亡极其惨重，而在战争期间受危害最大的，则是普通老百姓。每逢战争，人们扶老携幼、离乡背井四处逃亡，严重破坏正常的社会生产，也造成社会秩序的动荡不安，战争是带来灾难的东西。所谓君子迫不得已而使用战争的手段，这是为了除暴救民，舍此别无其他目的，即使如此，用兵者也应当“恬淡为上”，战胜了也不要得意扬扬，自以为是，否则就是喜欢用武杀人。这句话是对那些穷兵黩武的人们的警告。所以，我们认为《道德经》不是兵书，不是研究战争问题的，尤其不是为用兵者出谋划策的。老子谈论战争问题，目的在于反对战争。

第三十二章

道常无名，朴。虽小，天下莫能臣。侯王若能守之，万物将自宾。天地相合，以降甘露，民莫之令而自均。始制有名，名亦既有，夫亦将知止，知止可以不殆。譬道之在天下，犹川谷之于江海。

【译文】

“道”永远是无名而质朴的，它虽然很小不可见，但天下没有谁能使它服从自己。侯王如果能够依照“道”的原则治理天下，百姓们将会自然地归从于他。天地间阴阳之气相合，就会降下甘露，人们不必指使它就会自然均匀。治理天下就要建立一种管理体制，制定各种制度确定各种名分，任命各级官长办事。名分既然有了，就要有所制约，适可而止就没有什么危险了。“道”存在于天下，就像江海，一切河川溪水都归流于它，使万物自然宾服。

【解读】

这一章讲了“无名”“有名”“知止”，“无名”“有名”不是第一章中以“无”名、以“有”名的“无”和“有”的概念。“无名”指完全做到了不自见、不自是、不自伐、不自矜，所以称之为“朴”。所以，本章表达了老子的“无为”的政治思想，认为侯王若能依照“道”的法则治天下，顺应自然，那样，百姓们将会自动地服从于他。老子用“朴”来形容“道”的原始“无名”的状态，这种原始质朴的“道”，向下落实使万物兴作，于是各种名称就产生了。立制度、定名分、设官职，不可过分，要适可而止，这样就不会纷扰多事。老子认为，“名”是人类社会引争端的重要根源。

【评析】

任继愈《老子哲学讨论集》认为，老子的哲学，无论在世界观方面或在辩证法方面，都具有这种素朴的、直观的特点，老子的书中也是用直观来说明自然现象的普遍联系的。老子对世界的本原，说“无以名之，字之曰道，强名之曰‘大’”，又把道叫作“朴”(道常无名，朴虽小，天下莫能臣)。有时把道叫作“无名”(一章，“无名，天下之始”，三十二章，“道常无名”，三十七章，“……镇之以无名之朴”，四十一章，“道隐无名”)。这些例子可以证明老子书中的道，实在是浑然一体的“无名”或“朴”。把老子的道看作纯精神的客观实在为绝对理念，与老子的原意不合。我们知道，《道德经》里所讲的“道”，就是指物质世界的实体及其变化的原因和规律。“道”是永恒的，既如无名之朴，是极幽微的；而且还适用于新旧转化运动的客观规律。“道”又是具有最大共性的“无名、朴”，并且还适用于新旧转化的客观规律，在整个“大、逝、远、反”的进程中，它的存在是具有本质和现象、形式和内容、可能和现实以及动静、因果等关系性的辩证范畴。

第三十三章

知人者智，自知者明。胜人者有力，自胜者强。知足者富，强行者有志。不失其所者久，死而不亡者寿。

【译文】

能了解、认识别人叫作智慧，能认识、了解自己才算聪明。能战胜别人是有力的，能克制自己的弱点才算刚强。知道满足的人才是富有人。坚持力行、努力不懈的就是有志。不离失本分的人就能长久不衰，身虽死而“道”仍存的，才算真正的长寿。

【解读】

本章讲个人修养与自我认知的问题，主张人们要丰富自己精神生活的一系列观点。在老子看来，“知人”“胜人”十分重要，但是“自知”“自胜”更加重要。本章与第九章、第十章、第十五章、第二十章的写法比较类似，侧重于探讨人生哲理。老子在本章，全部用的正面直言的文字，与前面几章不同。第十章用问话的形式出现，第二十章以反话形式表达。他认为，一个人倘若能省视自己、坚定自己的生活信念，并且切实推行，就能够保持旺盛的生命力和饱满的精神风貌。

【评析】

中国有句古话“人贵有自知之明”，这句话最早的表述者是老子。“自知者明”，就是说能清醒地认识自己、对待自己，这才是最聪明的，最难能可贵的。在本章里，老子提出精神修养的问题。任继愈在《老子新译》中认为，这一章“宣传了一系列消极、保守、反省的精神修养观点”，“还宣传精神胜利法，说什么死而不亡是长寿，这些都是唯心主义的思想”。对于这种观点，学者张松如并不认同，老子所说的这种观点“为什么是唯心主义呢，难道‘死而不亡’是‘有鬼论’吗？”他认为，这是见仁见智，人各有心。他认为个人的精神修养，可以使人具有智、明、力、强、富、志、久、寿这些品格和素质，这些都具有积极的意义。老子极力宣传“死而不亡”，这是他一贯的思想主张，体现“无为”的思想主旨。“死而不亡”并不是在宣传“有鬼论”，不是在宣扬“灵魂不灭”，而是说，人的身体虽然消失了，但精神是不朽的，是永垂千古的，这当然可以算作长寿了。清末民初著名学者梁启超曾说，人的肉体寿命不过区区数十载，人不可能长生不老，但人的精神则可以永垂不朽，因为他的学说、思想、精神会长期影响当代及后代的人们，从这个意义上讲，人完全可以做到“死而不亡”。梁启超的这种观点，应该讲主要所受的不是佛学的影响，而是受到老子思想的影响。

第三十四章

大道氾兮，其可左右。万物恃之以生而不辞，功成而不有。衣养万物而不为主，常无欲，可名于小；万物归焉而不为主，可名为大。以其终不自为大，故能成其大。

【译文】

大道广泛流行，左右上下无所不到。万物依赖它生长它却不推辞，完成了功业而不占有名誉。它养育万物而不自以为主，可以称它为“小”；万物归附它而它不自以为主宰，可以称它为“大”。正因为它不自以为伟大，所以才能成就它的伟大。

【引语】

这一章说明“道”的作用，这是老子在《道德经》书中再次谈到“道”的问题。他认为，“道”生长万物，养育万物，使万物各得所需，而“道”又不主宰万物，完全顺任自然。这些观点，老子在前面一些章节中已经做过论述。这一章是继续阐发第三十二章的道理，讲“道”可以名为“小”，也可名为“大”，虽然没有明确指出“圣人”“侯王”，实际是在期望统治者们应该像“道”那样起“朴”的作用。此章内容从另一角度看，又是在谈作为“圣”“侯王”所应该具备的素质。

【评析】

在学术界，关于老子的“道”的属性，有几种不同观点，最典型的主要是唯物论和唯心论两种截然对立的观点。持“唯心论”观点的学者认为“老子的‘道’是一个超时空的无差别的绝对静止的精神本体”。对此，张松如认为，“我们不这样看。‘大道氾兮，其可左右’，怎么能是‘绝对静止的精神本体’呢？无欲、无名、可小、可大，这个‘道’又怎么能是‘超时空的无差别’呢？”（《老子校读》）我们同意张松如的观点，“道”是一个物质性的概念，虽然耳、目、触、嗅诸感觉器官都不能感受到，但却实实在在地存在于自然界，而不是仅凭人们的主观臆想存在的精神性概念。这一点是我们准确理解《道德经》中有关“道”的问题的关键所在。此外，老子在本章里发挥的“不辞”“不有”“不为主”的精神，可以消解占有欲、支配欲，从“衣养万物”中，使人们感受到爱与温暖的氛围。

第三十五章

执大象，天下往。往而不害，安平太。乐与饵，过客止。道之出口，淡乎其无味，视之不足见，听之不足闻，用之不足既。

【译文】

谁掌握了那伟大的“道”，普天下的有识之士便都来向统治者投靠，向往、投靠统治者而不互相妨害，于是大家就和平而安泰、宁静。音乐和美好的食物，使有识之士都为之停步。用言语来表述大道，是平淡而无味的，看它，看也看不见，听它，听也听不见，而它的作用，却是无穷无尽、无限制的。

【解读】

这一章，述说了“道”的作用和影响，但与上一章一样，都不完全是前面各章论“道”的重复，而是隐喻着言外之意。“道”的作用和影响不可低估，它可以使天下的人们都向它投靠而不相妨害，过上和平安宁的生活。因而可以说本章实为“道”的颂歌。在《道德经》中，“道”已经被多次论及，但从来没有重复，而是层层深入、逐渐展开，使人切实感受“道”的伟大力量。

【评析】

“乐与饵”指流行的仁义礼法之治，“过客”指一般的执政者，但还不是指最高统治者。老子在本章里警诫那些执政的官员们不要沉湎于声色美食之中，应该归附于自然质朴的大道，才能保持社会的安定与发展。统治集团不理政事，纵情声色，这是春秋末年的普遍现象。诸侯国之间的战争，使老百姓遭受严重的痛苦。而在日常生活中，统治者荒于朝政，根本不关心老百姓的死活。老子对于当时这种状况极为清楚，他这章里所说的话，表明了他为老百姓的安危生存而忧虑的历史责任感。

第三十六章

将欲歙之，必固张之；将欲弱之，必固强之；将欲废之，必固兴之；将欲取之，必固与之。是谓微明。柔弱胜刚强。鱼不可脱于渊，国之利器不可以示人。

【译文】

想要收敛它，必先扩张它；想要削弱它，必先加强它；想要废去它，必先抬举它；想要夺取它，必先给予它。这就叫作微妙但又显明。柔弱胜过刚强。鱼不能脱离池渊，国家的刑法政教不可以向人炫耀，不能轻易用来吓唬人。

【解读】

有人认为这一章也是讲用兵的道理，不过我们认为这主要描述了老子的辩证法思想。本章谈到几对矛盾双方互相转化的问题，“物极必反”“盛极而衰”等都可以说是自然界运动变化的规律，同时以自然界的辩证法比喻社会现象，以引起人们的警觉注意。这种观点贯穿于《道德经》全书。

【评析】

这一章主要讲了事物的两重性和矛盾双方互相转化的辩证关系，同时以自然界的辩证法比喻社会现象，引起人们的警觉注意。事物在发展过程中，都会走到某一个极限，此时，它必然会向相反的方向变化。本章的前四句是老子对于事态发展的具体分析，贯穿了老子所谓“物极必反”的辩证法思想。在以上所讲“歙”与“张”“弱”与“强”“废”与“兴”“取”与“与”这四对矛盾的对立统一体中，老子宁可居于柔弱的一面。在对于人与物做了深入而普遍的观察研究之后，他认识到，柔弱的东西里面蕴含着内敛，往往富于韧性，生命力旺盛，发展的余地大。相反，看起来刚强的东西，由于它的显扬外露，往往失去发展的前景，因而不能持久。在柔弱与刚强的对立之中，老子断言柔弱的呈现胜于刚强的外表。

第三十七章

道常无为而无不为。侯王若能守之，万物将自化。化而欲作，吾将镇之以无名之朴。镇之以无名之朴，夫将不欲。不欲以静，天下将自定。

【译文】

道永远是顺任自然而无所作为的，却又没有什么事情不是它所作为的。侯王如果能按照“道”的原则为政治民，万事万物就会自我化育、自生自灭。自生自长而产生贪欲时，我就要用“道”来镇住它。用“道”的真朴来镇服它，就不会产生贪欲之心了，万事万物没有贪欲之心了，天下便自然而然达到稳定、安宁了。

【引语】

本章是《道德经》中《道经》的最后一章，老子把第一章提出的“道”的概念，落实到他理想的社会和政治——自然无为。在老子看来，统治者能依照“道”的法则来为政，顺任自然，不妄加干涉，百姓们将会自由自在，自我发展。在第二十五章提到“道法自然”，自然是无为的，所以“道”也无为。“静”“朴”“不欲”都是无为的内涵。统治者如果可以依照“道”的法则为政，不危害百姓，不胡作非为，老百姓就不会滋生更多的贪欲，他们的生活就会自然、平静。

【评析】

“无为”的思想在老子《道德经》中多次阐述、解释。本章第一句即是“道常无为而无不为”，老子的道不同于任何宗教的神，神是有意志的、有目的的，而“道”则是非人格化的，它创造万物，但又不主宰万物，顺任自然万物的繁衍、发展、淘汰、新生，所以“无为”实际上是不妄为、不强为。这样做的结果，当然是无不为了。第二句便引入人类社会，谈到“道”的法则在人类社会的运用。老子根据自然界的“道常无为而无不为”，要求“侯王若能守之”，即在社会政治方面，也要按照“无为而无不为”的法则来实行，从而导引出“化而欲作，吾将镇之以无名之朴”的结论。老子认为，理想的执政者，只要恪守“道”的原则，就会达到“天下将自定”这样的理想社会。这里所说的“镇”，应当是“镇服”“镇定”，绝非是武力手段的“镇压”。由此，我们也认为，老子并不是代表奴隶主统治阶级的要求，而是从人类社会发展进步的角度考虑问题，并不是仅仅代表某一个阶级或阶层的利益和意愿。这表现出老子内心深沉的历史责任感，因而是进步的、积极的。

第三十八章

上德不德，是以有德；下德不失德，是以无德。上德无为而无以为；下德无为而有以为。上仁为之而无以为；上义为之而有以为。上礼为之而莫之应，则攘臂而扔之。故失道而后德，失德而后仁，失仁而后义，失义而后礼。夫礼者，忠信之薄，而乱之首。前识者，道之华，而愚之始。是以大丈夫处其厚，不居其薄；处其实，不居其华。故去彼取此。

【译文】

具备“上德”的人不表现为外在的有德，因此实际上是有“德”；具备“下德”的人表现为外在的不离失“德”，因此实际是没有“德”的。“上德”之人顺应自然无心作为，“下德”之人顺应自然而有心作为。上仁之人要有所作为却没有人回应他，于是就扬着胳膊强引别人。所以，失去了“道”而后才有“德”，失去了“德”而后才有“仁”，失去了“仁”而后才有“义”，失去了“义”而后才有“礼”。“礼”这个东西，是忠信不足的产物，而且是祸乱的开端。所谓“先知”，不过是“道”的虚华，由此愚昧开始产生。所以大丈夫立身敦厚，不居于浇薄；存心朴实，不居于虚华。所以要舍弃浇薄虚华而采取朴实敦厚。

【引语】

这一章是《德经》的第一篇。有人认为，上篇以“道”开始，所以叫作《道经》；下篇以“德”字开始，所以叫作《德经》。本章是《道德经》里比较难理解的一章。老子认为，“道”的属性表现为“德”，凡是符合“道”的行为就是“有德”，反之，则是“失德”。“道”与“德”不可分离，但又有区别。因为“德”有上下之分，“上德”完全合乎“道”的精神。“德”是“道”在人世间的体现，“道”是客观规律，而“德”是指人类认识并按客观规律办事。人们把“道”运用于人类社会产生的功能，就是“德”。

【评析】

《道德经》一方面是谈“道”，一方面是论“德”。老子认为“上德”完全合乎“道”的精神。第二十一章写道：“孔德之容，唯道是从”；第二十八章说："为天下溪，常德不离，复归于婴儿"，"为天下谷，常德乃足，复归于朴"；第五十一章说，"生而不有，为而不恃，长而不宰，是谓玄德"。以上所讲的"孔德""常德""玄德"都是指这里所讲的"上德"。从政治角度去分析和理解所谓"上德"，我们认为它不同于儒家所讲的"德政"。老子批评儒家"德政"不顾客观实际情况，仅凭人的主观意志加以推行，这不是"上德"，而是"不德"；而老子的"上德"则是"无以为""无为"，它不脱离客观的自然规律，施政者没有功利的意图，不单凭主观意愿办事，这样做的结果当然是无为而无不为，即把"道"的精神充分体现在人间，所以又是"有德"。但是"下德"是"有以为"的"无为"，但却抱着功利的目的，凭主观意志办事。在本章里，老子把政治分成了两个类型、五个层次。两个类型即"无为"和"有为"。"道"和"德"属于"无为"的类型；仁、义、礼属"有为"的类型。五个层次是道、德、仁、义、礼。这五个层次中，德和仁是最高标准，但"德"只是指"上德"，不是"下德"。失道而后德，这是在无为的类型内部说的，失道则沦为下德，那就与上仁相差无几了。失德而后仁，这是指离开了"无为"的类型才有了仁。仁已经是"有为""为之"了，所以"失仁而后义""失义而后礼"就是在"有为"范围内所显示出来的不同层次。在本章里，老子用了"大丈夫"一词，是全书唯一使用的名词，过去有人将此解释为"智慧很高的人"，原意大约相同于此，但其中也包含有豪爽、果敢、刚毅的内容。老子感受到人际关系愈来愈难以相处，所以在十分激动的情绪下使用了"大丈夫"这个词，并说"大丈夫处其厚，不居其薄；处其实，不居其华。故去彼取此"。本章使用了一些具体的规范把人的思想行为定着在固定的形式中，即按忠信行事，不执行浇薄的礼。所以老子对政治的最低要求是摒去"薄"和"华"，恢复"厚"和"实"。

第三十九章

昔之得一者，天得一以清；地得一以宁；神得一以灵；谷得一以盈，万物得一以生；侯王得一以为天下正。其致之也，谓天无以清，将恐裂；地无以宁，将恐废；神无以灵，将恐歇；谷无以盈，将恐竭；万物无以生，将恐灭；侯王无以正，将恐蹶。故贵以贱为本，高以下为基。是以侯王自称孤、寡、不谷。此非以贱为本邪？非乎？故至誉无誉。是故不欲琭琭如玉，珞珞如石。

【译文】

往昔曾得到过道的：天得到道而清明；地得到道而宁静；神（人）得到道而英灵；河谷得到道而充盈；万物得到道而生长；侯王得到道而成为天下的首领。推而言之，天不得清明，恐怕要崩裂；地不得安宁，恐怕要震溃；人不能保持灵性，恐怕要灭绝；河谷不能保持流水，恐怕要干涸；万物不能保持生长，恐怕要消灭；侯王不能保持天下首领的地位，恐怕要倾覆。所以贵以贱为根本，高以下为基础，因此侯王们自称为“孤”“寡”“不谷”，这不就是以贱为根本吗？不是吗？所以最高的荣誉无须赞美称誉。不要求像晶莹的宝玉，而宁愿像坚硬的山石。

【解读】

这一章讲“道”的普遍意义。前半段论述“道”的作用，天地万物都来源于“道”，或者说，“道”是构成一切事物不可或缺的要素，如果失去了“道”，天地万物就不能存在下去。后半段由此推及人间，告诫统治者从“道”的原则出发，并常要能“处下”“居后”“谦卑”，即贵以贱为根本，高以下为基础，没有老百姓为根本和基础，就没有高贵的侯王。因而在本章的内容中，同样包含辩证法的因素。

【评析】

在《道德经》里，老子经常以“一”来代称“道”，如第二十二章的“圣人抱一为天下式”。本章中，老子连续七次使用“一”字，其含义是相当深刻的。杨兴顺说：“一切在流动着，一切在变化着，但老子认为，变化的基础是统一而不是矛盾的斗争。‘天得一以清’，老子揭露了客观世界的矛盾，企图削弱矛盾，遏阻矛盾的尖锐化，为着这一目的，他把统一看成万物的基础而把它绝对化。”（《中国古代哲学家老子及其学说》）事实上，老子认为宇宙的本原只有一个，宇宙的总规律也只有一个，因而他突出“一”，即宇宙起源的一元论，而且是物质的。在世界的自然万事万物之中，老子列举了许多相互矛盾的对立体，并认为对立物相互依存、相互转化，最终归于统一。所以，他一再使用“一”，这也表明他认为矛盾和对立总要归于统一。在人类社会而言，老子也强调统一，认为侯王也要注重唯一的“道”，才能使天下有个准绳。这个准绳是什么？老子说：“贵以贱为本，高以下为基。”侯王应该认识到“贱”“下”是自己的根基。有道的人无须光华如玉，还是质朴更好一些。总而言之，本章开头就是讲道的普通性、重要性，不论是天、地、神、谷、万物、侯王，都是来源于道，如果失去了道，一切都不会再存在下去。

第四十章

反者道之动，弱者道之用。天下万物生于有，有生于无。

【译文】

循环往复的运动变化，是道的运动，道的作用是微妙、柔弱的。天下的万物产生于看得见的有形质，有形质又产生于不可见的无形质。

【解读】

在本章里，老子用极其简练的文字，讲述了“道”的运动变化法则和“道”产生天下万物的作用。关于“道”的基本理论，本章和第四十二章都是就此而论的。本章虽然只有两句话，但言简意赅，含义十分丰富。

【评析】

老子在《道德经》里，多次涉及“事物的矛盾和对立转化是永恒不变的规律”，概括了自然和人类社会的现象与本质，这是十分光辉和精辟的见解。“反者道之动”，历来解释者有两种观点：一是说矛盾着的对立物各自向着自己的对立面转化；二是说事物运动变化的规律是循环往复。其实这两种解释意思是相同的。因为老子承认运动，承认运动循环往复、周而复始。这当然是老子认识上的不足。因为对立面的互相转化，必须在一定条件下才能实现，不具备一定条件，是不能转化的。不经过任何努力，不管在任何情况下，都会发生转化，这就多少带有宿命论的色彩了。“弱者道之用”，是说“道”在发挥作用的时候，用的是柔弱的方法，这不完全是消极的，同样也有积极的一面，道创造万物，并不使万物感到有什么强迫的力量，而是自然而然地发生和成长。用弱和用强，也就是“无为”和“有为”的区别。天下万物生于有，有生于无。有的论者认为这一句可以概括出“无—有—万物”的公式，并说万物毕竟是从“无”而来的。其实，老子讲“有”和“无”，是把“有”与“无”当成相互对立的两个哲学范畴，有与无都是道的属性，是道产生天地万物时由无形质落向有形质的活动过程。

第四十一章

上士闻道，勤而行之；中士闻道，若存若亡；下士闻道，大笑之。不笑不足以为道。故建言有之：明道若昧；进道若退；夷道若颣（lèi）；上德若谷；大白若辱；广德若不足；建德若偷（通“惰”）；质真若渝；大方无隅；大器晚成；大音希声；大象无形；道隐无名。夫唯道，善贷且成。

【译文】

上士听了道的理论，努力去实行；中士听了道的理论，将信将疑；下士听了道的理论，哈哈大笑。不被嘲笑就不足以成为道了。因此古时立言的人说过这样的话：光明的道路好似暗昧；前进的道路好似后退；平坦的道路好似崎岖；崇高的德好似低谷；广大的德好似不足；刚健的德好似怠惰；质朴而纯真好似混浊未开；最洁白的东西，反而含有污垢；最方正的东西，反而没有棱角；铸造越大型的鼎铭，反而要越晚成型；最大的声响，反而听来无声无息；最大的形象，反而没有形状。道幽隐而没有名称，无名无声。只有“道”，才能使万物善始善终。

【解读】

这一章引用了十二句古人说过的话，列举了一系列构成矛盾的事物双方，表明现象与本质的矛盾统一关系，它们彼此相异，互相对立又互相依存。从矛盾的观点，说明相反相成是事物发展变化的规律。在这里，老子讲了上士、中士、下士各自“闻道”的态度：上士听了道，努力去实行；中士听了道，将信将疑，下士听了以后哈哈大笑。说明“下士”只见现象不见本质，还要抓住一些表面现象来嘲笑道，但道是不怕浅薄之人嘲笑的。

【评析】

本章前面先讲了“上士”“中士”“下士”对道的反应。“上、中、下”不是就奴隶主政治上的等级制度而言，而是就其思想认识水平的高低而言。“道”的本质隐藏在现象后面，浅薄之士是无法看到的，所以不被嘲笑就不成其为“道”。在后面所引的十二句成语中，前六句是指“道”“德”而言的，后六句的“质真”“大白”“大方”“大器”“大音”“大象”指“道”或“道”的形象、性质。所以引完这十二句格言以后，用一句话加以归纳：“道”是幽隐无名的，它的本质是前者，而表象是后者。

这十二句，从有形与无形、存在与意识、自然与社会各个领域多种事物的本质和现象中，论证了矛盾的普遍性，揭示出辩证法的真谛。这是极富智慧的。

第四十二章

道生一，一生二，二生三，三生万物。万物负阴而抱阳，冲气以为和。人之所恶，唯孤、寡、不谷，而王公以为称。故物或损之而益，或益之而损。人之所教，我亦教之。强梁者不得其死，吾将以为教父。

【译文】

道生万物之源，进而产生阴阳二气，阴阳二气相交而形成一种和谐的状态，万物在和谐的状态中产生。万物背阴而向阳，并且在阴阳二气的互相激荡中成新的和谐体。人们最厌恶的就是“孤”“寡”“不谷”，但王公却用这些字来称呼自己。所以一切事物，如果减损它却反而得到增加，如果增加它却反而得到减损。别人这样教导我，我也这样去教导别人。强暴的人死无其所，我把这句话当作施教的宗旨。

【解读】

这一章的前半部分讲的是老子的宇宙生成论。这里老子说到“一”“二”“三”，乃是指“道”创生万物的过程。这是继第四十章之后，又一段关于“道”的基本原理的重要论述。宇宙万物的总根源是“混而为一”的“道”，对于千姿百态的万物而言，“道”是独一无二的。另一段话是警诫王公要以贱为本、以下为基的。对后一段内容，有的学者认为这一段文字与上一段讲的原理关联不上，疑为第三十九章文字错移本章。另一种说法是两段前后虽然不相密切关联，但意义仍相近。这是讲矛盾的双方既是对立的，又是统一的，事物相反相成，双方可以互相转化。所以，这一章再次表达了老子的辩证法思想。

【评析】

本章第一段话，说到一、二、三这几个数字，这并不是把一、二、三看作具体的事物和具体数量。它们只是表示“道”生万物从少到多，从简单到复杂的一个过程，这就是“冲气以为和”。这里老子明确提出了一元论的认知观。冯友兰说：“老子书说‘道生一，一生二，二生三，三生万物，万物负阴而抱阳，冲气以为和’。这里说的有三种气：冲气、阴气、阳气。我认为所谓冲气就是一，阴阳是二，三在先秦是多数的意思。二生三就是说，有了阴阳，很多的东西就生出来了。那么冲气究竟是哪一种气呢？照后来《淮南子》所讲的宇宙发生的程序说，在还没有天地的时候，有一种混沌未分的气，后来这种气起了分化，轻清的气上浮为天，重浊的气下沉为地，这就是天地之始。轻清的气就是阳气，重浊的气就是阴气。在阴阳二气开始分化而还没有完全分化的时候，在这种情况中的气就叫作冲气。‘冲’是道的一种性质，‘道冲而用之或不盈’。这种尚未完全分化的气，与道相差不多，所以叫冲气。也叫作一。”（《老子哲学讨论集》）这一分析是很有见地的。在本章后半部分，老子讲了柔弱退守是处事的最高原则，谦受益，满招损，这也合乎辩证之道。

第四十三章

天下之至柔，驰骋天下之至坚。无有入无间，吾是以知无为之有益。不言之教，无为之益，天下希及之。

【译文】

天下最柔弱的东西，腾越穿行于最坚硬的东西中。无形的力量可以穿透没有间隙的东西。我因此认识到“无为”的益处。“不言”之教导，“无为”之益，普天之下少有能赶上它的了。

【解读】

本章申述“柔之胜刚，弱之胜强”的“是谓微明”之术。讲了柔弱可以战胜刚强的原理，又讲了“不言”的教诲、“无为”的益处。此意贯穿于老子《道德经》的全书之中。他指出，最柔弱的东西里面，蓄积着人们看不见的巨大力量，使最坚强的东西无法抵挡。“柔弱”发挥出来的作用，在于“无为”。水是最柔的东西，但它却能够穿山透地。所以老子以水来比喻柔能胜刚的道理。

【评析】

“贵柔”是《道德经》的基本观念之一。“柔弱”是“道”的基本表现和作用，它实际上已经成为《道德经》概括一切从属的、次要的方面的哲学概念。老子认为，“柔弱”是万物具有生命力的表现，也是真正有力量的象征。如果我们深层次去考虑问题，就会发现老子要突出的是事物转化的必然性。他并非一味要人“守柔”“不争”，而是认为“天下之至柔，驰骋天下之至坚”，即柔弱是可以战胜刚强的。这是深刻的辩证法的智慧。因此，发现了“柔弱”方面的意义是老子的重大贡献。

第四十四章

名与身孰亲？身与货孰多？得与亡孰病？甚爱必大费；多藏必厚亡。故知足不辱，知止不殆，可以长久。

【译文】

声名和生命相比哪一样更为亲切？生命和货利比起来哪一样更为贵重？获取和丢失相比，哪一个更有害？过分地爱名利就必定要付出更多的代价；过多地积敛财富，必定会遭受更为惨重的损失。所以说，懂得满足，就不会受到屈辱；懂得适可而止，就不会遇见危险；这样才可以保持住长久的平安。

【解读】

本章与第十三章一样，是讲人之尊严的。第十三章是以宠辱荣患和人的自身价值对比，说明人要自重、自爱；这一章是以名与货和人的自身价值对比，也是要人自重、自爱。老子宣传的是这样一种人生观，人要贵生重己，追求名利要适可而止，知足常乐，这样才可以避免遇到危难；反之，为名利奋不顾身，争名逐利，则必然会落得身败名裂之可悲下场。

【评析】

虚名和人的生命、货利与人的价值哪一个更可贵？争夺货利还是重视人的价值，这二者的得与失，哪一个弊病多呢？这是老子在本章里向人们提出的尖锐问题，这也是每个人都必然会遇到的问题。有人解释说，本章是讲吝惜生命，与提倡奋不顾身是格格不入的两种生命观。事实上，吝惜生命并不是贪生怕死，老子讲的是对宠辱荣患和虚名货利来说，不要贪图虚荣与名利，要珍惜自身的价值与尊严，不可自贱其身。本章里讲“知足不辱，知止不殆”，这是老子对为人处世的精辟见解和高度概括。“知足”就是说，任何事物都有自己的发展极限，超出此限，则必然向它的反面发展。因而，每个人都应该对自己的言行举止有清醒的准确的认识，凡事不可求全。贪求的名利越多，付出的代价也就越大，积敛的财富越多，失去的也就越多。他希望人们，尤其是手握权柄之人，对财富的占有欲要适可而止，要知足，才可以做到“不辱”。“多藏”，就是指对物质生活的过度追求，一个片面追求物质利益的人，必定会采取各种手段来满足自己的欲望，甚至会以身试法。“多藏必厚亡”，意思是说丰厚的储藏必有严重的损失。这个损失并不仅仅指物质方面的损失，而且指人的精神、人格、品质方面的损失。

第四十五章

大成若缺，其用不弊。大盈若冲，其用不穷。大直若屈，大巧若拙，大辩若讷。静胜躁，寒胜热。清静为天下正。

【译文】

最完满的东西，好似有残缺一样，但它的作用永远不会衰竭；最充盈的东西，好似是容和一样，但是它的作用是不会穷尽的。最正直的东西，好似是弯曲一样；最灵巧的东西，好似最笨拙的；最卓越的辩才，好似不善言辞一样。清静克服扰动，寒冷克服暑热。清静无为才能统治天下。

【解读】

这一章在内容上和行文上，都可以说是第四十一章的延续，是讲内容和形式、本质和现象的辩证关系。第四十一章讲的是“道”，本章讲的是“人格”。其中“大成”“大盈”的人格形态；“若缺”“若冲”“若屈”“若拙”“若讷”的外在表现，都是说明一个完美的人格，不在外形上表露，而为内在生命的含藏内收。

【评析】

任继愈在《老子新译》中写道：“这一章讲的是辩证法思想。老子认为有些事物表面看来是一种情况，实质上却又是一种情况。表面情况和实际情况有时完全相反。在政治上不要有为，只有贯彻了‘无为’的原则，才能取得成功。”这个分析是准确的。老子运用辩证法认识事物、认识人。尤其对于那些国富兵强，拓地千里，并国数十，成其大功的王侯将相，如果不因此而昏昏然，看到自己的缺陷和不足；丰满充盈的如果能以细小视之，富裕却以不足居之，再加上如屈、如拙，当然会其用无穷。

第四十六章

天下有道，却走马以粪，天下无道，戎马生于郊。祸莫大于不知足；咎莫大于欲得。故知足之足，常足矣。

【译文】

治理天下合乎“道”，就可以太平安定，把战马退还到田间给农夫用来耕种。治理天下不合乎“道”，连怀胎的母马也要被送上战场，在战场的郊外生下马驹。最大的祸害是不知足，最大的过失是贪心过重。知道到什么地步就该满足了的人，永远是满足的。

【解读】

这一章主要反映了老子的反战思想。在春秋时代，诸侯争霸，兼并和掠夺战争连年不断，给社会生产和人民群众的生活造成了沉重灾难。对此，老子明确表示了自己的主张，他认为战争的起因是统治者贪欲太强，那么解决问题的办法就是要求统治者知足常乐。这种观点可以理解，但他没有明确区分战争的性质，因为当时有奴隶主贵族互相兼并政权的战争，也有地主阶级崛起后推翻奴隶主统治的战争，还有劳动民众的反抗斗争。因此，在本章里，老子所表述的观点有两个问题，一是引起战争的根源，二是没有对战争加以区分。

【评析】

张松如先生指出：“本章前四句表示了反战思想。老子反对的当然是春秋列国各贵族领主集团间频繁的兼并战争和掠夺战争。尽管有人指出说，这些战争，从其主流说，也有一定的进步趋势；但是对人民说来，特别是对从事农业生产的广大劳动人民群众说来，不可避免地要带来种种惨祸、暴行、灾难的痛苦，这是可以想见的。老子反对这些战争岂不是理所当然的吗？有人曾说，老子是兵家。可是从古以来，那里会有反战的兵家呢？在这里，老子认为战争是由于封建统治者不知足、贪心重所引起的，只要是能知足，满足于现状，不贪求什么，就不会发生战争。‘知足之足，恒足矣’。这是一种唯心史观，至于‘寡欲’‘知足’的提出，对当时封建贵族领主集团的无厌欲求，无异于是一个强烈的抗议。”（《老子校读》第270—271页）

胡寄窗先生在《中国经济思想史》中说：“寡欲的具体表现是‘知足’。老子学派把知足看得非常重要，以为知足可以决定人们的荣辱、生存、祸福。不仅此也，他们并将知足作为从主观上分辨贫富的标准。如知足，则虽客观财富不多而主观上亦可自认为富有，‘知足者富’‘富莫大于知足’。因此知‘足’之所以为足，则常足矣，常足当然可以看作是富裕。反之，客观财富虽多，由于主观的不知足，贪得无厌，能酿成极大的祸害。从这里可以看出老子的财富决定于主观的知足与不知足，亦即决定于‘欲不欲’，所以带有唯心主义色彩。但他们很重视客观刺激对产生欲望之作用，如他们说‘乐与饵，过客止’。寡欲与知足是不可分割的。未有能寡欲而不知足者，亦未有不寡欲而能知足者。老子提出寡欲、知足，对当时当权贵族的无厌欲求是一个强烈的抗议，但对一般人来说，持有这种观点，就会把人引导到消极退缩的道路上去，就会使经济基础的发展从意识形态方面受到阻碍。”张松如先生和胡寄窗先生的以上论说是中肯的。因为战争的起因往往是侵略者一方野心勃勃、攻占城池、吞并邻国，扰害百姓。本章警告当政者不可无厌贪求，切记清静无为之戒条。这的确是为社会的发展、民众的安定而殚精竭虑，还是值得肯定的。

第四十七章

不出户，知天下；不窥牖，见天道。其出弥远，其知弥少。是以圣人不行而知，不见而明，不为而成。

【译文】

不出门户，就能够推知天下的事理；不望窗外，就可以认识自然规律。他向外奔逐得越远，所知道的道理就越少。所以，有“道”的圣人不出行却能够推知事理，不窥见而能明了“天道”，不妄为而可以有所成就。

【解读】

这一章主要谈的是哲学上的认识论。这里的基本观点是：在认识上纯凭感觉经验是靠不住的。因为这样做无法深入事物的内部，不能认识事物的全体，而且还会扰乱人的心灵。那么，要认识事物就只有靠内在的自省，下功夫自我修养，才能领悟“天道”，知晓天下万物的变化发展规律。对此，学术界在讨论老子哲学认识论时，有的观点是说，老子是彻头彻尾的唯心主义先验论者；而有的观点则说，老子并不轻视实践所获取的感性知识，只是夸大了理性认识的作用。关于这几种观点的争论，将在本章评析部分详加论述。

【评析】

陈鼓应先生在《老子注释及评介》中说：“老子认为世界上一切事物都依循着某种规律运行着，掌握着这种规律（或原则），当可洞察事物的真情实况。他认为心灵的深处是透明的，好像一面镜子，这种本明的智慧，上面蒙着一层如灰尘般的情欲（情欲活动受到外界的诱发就会趋于频繁）。老子认为我们应透过自我修养的功夫，作内观返照，净化欲念，清除心灵的蔽障，以本明的智慧，虚静的心境，去览照外物，去了解外物和外物运行的规律。”可以说，以往批评老子的认识论是彻头彻尾的唯心主义先验论的论著，都要引“不出户，知天下”作为论据。这样的认识实际是一种误解。老子是一位博学多识之人，他有丰富的生活实践经验。在以前的若干章节中，我们可以看到许多涉及社会生活和自然界的内容，这些都表明老子极为重视生活实践。但更重要的是，老子是极富智慧之人，是天才的哲人。他的意思是，并不是什么事都只有经过本人的实践才能认识，那是不可能的。因此要重视理性认识和间接知识。“不出户”“不窥牖”这类极而言之的强调手法，从古到今都是普遍应用的。不过，我们的看法是，研究老子，研究《道德经》，应当深入体会其中蕴含着的真实观点，不可望文生义，更不可片面理解。同时，还要坚持历史唯物主义的思想方法。因为正确地说明感性认识和理性认识的辩证关系，这不是春秋时代的思想家们所能够解决的重大哲学论题。

第四十八章

为学日益，为道日损，损之又损，以至于无为。无为而无不为，取天下常以无事；及其有事，不足以取天下。

【译文】

求学的人，其情欲文饰一天比一天增加；求道的人，其情欲文饰则一天比一天减少。减少又减少，到最后以至于“无为”的境地。如果能够做到无为，即不妄为，任何事情都可以有所作为。治理国家的人，要经常以不骚扰人民为治国之本，如果经常以烦苛之政扰害民众，那就不配治理国家了。

【解读】

本章讲“为学”和“为道”的问题。先讲“为学”，是求外在的经验知识，经验知识越积累越多。老子轻视外在的经验知识，认为这种知识掌握得越多，私欲妄见也就层出不穷。“为道”和“为学”不同一，它是透过直观体悟以把握事物未分化的状态或内索自身虚静的心境，它不断地除去私欲妄见，使人日渐返璞归真，最终可以达到“无为”的境地。这一章所讲的“为学”是反映“政教礼乐之学”，老子认为它足以产生机智巧变。只有“清静无为”，没有私欲妄见的人才可以治理国家。因而，老子希望人们走“为道”的路子。

【评析】

任继愈先生认为：“老子承认求学问，天天积累知识，越积累，知识越丰富。至于要认识宇宙变化的总规律或是认识宇宙的最后的根源，就不能靠积累知识，而要靠‘玄览’‘静观’。他注重理性思维这一点是对的，指出认识总规律和认识个别的东西的方法应有所不同，也是对的。老子的错误在于把理性思维绝对化使他倒向了唯心主义，甚至陷于排斥感性知识的错误。”（《老子哲学讨论集》第23页）张松如先生说：“‘为学者日益，为道者日损’，并不是老子的一种什么神秘的、蒙昧的反理性的主张，而是一定发展中的历史现象在观念形态上的客观反映。’本章正是从认识论和方法论上，概括了对‘礼’所做的探源与批判，而且是具有相当深刻性的。在这剖析过程中，由于受着不得突破的阶级的和历史的局限，在所推导的结论中，还带有一定程度的复古主义色彩，显示了骸骨迷恋的情绪，而不曾投射出向前看的目光。然而，这并不能掩盖它有关‘学’与‘道’，有关‘日益’和‘日损’的辩证思维的光辉。”（《老子校读》第281页）“无为而无不为”是老子提出来的极富智慧的命题。事实上，在中国古代，主张“无为”的学者不止老子一人，例如孔子就曾说过“无为而治者，其舜也与，夫何为哉，恭己正南面而已。”这句话的意思是，自己不做什么事情而使得天下太平的人，大概只有舜了，他做了什么呢？他只是庄重端坐在他的王位上罢了。老子把“无为”的思想发挥到极高的程度，从哲学高度来论证“无为”的社会意义。“无为”表面看来，似乎是一种后退的手段，但真正的目的，则在于避开前进中所存在的矛盾和问题，从而占据主动，以达到“无不为”的最终目的。

第四十九章

圣人常无心，以百姓之心为心。善者，吾善之；不善者，吾亦善之；德善。信者，吾信之；不信者，吾亦信之；德信。圣人在天下，歙歙焉为天下浑其心，百姓皆注其耳目，圣人皆孩之。

【译文】

圣人常常是没有私心的，以百姓的心为自己的心。对于善良的人，我善待于他；对于不善良的人，我也善待他；这样就可以使人人向善。对于守信的人，我信任他；对不守信的人，我也信任他；这样就可以使人人守信。有道的圣人在其位，收敛自己的欲意，使天下的心思归于浑朴。百姓们都专注于自己的耳目聪明，有道的人使他们都回到婴孩般纯朴的状态。

【解读】

这一章表达了老子的政治思想。文中所讲的“圣人”，是老子理想中的执政者。老子认为，理想的执政者没有私心，以百姓之心为心，使人人守信、向善。老子把以“道”治天下的希望寄托给一个理想的“圣人”，在他的治理下，人人都回复到婴儿般纯真的状态，以养以长自己。这种见解是有进步意义的。本章从文字上和内容上看，都是紧接前一章的问题，深入进行分析论证的。

【评析】

“圣人”生于天下，他能够恰当地收敛自己的心欲，兢兢业业地不敢放纵自己，不与民争利，不以自己主观意志而妄为。他治理国家往往表现出浑朴的特征，对于注目而视、倾耳而听，各种聪明才智甚至机心巧诈的老百姓，圣人却要他们都回归到婴儿般无知无欲的纯真状态。这位体道的圣人，是被老子美化了的统治者，这是在前面几章里已经谈到过的。但是，正如张松如先生所说的那样，“老子是站什么立场的说话？是站在封建统治者的立场吗？不是的，这道理我们已经一再指出过了。他是作为农业小生产者即小农阶层愿望的表达者来发言的。”（《老子校读》第286页）

第五十章

出生入死，生之徒，十有三；死之徒，十有三；人之生，动之于死地，亦十有三。夫何故？以其生生之厚。盖闻善摄生者，陆行不遇兕（sì）虎，入军不被甲兵。兕无所投其角，虎无所措其爪，兵无所容其刃。夫何故？以其无死地。

【译文】

人出于世而生，入于地而死。属于长寿的人有十分之三；属于短命而亡的人有十分之三；人本来可以活得长久些，却自己走向死亡之路，也占十分之三。为什么会这样呢？因为奉养太过度了。据说，善于养护自己生命的人，在陆地上行走，不会遇到凶恶的犀牛和猛虎，在战争中也受不到武器的伤害。犀牛对他无处投角，老虎对他无处伸爪，武器对他无处刺击。为什么会这样呢？因为他远离了死亡的境地。

【解读】

这一章讲两种养生之道。一种是因营养过剩、骄奢淫逸，故而短命夭折；一种是因行动不慎而造成伤亡。老子认为，人活在世，应善于避害，则可以保全生命而长寿。他注意到人为因素对生命的影响，要求人们不要靠着争夺来保养自己，而要以清静无为的态度远离死地。

【评析】

对于此章中“以其无死地”一句，庄子是这样解释的：“子列子问关尹曰：‘至人潜行不窒，蹈火不热，行乎万物之上而不栗。请问何以至此？’关尹曰：‘是纯气之守也，非知巧果敢之列。……彼得全于酒，而犹若是，而况得全于天乎？圣人藏于天，故莫之能伤也。’”这句话对老子的“以其无死地”是一个很好的注脚，只要人能够依照天道行事，那么外患就不能侵入其身，他就不会走向死亡的境地。所以任继愈先生说：“老子看来，这个世界到处埋伏着危险，生命随时受到威胁。他主张处处小心，不要进入危险范围，只有真正恬静无欲之人，才足以保全性命。”（《老子新译》）老子生逢乱世，他看到人生危机四伏，生命安全随时随地受到威胁，因此他主张不要靠战争、抢夺来保护自己，不要以奢侈的生活方法来供养自己，而是清静无为，恪守“道”的原则。不妄为、不伤害别人，别人也找不到对他下手的机会，这就可以排除造成人们寿命短促的人为因素。老子以本章文字对人们进行劝说，希望人们能够做到少私寡欲、清静质朴、纯任自然。

第五十一章

道生之，德畜之，物形之，势成之。是以万物莫不尊道而贵德。道之尊，德之贵，夫莫之命而常自然。故道生之，德畜之，长之育之，亭之毒之；养之覆之。生而不有，为而不恃，长而不宰，是谓玄德。

【译文】

道生成万事万物，德养育万事万物。万事万物虽现出各种各样的形态，环境使万事万物成长起来。故此，万事万物莫不尊崇道而珍贵德。道之所以被尊崇，德所以被珍贵，就是由于道生长万物而不加以干涉，德畜养万物而不加以主宰，顺其自然。因而，道生长万物，德养育万物，使万物生长发展，成熟结粒结果，使其受到抚养、保护。生长万物而不据为己有，抚育万物而不自恃有功，导引万物而不主宰，这就是奥妙玄远的德。

【解读】

这一章是着重讲“德”的作用，可以看作是第三十八章的延续。老子在这章里再一次发挥了“道”以“无为”的方式生养了万物的思想。本章里的“玄德”即“上德”。老子认为，“道”生长万物，“德”养育万物，但“道”和“德”并不干涉万物的生长繁衍，而是顺其自然。“德”是“道”的化身，是“道”在人世间的具体作用。万物成长的过程是：万物由“道”产生；“道”生万物之后，又内在于万物，成为万物各自的本性；万物依据各自的本性而发展个别独特的存在；周围环境的培养，使各物生长成熟。

【评析】

在前面的某些章节中，我们已经了解到老子关于“道”和“德”二者之间的关系，也了解到“道”“德”与万事万物之间的关系。这一章同样论述的是“道”以“无为”的方式生养了万物的学说，有学者认为，老子提出“夫莫之命而常自然”的见解，说明万物是在无为自然状态中生长的。“莫之命”，即孟子所说“莫之为而为者天也”的意思。万物的生长，是顺应着客观存在的自然规律而长的，各自适应着自己所处的具体环境而生长的，根本就不可能有所谓主持者加以安排，然后才能生长的。这一点，是老子反对鬼神术数、反对有神论的表现。就万物的生长却需要依据着客观自然界存在的规律来说，老子称之为“道生之”；就客观自然界存在的规律具体运用于物的生长来说，老子称之为“德畜之”。万物生长，必须依据自然界的规律，是自然界规律的具体运用，所以“万物莫不尊道而贵德”。但万物的尊道贵德，也仅以自然界的规律为依据，不是另有什么主宰者加以命令与安排的，这种现象，老子认为是无为自然的状态，所以说“夫莫之命而常自然”。

道之创造万事万物，并不含有什么主观的意识，也不具有任何目的，而且不占据、不主宰，整个过程完全是自然而然的，万事万物的生长、发育、繁衍，完全是处于自然状态下。这就是“道”在作用于人类社会时所体现的“德”的特有精神。显然，这是一种毋庸置疑的无神论思想，它否定了作为世界主宰的神的存在，这在先秦时代的思想界应该说达到了很高的水平。

第五十二章

天下有始，以为天下母。既得其母，以知其子；既知其子，复守其母，没身不殆。塞其兑，闭其门，终身不勤。开其兑，济其事，终身不救。见小曰明，守柔曰强。用其光，复归其明，无遗身殃；是为袭常。

【译文】

天地万物本身都有起始，这个始作为天地万物的根源。如果知道根源，就能认识万物；如果认识了万事万物，又把握着万物的根本，那么终身都不会有危险。塞住欲念的孔穴，闭起欲念的门径，终身都不会有烦扰之事。如果打开欲念的孔穴，就会增添纷杂的事件，终身都不能满足欲念。能够察见到细微的，叫作“明”；能够持守柔弱的，叫作“强”。运用其光芒，返照身心之明，就不会给自己带来灾难，这就叫作万世不绝的“常道”。

【解读】

本章是继第四十七章后再次论述哲学上的认识论问题。老子认为，天下自然万物的生长和发展有一个总的根源，人应该从万物中去追索这个总根源，把握原则。人们认识天下万物但不能离开总根源，不要向外奔逐，否则将会离失自我。在认识活动中，要除去私欲与妄见的蔽障，真正把握事物的本质及规律。

【评析】

在本章中，老子又一次使用了“母”“子”这对概念。在这里，“母”就是“道”，“子”就是天下万物，因而母和子的关系，就是道和万物、理论和实际、抽象思维和感性认识、本和末等关系的代名词。张松如《老子校读》认为：“所谓‘既得其母，以知其子；既知其子，复守其母’，正是把概念形成的理论证明，当作对具体事物认识的方法了。西周以来，中国已经产生了例如五行说那样原始、自发的唯物论。当老子第一次试图把那种元素化的‘物理性形式’推进到更高阶段的理论性的形式时，他的理论形式的唯物主义思想，也因受到了历史与科学条件的限制而表现出某种不成熟性，反映到更为复杂的认识论领域中来，就很容易带上一种以‘道’观物的特点。”可以说，老子的确是强调抽象思维，对抽象思维和感性认识的关系讲得不够清楚，这是我们从本章内容中所得知的，不过不能把这一点夸大，相反，我们感到，老子对这个问题的论述引用了辩证的方法，他的“知母”“知子”的观点是其哲学思想的精华之一，不仅在春秋末年甚至在以后相当长的一段时期内，其思想水平是许多哲学家所不及的。本章的言外之意在于，世人都好自作聪明，不知收敛内省，这是很危险的事情，他恳切地希望人们不可一味外露，而要内蓄、收敛，才不会给自身带来灾祸。

第五十三章

使我介然有知，行于大道，唯施（通“迤”）是畏。大道甚夷，而人好径。朝甚除，田甚芜，仓甚虚，服文采，带利剑，厌饮食，财货有余，是谓盗夸。非道也哉！

【译文】

假如我稍微地有了认识，在大道上行走，唯一担心的是害怕走了邪路。大道虽然平坦，但人君却喜欢走邪径。朝政腐败已极，弄得农田荒芜，仓库十分空虚，而人君仍穿着锦绣的衣服，佩带着锋利的宝剑，饱餐精美的饮食，搜刮占有富余的财货，这就叫作强盗头子。这是多么无道啊！

【解读】

这一章尖锐地揭露了当时社会的一些矛盾现象。在《道德经》一书中，有几处谈到这个问题，如第三章、第十九章、第五十七章、第七十五章等。本章描述了社会的黑暗和统治者给人们带来的深重灾难，尤其是统治者凭借权势和武力，对百姓恣意横行，搜刮榨取，终日荒淫奢侈，过着腐朽糜烂的生活，而底层民众却陷于饥饿，农田荒芜、仓藏空虚。这种景况，无怪乎老子把统治者叫作“盗夸”。这一章的内容也可以说是给无道的执政者——暴君所画的像。

【评析】

杨兴顺说：“‘盗夸’之人过着奢侈生活，而人民却在挨饿。按照老子的学说，这类不正常的情况是不会永远存在下去的，人类社会迟早会回复它自己最初的‘天之道’。老子警告那些自私的统治者，他们永远渴望着财货有余，这就给自己伏下极大的危机。‘祸莫大于不知足，咎莫大于欲得’。这样，他们违背了‘天之道’的法则，而‘不道早已’。让早已忘却先王的金科玉律的自私的统治者不要这样设想，以为他们的力量是不可摧毁的。这样的日子是会来临的：统治者将因自己的一切恶行而受到惩罚，因为在世界上，‘柔弱胜刚强’。对于压迫者的炽烈仇恨，对于人民的真挚同情，对于压迫人民的社会政治制度必然崩溃的深刻信念，这些都是老子社会伦理学说中的主要特点。”站在人民群众的立场上，从社会稳定与发展的角度，抨击当政的暴君为“盗夸”，这是从老子开始到庄子的道家最为可贵的重要观点。《庄子·胠箧》中提出“窃钩者诛，窃国者为诸侯，诸侯之门而仁义存焉”，这是传统的观点。事实上那些“财货有余”的人才是货真价实的“盗夸”，“圣人不死，大盗不止”，这是从被压迫的劳动者的利益出发而发出的呐喊。这种观点说明老子是真切地代表了被压迫者的愿望。

第五十四章

善建者不拔，善抱者不脱，子孙以祭祀不辍。修之于身，其德乃真；修之于家，其德乃余；修之于乡，其德乃长；修之于邦，其德乃丰；修之于天下，其德乃普。故以身观身，以家观家，以乡观乡，以邦观邦，以天下观天下。吾何以知天下然哉？以此。

【译文】

善于建树的不可能拔除，善于抱持的不会脱落，如果子孙能够遵循、守持这个道理，那么子子孙孙就不会断绝。把这个道理付诸自身，他的德性就会是真诚纯正的；把这个道理付诸一家，他的德性就会是丰盈有余的；把这个道理付诸一乡，他的德性就会受到尊崇；把这个道理付诸一国，他的德性就会丰盛硕大；把这个道理付诸天下，他的德性就会无限普及。所以，用自身的修身之道来观照别人，以自家观照别家，以自乡观照别乡，以平天下之道观照天下。我怎么会知道天下的情况之所以如此呢？就是因为我用了以上的方法和道理。

【解读】

本章讲“道”的功用，即“德”给人们带来的益处。本章是第四十七章和第五十二章的重要补充。例如，第四十七章说：“不出户，知天下。”第五十二章说：“既得其母，以知其子；既知其子，复守其母。”要做到这一点，还要做到“塞其兑，闭其门”。那么在本章里，老子讲了修身的原则、方法和作用。他说，修身的原则是立身处世的根基，只有巩固修身之要基，才可以立身、为家、为乡、为天下，这就是“道”。老子认为这是唯一正确的认识方式和途径。

【评析】

本章说到“以身观身，以家观家，以乡观乡，以邦观邦，以天下观天下”，这一句是从一身讲到天下。读此句，使人不自觉地想起儒家经典之一的《大学》中所讲的“格物、致知、诚意、正心、修身、齐家、治国、平天下”的所谓“八条目”。这也是从一身讲到天下。道家与儒家在修身问题上并不相同，但也不是完全不相同。这相同之处就在于，他们都认为立身处世的根基是修身。稍后一些的庄子也说，“道之真，以治身，其绪余，以为国家”。所谓为家为国，应该是充实自我、修持自我以后的自然发展；而儒家则是有目的性地去执行，即一为自然的，一为自持的，这则是儒、道之间的不同点。

第五十五章

含德之厚，比于赤子。蜂虿虺蛇不螫，猛兽不据，攫鸟不搏。骨弱筋柔而握固。未知牝牡之合而朘作，精之至也。终日号而不嗄（shà），和之至也。知和曰“常”，知常曰“明”，益生曰祥，心使气曰强。物壮则老，谓之不道，不道早已。

【译文】

道德涵养浑厚的人，就好比初生的婴孩。毒虫毒蛇不螫他，猛兽不伤害他，凶恶的鸟不搏击他。他的筋骨柔弱，但拳头却握得很牢固。他虽然不知道男女交合之事，但他的小生殖器却勃然举起，这是因为精气充沛的缘故。他整天啼哭，但嗓子却不会沙哑，这是因为和气纯厚的缘故。认识淳和的道理叫作“常”，知道“常”的叫作“明”。贪生纵欲就会不祥，欲念主使精气就叫作逞强。事物过于壮盛了就会变衰老，这就叫不合于“道”，不遵守常道就会很快地死亡。

【解读】

本章讲处世哲学，即“德”在人身上的具体体现。前半部分用的是形象的比喻，后半部分讲的是抽象的道理，老子用赤子来比喻具有深厚修养境界的人，能返回到婴儿般的纯真柔和。“精之至”是形容精神充实饱满的状态，“和之至”是形容心灵凝聚和谐的状态，老子主张用这样的办法防止外界的各种伤害和免遭不幸。如果纵欲贪生，使气逞强，就会遭殃，危害自己，也危害别人。

【评析】

在本章里，老子用夸张的手法这样写道：把“德”蕴含在自己的身心里，而且积蓄得十分深厚，就像无知无欲的赤子，毒虫、毒蛇、猛兽、恶禽都不会去伤害他，同时他也不会去伤害禽兽虫豸。他形象地说婴儿的生殖器勃起和大声哭喊，这是他精力旺盛和保持平和之气的缘故。他讲赤子的特点是柔弱不争和精力未散，其核心还是“和”。老子书谈到“和”字，有三处应予重视，一为“和其光”，一为“冲气以为和”，一为“终日号而不嗄，和之至也”。它以“和光”与“冲气”与“婴儿”来说明“和”，都是在谈统一，都是在谈“混成”的状态。“和光”就“复归其明”说，当光射到了物件的时候，有射到的一面与射不到的另一面，“和其光”是把两者统一起来，回复到“明”的“混成”的状态。“冲气”是万物的开端，万物含有负阴、抱阳的两方面，两者经常是统一的，表现出用之不盈无所不入的作用。婴儿是人的开端，少年、壮年、老年都以之为起点，但婴儿混沌无知，与天地之和合而为一。“和”所表示的统一，包含着对立在内，是有永恒性的，所以说“知和曰常”。老子承认“万物并作”的世界的多样性和普遍存在的矛盾，对社会上存在的占有、掠夺、欺诈、征战的状况极为悲愤，把统一看成他所要追求、所要恢复的事物的常态。

第五十六章

知者不言，言者不知。塞其兑，闭其门；挫其锐，解其纷；和其光，同其尘，是谓玄同。故不可得而亲，不可得而疏；不可得而利，不可得而害；不可得而贵，不可得而贱；故为天下贵。

【译文】

智者不多说话，而到处说长论短的人就不是智者。塞堵嗜欲的孔窍，关闭嗜欲的门径。不露锋芒，消解纷争，挫去人们的锋芒，解脱他们的纷争，收敛他们的光耀，混同他们的尘世，这就是深奥的玄同。达到“玄同”境界的人，已经超脱亲疏、利害、贵贱的世俗范围，所以就为天下人所尊重。

【解读】

第四十二章和前一章讲的都是“和”，这一章接续前章，重点讲的也是“和”。第四十二章说“冲气以为和”，是讲事物矛盾的双方，经过斗争而达到和谐与统一。前一章讲的“知和曰常”，即以和为事物的常态。本章讲怎样可以保持常态的和。这三章之间层层深入，逻辑性极强，向人讲述了“和”的最高道德境界。不过这一章文字蕴含很深，不仅仅是指执政之人，也包括世间人们为人处世的人生哲理。他要求人们要加强自我修养，排除私欲，不露锋芒，超脱纷争，混同尘世，不分亲疏、利害、贵贱，以开豁的心胸与无所偏的心境去对待一切人和物。如此，天下便可以大治了。

【评析】

在老子看来，得“道”的圣人，即修养成理想人格的人，能够“挫锐”“解纷”“和光”“同尘”，这就达到了“玄同”的最高境界。对此，车载《论老子》评论说：“锐、纷、光、尘就对立说，挫锐、解纷、和光、同尘就统一说。尖锐的东西是容易断折不能长保的，把尖锐的东西磨去了，可以避免断折的危险。各人从片面的观点出发，坚持着自己的意见，以排斥别人的意见，因而众说纷纭，无所适从。解纷的办法，在于要大家从全面来看问题，放弃了片面的意见。凡是阳光照射到的地方，必然有照射不到的阴暗的一面存在，只看到了照射着的一面，忽略了照射不着的另一面，是不算真正懂得光的道理的，只有把‘负阴’‘抱阳’的两面情况都统一地加以掌握了，然后才能懂得‘用其光，复归其明’的道理。宇宙间到处充满着灰尘，人世间纷繁复杂的情况也是如此，超脱尘世的想法与做法是不现实的，举世皆浊我独清的想法与做法是行不通的，这些都是只懂得对立一面的道理，不懂得统一一面的道理。只有化除成见、没有私心的人，才能对于好的方面，不加阻碍地让它尽量发挥作用，对不好的方面，也能因势利导，善于帮助它发挥应有的作用，‘同其尘’，是对立的统一道理的较高运用。”

第五十七章

以正治国，以奇用兵，以无事取天下。吾何以知其然哉？以此：天下多忌讳，而民弥贫；人多利器，国家滋昏；人多伎巧，奇物滋起；法令滋彰，盗贼多有。故圣人云：我无为，而民自化；我好静，而民自正；我无事，而民自富；我无欲，而民自朴。

【译文】

以无为、清静之道去治理国家，以奇巧、诡秘的办法去用兵，以不扰害人民而治理天下。我怎么知道是这种情形呢？根据就在于此：天下的禁忌越多，而老百姓就越陷于贫穷；人民的锐利武器越多，国家就越陷于混乱；人们的技巧越多，邪风怪事就闹得越厉害；法令越是森严，盗贼就越是不断地增加。所以有道的圣人说，我无为，人民就自我化育；我好静，民心自然匡正；我无事，人民就自然富足；我无欲，而人民就自然淳朴。

【解读】

在第二章、第五章和第十章里，老子已将天道自然的思想，推之于人道，提出了“无为而治”的思想。在本章里，老子以“天下多忌讳，而民弥贫；民多利器，而邦家滋昏；民多智慧，而邪事滋起；法令滋章，而盗贼多有”反证应以“无事取天下”，结末托“圣人”之言，长言无为之治，章法井然。老子生活的时代，社会动乱不安，严峻的现实使他感到统治者依仗权势、武力，肆意横行，为所欲为，造成天下“民弥贫”“国家滋昏”“盗贼多有”的混乱局面。所以老子提出了“无为”“好静”“无事”“无欲”的治国方案。他的政治主张在当时不可能被执政者所接受，也绝对没有实现的可能性。总之，这一章是他对“无为”的社会政治观点的概括，充满了脱离实际的幻想成分。但这对于头脑清醒的统治者为政治民，是会有益处的。

【评析】

先说“以奇用兵”。《道德经》不是兵书，但其中不排除有关于军事方面的内容，这是我们在前面章节里已经说到的问题。例如本章讲“以奇用兵”，实际上讲的是军事问题。在老子的观念中，用兵是一种诡秘、奇诈的行为，因而在用兵时就要注意想奇法、设奇计、出奇谋，只有这样才能做到出奇制胜。这表明，老子的用兵之计与治国安邦有截然的区别，即用兵要奇，治国要正。“以奇用兵”实际就是要变化莫测、神出鬼没。战争是一种不正常的现象，是国家政治无法正常运行时不得已而采取的下策。老子反对战争，但战争却不可避免。因此，老子在《道德经》里就不能不提出自己的见解。这个“以奇用兵”之计，不是为昏君、暴君出谋划策，而是为弱者、为正义之师设想的。

再说第二层意思。老子说：“天下多忌讳，而民弥贫；人多利器，国家滋昏；人多伎巧，奇物滋起；法令滋彰，盗贼多有。”这是老子对国计民生的具体思考。胡寄窗在《中国经济思想史》中写道：“老子把工艺技巧认定为社会祸乱的原因，他要求废除工艺技巧，甚至认为盗贼之产生也是由于工艺技巧的关系，可见他对工艺技巧的深恶痛绝。坚决反对工艺技巧是道家经济思想的特点。初期儒家并不反对工艺之事，只不赞成儒者从事工艺，甚至有时还承认工艺的重要作用。墨家之推重工艺自不必说。战国后期的儒法各学派，虽鄙视工艺，但尚肯定工艺之社会作用。只有道家才错误地把工艺看作是社会祸乱的根源。”“老子反对工艺技巧的这一观点，非常奇特，与战国各学派以及战国以后各封建时期的思想都迥然不同。这一观点本身不仅是消极落后，而且是反动的。”客观地讲，老子并不是笼统地、绝对地反对工商业，他主要反对的是统治者借工商业积敛财货，过奢侈豪华、醉生梦死的荒淫生活，并不反对老百姓求富，因为在本章中，老子说“我无事，而民自富”。这是很重要的一个证据。笼统地讲老子反对工商业的发展，恐怕还要再找一些论据。

第五十八章

其政闷闷，其民淳淳；其政察察，其民缺缺。祸兮，福之所倚；福兮，祸之所伏。孰知其极：其无正也。正复为奇，善复为妖。人之迷，其日固久。是以圣人方而不割，廉而不刿，直而不肆，光而不耀。

【译文】

政治宽厚清明，人民就淳朴忠诚；政治苛酷黑暗，人民就狡狯机诈。灾祸啊，幸福依傍在它的里面；幸福啊，灾祸藏伏在它的里面。谁能知道究竟是灾祸呢还是幸福呢？它们并没有确定的标准。正忽然转变为邪，善忽然转变为恶，人们的迷惑，由来已久了。因此，有道的圣人方正而不生硬，有棱角而不伤害人，直率而不放肆，光亮而不刺眼。

【解读】

前面几章论述“德”在政治、社会、人生方面的体现，本章讲的是政治、社会、人生方面的辩证法。

【评析】

老子在本章提出的“祸兮，福之所倚；福兮，祸之所伏”一句，自古及今是极为著名的哲学命题，往往被学者们征引来用以说明老子的辩证法思想。冯友兰在分析此句时这样说：“老子哲学中的辩证法思想是春秋战国时期社会的剧烈的变革在人们思想中的反映。在中国哲学史中，从《周易》以后，即有辩证法的思想，但用一般的规律的形式把它表达出来，这还是老子的贡献。但是，老子还没有把客观辩证法作为自然界和社会中的最一般的规律提出来。除此之外，老子的辩证法思想还有很多严重的缺点，对形而上学思想做了很大的让步。第一，老子虽然认识到宇宙间的事物都在运动变化之中，但是认为这些运动变化，基本上是循环的，不是上升和前进的过程。它所谓‘周行’，就有循环的意义。第二，关于运动和静止，是哲学中的重要问题，‘动’与‘静’也是中国哲学中的重要范畴。老子承认事物经常在变化之中，但是他也说，‘万物芸芸，各复归其根，归根曰静’。万物的‘根’是道，‘归根曰静’。他认为‘道’也有其‘静’的一方面；而且专就这一句话说，‘静’又是主要的。因此，他在实践中特别强调清静无为，认为‘重为轻根，静为躁君’，‘牝常以静胜牡，以静为下’，实际上表示对事物变化运动的厌弃。第三，对立面必须在一定的条件下，才能互相转化，不具备一定的条件，是不能转化的。祸可以转化为福，福也可以转化为祸，但都是在一定的条件下才是如此，例如主观的努力或不努力等，都是条件。照老子所讲的，好像不必有主观的努力，祸自动也可以转化为福；虽然有主观的努力，福也必然转化为祸。这是不合事实的。老子的这种思想，也是没落奴隶主阶级的意识的表现。他们失去了过去的一切，自以为是处在祸中，但又无力反抗，只希望它自动地会转化为福。老子认为对立面既然互相转化，因此就很难确定哪一方面是正，哪一方面是负。这样的‘其无正’的思想，就对相对主义开了一个大门。后来庄子即由此落人相对主义。”（《中国哲学史新编》）老子的辩证法思想是非常重要的，冯友兰先生的批评十分中肯，指出了其中的要害问题。同时，我们更要肯定老子辩证法的进步意义，它已经具备了矛盾对立统一的规律的性质，相反的东西可以相成，同时，他又知道相反的东西可以互相转化，这种观察事物、认识事物的辩证方法，是老子哲学上的最大贡献。

第五十九章

治人事天，莫若啬。夫唯啬，是谓早服；早服谓之重积德；重积德则无不克；无不克则莫知其极，莫知其极，可以有国；有国之母，可以长久。是谓根深固柢，长生久视之道。

【译文】

治理百姓和养护身心，没有比爱惜精神更为重要的了。爱惜精神，得以能够早做准备；早做准备，就是不断地积“德”；不断地积“德”，就没有什么不能攻克的；没有什么不能攻克，那就无法估量他的力量；具备了这种无法估量的力量，就可以担负治理国家的重任。有了治理国家的原则和道理，国家就可以长久维持。国运长久，就叫作根深柢固，符合长久维持之道。

【解读】

本章讲治国与养生的原则和方法。从文字上看，老子讲了与众不同的一个道理，他把节俭爱惜当作人修身养性的重要美德加以颂扬，而不是专指对财物的吝啬。老子认为，吝啬就是在精神上注意积蓄、养护，厚藏根基，培植力量，真正做到精神上的“啬”。积累了雄厚的德，也就接近了道，这就与圣人治国联系到一起了。这里，把“啬”解释为节俭也可以，因为就老子而言，他十分重视“俭”德，这也是道家一贯的思想特征。

【评析】

首先谈“治人事天，莫若啬”。上面提到，“啬”可以解释为治国安邦的根本原则，同时也可以解释为节俭的美德。老子提出“啬”这个观念，在春秋末年的思想界是很独特的。老子把“俭”当作“三宝”之一，他说：“我有三宝，持而保之：一曰慈，二曰俭，三曰不敢为天下先。”他认为，要“俭”才可以进一步扩大生活的范围，否则必死矣。张松如说：“啬者，亦俭也。啬就是留有余地；留有余地，才能早为之备；早为之备，才能在事物即将发生之顷及时予以解决；在事物即将发生之时予以解决，才能广有蓄积；广有蓄积，自然就战无不胜攻无不克；战无不胜攻无不克，自然就具有了无穷的力量。老子认为大到维持国家的统治，小到维持生命的长久，都离不开‘啬’这条原则，都要从‘啬’这条原则做起。所以说它是‘长生久视之道也’。啬与俭当然符合‘无为而无不为’的思想；不过，如果强调它是一种消极、退守的政治倾向，就未免只是从表面形式上看问题，不见得是看到了它的精神实质。”(《老子校读》)

第六十章

治大国，若烹小鲜，以道莅天下，其鬼不神。非其鬼不神，其神不伤人。非其神不伤人，圣人亦不伤人。夫两不相伤，故德交归焉。

【译文】

治理大国，好像煎小鱼。用“道”治理天下，鬼怪起不了作用。不仅鬼怪不起作用，而且神的作用也伤不了人。不但神的作用伤害不了人，圣人有道也不会伤害人。这样，鬼神和有道的圣人都不伤害人，所以，就可以让人民享受到德的恩泽。

【解读】

本章讲的是治国的道理，“治大国，若烹小鲜”是老子所说的一句传颂很广的名言。这是个比喻，“烹小鲜”就是煎小鱼。这是用煎鱼比治国。小鱼很鲜嫩，用刀乱切或在锅里频频搅动，肉就碎了。国家的统治者治理国家，要像煎小鱼那样，不要频繁翻弄。此外，老子是无神论者，他并不相信鬼神，但这一章一再讲到鬼神，是说鬼神都不伤害人，治理国家的统治者，就更不能够伤害、烦扰人民了，并不表明老子是有神论者。

【评析】

“治大国，若烹小鲜。”这句话流传极广，深刻影响了中国几千年的政治家们。车载说:“这一段话就治国为政说，从‘无为而治’的道理里面，提出无神论倾向的见解。无为而治的思想，是老子书无为的主张在政治上的运用。老子书很看重‘无为’，提出‘为无为’，提出‘无为而无不为’，反复说明这个道理，多方运用这个道理，这是它的‘道法自然’的见解的发挥。它把这个道理运用在治国为政一方面，主张‘处无为之事，行不言之教’，当‘民忘于治，若鱼忘于水’，就不需要再用宗教来辅助政治而谋之于鬼，于是鬼神无灵了。鬼神不再有任何作为，是为政的人‘无为’的结果，符合于‘道法自然’的无为的规律。这是它提出无神论倾向的一个方面。”的确如此，这句话喻示着为政的关键所在，在于清静无为，不扰害百姓，否则，灾祸就要来临。要保证国家的平安，执政者就必须小心谨慎，认真严肃，不能以主观意志随意左右国家政治，这句话用极其形象、简洁的语言概括了这个极其复杂的治国谋略。如果以个人的主观愿望去改变社会，朝令夕改、朝三暮四，老百姓就会无所适从，国家就会动乱不安。相反，如果国家制定的政策法令能够得到坚定不移的贯彻执行，就会收到富国强兵之效。如此，则一切外在的力量，都不致发生祸难的作用。

第六十一章

大邦者下流，天下之牝，天下之交也。牝常以静胜牡，以静为下。故大邦以下小邦，则取小邦；小邦以下大邦，则取大邦。故或下以取，或下而取。大邦不过欲兼畜人，小邦不过欲入事人。夫两者各得所欲，大者宜为下。

【译文】

大国要像居于江河下游那样，使天下百川河流交汇在这里，处在天下雌柔的位置。雌柔常以安静守定而胜过雄强，这是因为它居于柔下的缘故。所以，大国对小国谦下忍让，就可以取得小国的信任和依赖；小国对大国谦下忍让，就可以见容于大国。所以，或者大国对小国谦让而取得大国的信任，或者小国对大国谦让而见容于大国。大国不要过分想统治小国，小国不要过分想顺从大国，两方面各得所欲求的，大国特别应该谦下忍让。

【解读】

本章针对当时兼并战争带来的痛苦，讲到如何处理好大国与小国之间的关系，表达了老子治国和对国与国关系的政治主张。在老子看来，国与国之间能否和平相处，关键在于大国，所以一再提出大国要谦下忍让，不可以因为强大而凌辱、欺压、侵略小国。这章中仍有社会政治的辩证法思想。大国应该像江海，谦居下流，天下才能交归。大国还应像娴静的雌性，以静自处下位，而胜雄性。这里的国，是指大大小小的诸侯国。本章文字浅显，易于读懂。

【评析】

春秋末期，诸侯国林立，大国争霸，小国自保，战乱频仍，给人们的生活带来极大灾难。任继愈说："这里老子讲的大国领导小国，小国奉承大国，是希望小国大国维持春秋时期的情况，不要改变。他希望社会永远停留在分散割据状态。这是和历史发展的方向背道而驰的。”（《老子新译》）任继愈先生这样分析，自然有其道理。因为老子学说的主要内容之一，就是小国寡民。国与国之间相安无事，和平相处。然而，深入一步研究这个问题，我们感到老子还有另外一种考虑。古今中外，人类社会能否得到安宁与和平，往往由大国、强国的国策所决定。大国、强国的欲望不过是要兼并和畜养小国、弱国；而小国、弱国的愿望，则是为了与大国修好和共处。在这两者的关系中，最主要的一方便是大国、强国。本章在开头和结尾一再强调大国应该谦下包容，不可自恃强大而凌越弱小。只有这样，才可以赢得小国的信服。由此看来，老子的用心符合百姓们的愿望。

第六十二章

道者，万物之奥，善人之宝，不善人之所保。美言可以市，尊行可以加人。人之不善，何弃之有？故立天子，置三公，虽有拱璧以先驷马，不如坐进此道。古之所以贵此道者何？不曰：求以得，有罪以免邪？故为天下贵。

【译文】

“道”是荫庇万物之所，善良之人珍贵它，不善的人需求它庇护。美好的言辞可以换来别人对你的尊重；良好的行为可以见重于人。不善的人，道怎么会抛弃呐？所以在天子即位、设置三公的时候，纵然有拱抱的宝璧在先，驷马随后的献礼，还不如坐而进道。自古以来，人们之所以把“道”看得这样宝贵，不正是由于求它庇护一定可以得到满足，犯了罪过也可得到它的宽恕吗？就因为这个，天下人才如此珍视“道”。

【解读】

本章再一次宣扬“道”的好处和作用。老子认为，清静无为的“道”，不但是善良之人的法宝，就是不善的人也必须保有它。所以有人认为，这一章的新意就在于指出世人在“道”面前应该一律平等。“道”保护善人，但也不抛弃不善的人，它有求必应，有过必除。这是“道”的可贵之处。如果说在上一章，老子强调统一即“和”的思想在国与国之间关系上的运用，这一章则是在人际关系上的运用。本章的目的，在于晓谕人君行“无为”之政。

【评析】

“道”是天地间最可宝贵的。所以可贵就在于“求以得，有罪以免”。这就是说，善人化于道，则求善得善，有罪者化于道，则免恶入善。“道”并不仅仅是为善良之人所领悟，不善人并不被道所抛弃，只要他们一心向道，深切体会“道”的精髓要义，即使有罪过也是可以免除的。老子在这里给人们包括有罪之人提供了新的出路，还是很有意义的。这种想法与孔子所言“君子过而能改”的说法是有相近意义的。君子不怕犯错误，只要能认真改正就好，而且，这只是君子才可以做到的。老子则从主客观两个方面为有错者提供了出路，“道”不嫌弃犯错之人，肯定会给他改正的机会；而犯错者本人也必须体道、悟道，领会道的真谛，主客观这两方面的条件缺一不可。

第六十三章

为无为，事无事，味无味。大小多少，报怨以德。图难于其易，为大于其细；天下难事，必作于易；天下大事，必作于细。是以圣人终不为大，故能成其大。夫轻诺必寡信，多易必多难。是以圣人犹难之，故终无难矣。

【译文】

以无为的态度去有所作为，以不滋事的方法去处理事物，把恬淡无味当作有味。大生于小，多起于少。以德行感化怨恨。处理问题要从容易的地方入手，实现远大目标要从细微的地方入手。天下的难事，一定从简易的地方做起；天下的大事，一定从微细的部分开端。因此，有“道”的圣人始终不贪图大贡献，所以才能做成大事。那些轻易发出诺言的，必定很少能够兑现，把事情看得太容易，势必遭受很多困难。因此，有道的圣人总是看重困难，所以就终于没有困难了。

【解读】

本章旨在阐发“无为而无不为”的道理，也可以说是一种处世哲学。老子讲“为无为，事无事，味无味”的道理。从前几章的内容来看，老子反对以烦琐的禁令去捆住人民的手脚限制和扰乱百姓的生活，要想有所作为，就必须采取顺应自然的态度，必须以平静的思想和行为对待生活。他提醒人们注意，做任何事情都是从小到大，由少到多，由易到难的。

【评析】

老子理想中的“圣人”对待天下，都是持“无为”的态度，也就是顺应自然的规律去“为”，所以叫“为无为”。把这个道理推及人类社会的通常事务，就是要以“无事”的态度去办事。因此，所谓“无事”，就是希望人们从客观实际情况出发，一旦条件成熟，水到渠成，事情也就做成了。这里，老子不主张统治者任凭主观意志发号施令，强制推行什么事。“味无味”是以生活中的常情去比喻，这个比喻是极其形象的，人要知味，必须首先从尝无味开始，把无味当作味，这就是“味无味”。接下来，老子又说，“图难于其易”。这是提醒人们处理艰难的事情，须先从细易处着手。面临着细易的事情，却不可轻心。“难之”，这是一种慎重的态度，缜密的思考、细心而为之。本章格言，对于人们来讲，无论行事还是求学，都是不移的至理。这也是一种朴素辩证法的方法论，暗合着对立统一的法则，隐含着由量变到质变的飞跃的法则。同时，我们也看到，本章的“无为”并不是讲人们无所作为，而是以“无为”求得“无不为”，他说“是以圣人终不为大，故能成其大”。这正是从方法论上说明了老子的确是主张以无为而有所作为的。

第六十四章

其安易持，其未兆易谋；其脆易泮，其微易散。为之于未有，治之于未乱。合抱之木，生于毫末；九层之台，起于累土；千里之行，始于足下。为者败之，执者失之。是以圣人无为故无败，无执故无失。民之从事，常于几成而败之。慎终如始，则无败事。是以圣人欲不欲，不贵难得之货，学不学，复众人之所过，以辅万物之自然而不敢为。

【译文】

局面安定时容易保持和维护，事变没有出现迹象时容易图谋；事物脆弱时容易消解；事物细微时容易散失；做事情要在它尚未发生以前就处理妥当；治国理政，要在祸乱没有产生以前就早做准备。合抱的大树，生长于细小的萌芽；九层的高台，筑起于每一堆泥土；千里的远行，是从脚下第一步开始走出来的。有所作为的将会招致失败，有所执着的将会遭受损害。因此圣人无所作为不会招致失败，无所执着也不遭受损害。人们做事情，总是在快要成功时失败，所以当事情快要完成的时候，要像开始时那样慎重，就没有办不成的事情。因此，有道的圣人追求人所不追求的，不稀罕难以得到的货物，学习别人所不学习的，补救众人所经常犯的过错，这样遵循万物的自然本性而不会妄加干预。

【解读】

这一章从内容上讲与前一章相接续，仍然是谈事物发展变化的辩证法。与上一章联系起来读，也可以说又返回到“为无为，事无事，味无味”的道理。老子认为，大的事物总是由小的东西而发展起来的，任何事物的出现，总有自身生成、变化和发展的过程，人们应该了解这个过程，对于在这个过程中事物有可能发生祸患的环节给予特别注意，杜绝祸患的出现。从“大生于小”的观点出发，老子进一步阐述事物发展变化的规律，说明“合抱之木”“九层之台”“千里之行”的远大事情，都是从“生于毫末”“起于累土”“始于足下”为开端的，形象地证明了大的东西无不是从细小的东西发展而来的。同时也告诫人们，无论做什么事情，都必须具有坚强的毅力，从小事做起，才可能成就大事业。

【评析】

老子依据他对人生的体验和对万物的洞察，指出“民之从事，常于几成而败之”。许多人不能持之以恒，总是在事情快要成功的时候却失败了。出现这种情况的原因是什么？老子认为，主要原因在于将成之时，人们不够谨慎，开始懈怠，没有保持事情初始时的那种热情，缺乏韧性，“慎终如始，则无败事”。老子认为，一个人应发挥智能或技能的最佳状态，只有在心理平静的自然状态下才能成事。总之，在最后关头要像一开始的时候那样谨慎从事，就不会出现失败的事情了。

在本章的第二部分中，老子运用三个排比句：“合抱之木，生于毫末；九层之台，起于累土；千里之行，始于足下。”由此，再看一下荀子《劝学篇》中所写的这几句话：“积土成山”“积水成渊”“不积跬步，无以致千里；不积小流，无以成江海”。可见，他们在思想观点上有某些相同或承继关系，或者说，荀子吸取了老子的这一观点。但接下来的结论，荀子与老子不同，他说“锲而不舍，金石可镂”，人要像蚯蚓那样“用心一也”，虽然“无爪牙之利，筋骨之强”，也要“上食埃土，下饮黄泉”；提出积极进取的主张；而老子则主张“无为”“无执”，实际上是让人们依照自然规律办事，树立必胜的信心和坚强的毅力，耐心地一点一滴去完成，稍有松懈，就难免造成前功尽弃、功亏一篑的结局。

第六十五章

古之善为道者，非以明民，将以愚之。民之难治，以其智多。故以智治国，国之贼；不以智治国，国之福。知此两者，亦稽式。常知稽式，是谓玄德。玄德深矣，远矣，与物反（通“返”）矣，然后乃至大顺。

【译文】

古代善于为道的人，不是教导人民知晓智巧伪诈，而是教导人民淳厚朴实。人们之所以难以统治，乃是因为他们使用太多的智巧心机。所以用智巧心机治理国家，就必然会危害国家；不用智巧心机治理国家，才是国家之福。了解这两种治国方式的差别，就是一个法则。经常了解这个法则，就叫作“玄德”。玄德又深又远，和具体的事物复归到质朴，然后才能极大地顺乎于自然。

【解读】

本章主要讲为政的原则。有一种观点认为，从本章和下一章的内容看，老子这部书的性质，一言以蔽之，是谓“君人南面之术”。也就是说，不外乎为统治阶级出谋划策，而且谋划的都是阴险狡诈之术。对于这种观点，我们不敢苟同。从“大顺”结尾来看，老子是希望人们不要被智巧、争夺搞得心迷神乱，不要泯灭原始的质朴、淳厚的人性，要因顺自然，而本章所讲的“愚”，其实就是质朴、自然的另一表述词句。

【评析】

本章有“非以明民，将以愚之”“民之难治，以其智多”数句，从文字的表面意思上去看，很容易得出“为统治阶级出谋划策，而且谋划的都是阴险狡诈之术”的结论。自古及后的封建统治者对人民群众实行“愚民政策”，与老子“非以明民，将以愚之”不能说毫无干系，但并不能得出直接的结论。因为就老子的本意来讲，他绝对不是为迎合统治者的需要而提出一套愚民之术的。张默生："他是愿人与我同愚，泯除世上一切阶级，做到物我兼我的大平等，这样自可减少人间的许多龃龉纷争。"也有学者认为，老子的愚民思想，后来被法家所吸取，成为越来越荒谬的愚民政策；而且一脉相承下来，要对形成以"阿Q精神"和不怒、不争为特点的国民性负责。对于这种论点，我们不能同意。正如陈鼓应在《老子注译及评价》中所说，"老子认为政治的好坏，常系于统治者的处心和做法。统治者若是真诚朴质，才能导出良好的政风，有良好的政风，社会才能趋于安宁；如果统治者机巧黠滑，就会产生败坏的政风。政风败坏，人们就相互伪诈，彼此贼害，而社会将无宁日了。居于这个观点，所以老子期望统治者导民以'愚'。老子生当乱世，感于世乱的根源莫过于大家攻心斗智，竞相伪饰，因此呼吁人们扬弃世俗价值的纠纷，返璞归真。老子针对时弊，而做这种愤世矫枉的言论"。对老子"非以明民，将以愚之"的主张，陈鼓应先生有深入切实的评价，这个评价极为中肯。

第六十六章

江海之所以能为百谷王者，以其善下之，故能为百谷王。是以圣人欲上民，必以言下之；欲先民，必以身后之。是以圣人处上而民不重，处前而民不害。是以天下乐推而不厌。以其不争，故天下莫能与之争。

【译文】

江海所以能够成为百川河流所汇往的地方，乃是由于它善于处在低下的地方，所以能够成为百川之王。因此，圣人要统治人民，必须用言辞对人民表示谦下；要想领导人民，必须把自己的利益放在他们的后面。所以，有道的圣人虽然地位居于人民之上，而人民并不感到负担沉重；

居于人民之前，而人民并不感到受害。天下的人民都乐意拥戴而不感到厌倦。因为他不与人民相争，所以天下没有人能和他相争。

【解读】

本章讲的是“不争”的政治哲学。老子通过大国与小国的关系，讲了“大者宜为下”的道理，也讲了“圣人”也要“为下”。他认为，统治者应该处下、居后，这样才能对百姓宽厚、包容，就好像居处于下游的江海可以包容百川之水那样。究竟这一章是否是向统治者献计献策呢？我们还是要在本章评析部分加以研究。本章开头用江海做比喻，这和第三十二章“譬道之在天下，犹川谷之于江海”的意思相同。老子喜欢用江海来比喻人的处下居后，同时也以江海象征人的包容大度。

【评析】

张松如先生说：“这是向统治者献言，颇有点像班固所说的‘君人南面之术’。”（《老子校读》）不过，张先生的观点并不完全等同于有些学者关于老子是为统治者出谋划策的观点，而是认为老子的主张反映了农民小生产者的愿望。他说：“‘圣人’要想统治人民，就得用言辞对人民表示谦下；要想领导人民，就得把自身放置在人民后面。最后，要做到‘居上而民弗重也，居前而民弗害也’。难道这不正是当时处于水深火热中的广大农业小生产者的迫切愿望吗？事实上，封建统治者当中谁个能做到这一点呢？以不争争，以无为为，这是合乎辩证法的，这也是农业小生产者的经济特点及其阶级利益决定的一种社会思想。当然，他只能把这种思想作为建议进献给他所理想中的体‘道’的‘圣人’。为什么一定会是这样呢？因为‘他们不能代表自己，一定要别人来代表他们。他们的代表一定要同时是他们的主宰，是高高站在他们上面的权威，是不受限制的政府权力，这种权力保护他们不受其他阶级侵犯，并从上面赐给我们雨水和阳光’。从来的农民阶级都是皇权主义者，这在他们刚刚走上历史舞台的古时，更是如此。天真幻想诚有之，贬曰滑头，作为阴险，未免过界了吧。”对于张松如先生的这番论述，我们基本上表示赞同。如果说老子是在为统治者献计献策，那也是站在劳动者的立场上，是为国家和百姓的利益而呐喊。这种立场和观点，我们感到与孔孟和儒家所讲的“君末民本”的思想或多或少有些相似或相近的地方，因为“君末民本”仍是在为封建统治者做长远打算。然而这种主张在今天的学术研究中已基本得到学者们的肯定，那么我们觉得老子的这些主张，是不是也应当得到肯定呢？我们想，答案应当是肯定的。

第六十七章

天下皆谓我道大，似不肖。夫唯大，故似不肖。若肖，久矣其细也夫！我有三宝，持而保之：一曰慈，二曰俭，三曰不敢为天下先。慈故能勇；俭故能广；不敢为天下先，故能成器长。今舍慈且勇；舍俭且广；舍后且先；死矣！夫慈，以战则胜，以守则固。天将救之，以慈卫之。

【译文】

天下人能说“我道”伟大，不像任何具体事物的样子。正因为它伟大，所以才不像任何具体的事物。如果它像任何一个具体的事物，那么“道”也就显得很渺小了。我有三件法宝执守并且保全它：第一件叫作慈爱；第二件叫作俭啬；第三件是不敢居于天下人的前面。有了柔慈，所以能勇武；有了俭啬，所以能大方；不敢居于天下人之先，所以能有大器的度量。现在丢弃了柔慈而追求勇武；丢弃了啬俭而追求大方；舍弃退让而求争先，结果是走向灭亡。柔慈，用来征战，就能够胜利，用来守卫就能巩固。天要援助谁，就用柔慈来保护他。

【解读】

这一章是“道”的自述，讲的是“道”的原则在政治、军事方面的具体运用。老子说，“道”的原则有三条（即三宝），这就是：“慈”，即爱心加上同情感；“俭”，即含藏培蓄，不奢侈，不肆为；“不敢为天下先”，是“谦让”“不争”的思想。有“道”的人运用这三条原则，能取得非常好的效果，否则，便会自取灭亡。本章实际是对《德经》三十八章以来的一个小结。

【评析】

本章包括两层意思：一是讲“道”的伟大；二是讲法宝的妙用。其内在联系紧密：例如，第一句和第二句说，天下人都说道伟大，不像任何具体事物的样子，这个伟大的“道”有什么护身的法宝呢？这就是“慈”“俭”“不敢为天下先”。这难道不是两层意思的内在联系吗？“慈”，包含有柔和、爱惜之意。第四十章的“弱者道之用”，第四十三章的“天下之至柔，驰骋天下之至坚”，第五十二章的“守柔曰强”，第四十五章的“清静为天下正”，第五十五章的“和”，第六十一章的“牝常以静胜牡”等内容，都可以包括在“慈”的范围之内。“无为”是老子政治思想的最高概括，而“慈”的另一个名词则是“无为”。“慈”是三宝的首要原则，用慈进攻可以得胜，退守则可以坚固。如果上天要救护谁，就用慈来保卫他。“俭”的内涵有两层，一是节俭、吝惜；二是收敛、克制。第五十九章讲的“治人事天，莫若啬”，与这里的“俭”是相同的含义。俭即是啬。他要求人们不仅要节约人力物力，还要聚敛精神，积蓄能量，等待时机。“不敢为天下先”，也有两层含义，一是不争，谦让；二是退守、居下。第六十一章讲的“大邦者下流”，第六十六章讲的江海“善下”，都指不为天下先的意思。这符合于“道”的原则。总之，“慈”“俭”“不敢为天下先”等“三宝”，是老子对于“道”和“德”的社会实践意义上的总结。老子身处战乱社会，目睹了太多的暴力残酷场面，深深地感觉到治国安邦离不开这三宝，因而才极力加以阐扬。

第六十八章

善为士者，不武；善战者，不怒；善胜敌者，不与；善用人者，为之下。是谓不争之德，是谓用人之力，是谓配天古之极。

【译文】

善于带兵打仗的将帅，不逞其勇武；善于打仗的人，不轻易被激怒；善于胜敌的人，不与敌人正面冲突；善于用人的人，对人表示谦下。这就叫作不与人争的品德，这就叫作用人的能力，这就叫作符合自然的道理。

【解读】

这一章是专从用兵的意义上讲战略战术的原则。其中心意思在于阐明上一章所讲“夫慈，以战则胜，以守则固”的道理。老子要求人们不逞勇武，不轻易被激怒，避免与人正面冲突，充分发挥才智能力，善于利用别人的力量，以不争达到争的目的。老子认为，这是符合于天道的，是古老的准则。

【评析】

本章的文字讲用兵作战的道理，认为《道德经》是一部兵书的学者，往往以此为论据。我们的意见是，老子就军事现象，为其辩证法思想提供论据。事实上，军事辩证法本身就是一门深奥的学问。或者说，本章内容既是讲用兵打仗，又是讲辩证法的道理，这样理解，也无不可。但说到底，认为《道德经》是一部兵书，那就极大曲解了它的内涵。下面，我们谈谈“善战者，不怒”的问题。《孙子兵法·火攻》中写道：“主不可以怒而兴师，将不可以愠而致战。”这是说，国君不能因一时之愤怒而发动战争，将帅不能因一时之气愤而出阵开战。这一军事思想与老子在本章里所讲的内容是基本一致的。战争是国力、人力的较量，也是智慧的较量。“武”“怒”是军事指挥者情绪暴烈、失去理智的表现。一旦“怒”上心头，就会失去冷静，也就不能客观地分析、研究敌我双方的优势与劣势，而以主观臆断和愤怒的情绪代替客观实际，这种状况将给国家和军队带来极大危害和灾难。这样的事例在古今中外的战争史上比比皆是。军事上如此，人生亦然。遇事不急躁、不冲动，平心静气地认真思考，细心分辨客观现象，就可找到问题的症结，从而得出正确的解决方法。

第六十九章

用兵有言：“吾不敢为主，而为客；不敢进寸，而退尺。”是谓行无行；攘无臂；扔无敌；执无兵。祸莫大于轻敌，轻敌几丧吾宝。故抗兵相若，哀者胜矣。

【译文】

用兵的人曾经这样说：“我不敢主动进犯，而采取守势；不敢前进一步，而宁可后退一尺。”这就叫作虽然有阵势，却像没有阵势可摆一样；虽然要振臂，却像没有臂膀可举一样；虽然面临敌人，却像没有敌人可打一样；虽然有兵器，却像没有兵器可以执握一样。祸患再没有比轻敌更大的了，轻敌几乎丧失了我的“三宝”。所以，两军实力相当的时候，悲愤的一方可以获得胜利。

【解读】

本章仍是从军事的角度，谈以退为进的处世哲学。老子认为，战争应以守为主，以守而取胜，表达了老子反对战争的思想，同时也表明老子处世哲学中的退守、居下原则。这一章讲到“哀兵必胜，骄兵必败”的道理，成为千古兵家的军事名言。本章和前两章是相应的，都是在阐明哀、慈、柔的道理，以明不争之德。

【评析】

明焦竑提出了“无为而治”的政治原则，涵括“修身立命、治国安邦、出世入世”全貌，其《老子翼》引吕吉甫曰：“道之动常在于迫，而能以不争胜。其施之于用兵之际，宜若有所不行者也。而用兵者有言：吾不敢为主而为客，不敢进寸而退尺，则虽兵犹迫而后动，而胜之以不争也，而况其他乎。何则？主逆而客顺，主劳而客逸，进骄而退卑，进躁而退静。以顺待逆，以逸待劳，以卑待骄，进骄而退卑，进躁而退静，皆非所敌也。所以尔者，道之为常出于无为，故其动常出于迫，而其胜常以不争，虽兵亦由是故也。诚知为常出于无为，则吾之行常无行，其攘常无臂，其扔常无敌，其执常无兵，安往而不胜哉？苟为不能出于无为，知主而不知客，知进而不知退，是之谓轻敌，轻敌则吾之所谓三宝（慈、俭、不敢为天下先）保而持之者，几于丧矣。故曰‘祸莫大于轻敌，轻敌几丧吾宝’，夫唯以不争为胜者，则未有能胜之者也。故曰：抗兵相加，哀者胜矣。”张松如认为：“今人或谓老子以退为进的方针，在军事方面，则表现为以守为主，以守取胜的主张。这条总的作战原则是不对的，但老子提出的不可轻敌和双方兵力差不多相等的条件下，悲愤的一方将获胜等见解，还有它合理的地方。”(《老子校读》) 唐朝王真《道德经论兵要义述》中说，“五千之言”的《老子》“未尝有一章不属意于兵也”。此论断有些不切实际。从本章内容看，老子是反战的。老子认为，如果是被迫卷入战争，就应该采取完全的守势，这是他把谦退忍让、无为静柔的哲学思想，通过军事再次表述出来，而老子并不是兵家，并不是就军事论军事。这在前面，我们已经多次提到，兹不赘述。

第七十章

吾言甚易知，甚易行。天下莫能知，莫能行。言有宗，事有君，夫唯无知，是以不我知。知我者希，则我者贵。是以圣人被褐而怀玉。

【译文】

我的话很容易理解，很容易实行。但是天下竟没有谁能理解，没有谁能实行。言论有主旨，行事有根据。正由于人们不理解这个道理，因此才不理解我。能理解我的人很少，那么能取法于我的人就更难得了。因此有道的圣人总是穿着粗布衣服，怀里揣着美玉。

【解读】

本章流露出老子对当时的统治者失望的情绪。他提出的一系列政治主张，很容易理解、很容易实行，却没有人理解和实行。看来，老子那一套治天下的理想，只有他幻想中的“圣人”才能实现。他不了解，任何治国方案，都必须适应统治阶层的利益，否则，他们是不会采纳、不会去实行的。于是，老子就有了这一篇感慨之论。本章是专对掌权者而言的，不是对一般人说的。文中的“我”“吾”等词，可谓之“道”的人格化。

【评析】

在以前各章里，老子谈了自己的政治理想和政治学说，例如静、柔、俭、慈、无为、不争等，这些都是合乎于道、本于自然的主张，在社会生活中应当是容易理解、易于实行的。然而，人们却囿于名利，急躁冒进，违背了无为的原则。老子试图对人们的思想和行为进行探索，对于万事万物做出根本的认识和注解，他以浅显的文字讲述了深奥的道理，正如身着粗衣而怀揣美玉一般。但他的主张不被人们理解，更不被人们实行，因而他感叹道：“知我者希。”对此，任继愈先生说：“他自以为很高明，颇有怀才不遇、曲高和寡的苦闷。其实他唱出的是没落阶级的挽歌。并不是人们不了解他，而是历史抛弃了他。”（《老子新译》）张松如先生不同意这样的观点。他说：“历史却并没有冷落了他。单说先秦时期吧：相传春秋时的叔向、墨翟，战国时的魏武侯、颜斶，都曾称引过他的话；庄子则颂扬他‘古之博大真人哉！’（《庄子·天下篇》）以宋钘、尹文为代表的稷下学人又继承了老子而发展为黄老学派；至于韩非，更有《解老》《喻老》之作。降至秦后，西汉初年，黄老之学一度居于统治地位。司马谈《论六家之要旨》，实突出道家，而司马迁《史记》并特为立传。演至东汉，甚至神化为道教的始祖。凡此一切，总不能说是‘历史抛弃了他’吧。”（《老子校读》）我们觉得任、张二位先生对这个问题的讨论有不同的标准。比如，怎样才算是被历史抛弃了的问题。任继愈先生的意思是，老子在他所生活的那个时代，他提出的政治主张不被人们理解和采纳，因而感到政治抱负难以施展，颇有怀才不遇、曲高和寡的苦闷，从这个意义上讲，老子没有被时代所选择。张松如先生则是从老子之后的若干年、几百年乃至上千年的历史长河中去研究老子是不是被历史所抛弃的问题。所以，任、张二先生的标准不同，观点上就有了差异。在历史上经常可以见到这样的景况，怀才不遇、难以施展政治抱负的君子们，往往被后世的人们所看重，老子如此，孔子又何尝不是如此呢？因此，我们的认识是，老子被他所处的时代抛弃了，他的政治主张不能实行；但他又被后世的人们认可，他的思想学说、他的政治主张，有些被统治者接受了、实施了，有些被推向至尊之地，被神化为道教之经典。

第七十一章

知不知，尚矣；不知知，病也。圣人不病，以其病病。夫唯病病，是以不病。

【译文】

知道自己还有所不知，这是高明的。不知道却自以为知道，这就是很糟糕的。有道的圣人没有缺点，因为他把缺点当作缺点。正因为他把缺点当作缺点，所以，他没有缺点。

【解读】

这一章是人贵有自知之明的格言。在社会中，有一些人自以为是，不懂装懂，刚刚了解了事物的一些皮毛，就以为掌握了宇宙变化与发展的规律；还有些人没有什么知识，凭借权力地位招摇过市，便摆出一副智者的架势，用大话和假话欺人、蒙人。对于这些人，老子大不以为然，并且提出了尖锐的批评。

【评析】

在自知之明的问题上，中国古代哲人们有非常相似的观点。孔子有言曰:“知之为知之，不知为不知，是知也。”(《论语·为政》) 在老子看来，真正领会“道”之精髓的圣人，不轻易下断语，即使是对已知的事物，也不会妄自臆断，而是把已知当作未知，这是虚心的求学态度。只有这个态度，才能使人不断地探求真理。所以，老子认为，“知不知”，才是最高明的。在古今社会生活中，刚愎自用、自以为是的人并不少见。这些人缺乏自知之明，刚刚学到一点儿知识，就目空一切，甚至不把自己的老师放在眼中。这些人肆意贬低别人，抬高自己。说到底，如果不是道德品质问题，那就是没有自知之明。我们在阅读了这一章的内容以后，深深地感到老子的《道德经》真是一部极富智慧的处世之作。

第七十二章

民不畏威，则大威至。无狎其所居，无厌其所生。夫唯不厌，是以不厌。是以圣人自知不自见，自爱不自贵。故去彼取此。

【译文】

当人民不畏惧统治者的威压时，那么，可怕的祸乱就要到来了。不要逼迫人民不得安居，不要阻塞人民谋生的道路。只有不压迫人民，人民才不厌恶统治者。因此，有道的圣人不但有自知之明，而且也不自我表现；有自爱之心也不自显高贵。所以要舍弃后者（自见、自贵）而保持前者（自知、自爱）。

【解读】

上一章讲自知之明，是就一般情况而论的。本章着重讲统治者要有自知之明，反对采取高压政治，反对肆无忌惮地压榨百姓。他认为，老百姓一旦不畏惧统治者的残暴统治，那么可怕的反暴力斗争就要发生了。他希望统治者不要自居高贵，而要自知、自爱，抛弃自见和自贵，这样就不会遭到人民的反抗。此章讲“不自贵”，与第十三章讲“贵身”、第四十四章讲“名与身孰亲”的内涵不同。“贵身”讲维护人的尊严，自重自爱，不以荣辱忧患和其他身外之物损害了自身的尊贵；“名与身孰亲”则说人的价值比虚名和货利更可宝贵，不要为争夺身外的名利而轻生伤身。

【评析】

有的学者认为，“这一章可以看出老子对人民压迫斗争的敌视”（《老子新译》）。当然，我们认为老子不希望暴乱，不管是统治者的高压暴政，还是人民的反抗斗争都极力加以反对，这是因为暴乱将给社会造成严重灾难。那么，只要仔细加以分辨，我们就会得知，老子重点反对的是统治者的高压政策和自见、自贵的政治态度。因为人民的反抗斗争必须有一个前提，就是只有当统治者对人民实施暴政，压迫和掠夺人民的时候才会发生。所以老子警告统治者，对待人民必须宽厚，“无狎其所居，无厌其所生”。如果只是凭借恐怖手段，使人民无法生存下去，那么人民就会掀起巨大的暴动，反抗统治者。然而，老子对当世的统治者们失去了信心，而把希望寄托在理想中的“圣人”身上，只有“圣人”才懂得这个道理。圣人有自知之明、有自爱之心。他不会自我表现，不会自我抬高，这样就可以取得人民群众的拥护和支持。由此可见，老子这一章的内容，正是表达了人民的愿望，而就不仅仅是对人民反压迫斗争的敌视了。

第七十三章

勇于敢则杀，勇于不敢则活。此两者，或利或害。天之所恶，孰知其故？是以圣人犹难之。天之道，不争而善胜，不言而善应，不召而自来，繟然而善谋。天网恢恢，疏而不失。

【译文】

勇于坚强就会死，勇于柔弱就可以活，这两种勇的结果，有的得利，有的受害。天所厌恶的，谁知道是什么缘故？有道的圣人也难以解说明白。自然的规律是，不斗争而善于取胜，不言语而善于应承，不召唤而自动到来，坦然而善于安排筹划。自然的范围，宽广无边，虽然宽疏但并不漏失。

【解读】

本章主要讲人生哲学。第一层意思是柔弱胜坚强，第二层意思是天道自然。这两层意思之间是相互沟通的。老子认为，两种不同的勇，会产生两种不同的结果，一则遭害，一则存活。“勇于敢则杀，勇于不敢则活”。自然界的万事万物只要依照自然的规律变化和发展，都会有好的结果，不会有什么漏失。在这里，老子讲了自然无为的人生哲学，颇能启迪人的心灵。

【评析】

老子认为，自然的规律是柔弱不争的。他说，勇气建立在妄为的基础上，就会遭到杀身之祸；勇气建立在谨慎的基础上，就可以活命。勇与柔相结合，人们就会得到益处，勇与妄为相结合，人们就会遭受灾祸。同样是勇，利与害大相径庭。老子的主张是很明确的，他以为自然之道，贵柔弱，不贵强悍妄为；贵卑下，不贵高上贵重。而自然之道是不可违背的。有人认为老子只注重自然规律，而忽视人的主观因素，不讲人的主观努力的作用，是命定论的思想。老子所宣扬的是自然规律，人们立身处世不能违背自然规律，勇而敢是不遵循自然规律的肆意妄为，勇而不敢是顺应自然规律，不以主观意志取代客观实际，并不是懦弱和软弱的代名词。

第七十四章

民不畏死，奈何以死惧之。若使民常畏死，而为奇者，吾得执而杀之，孰敢？常有司杀者杀。夫代司杀者杀，是谓代大匠斫，希有不伤其手者矣。

【译文】

人民不畏惧死亡，为什么用死亡来吓唬他们呢？假如人民真的畏惧死亡的话，对于为非作歹的人，我们就把他抓来杀掉。谁还敢为非作歹？经常有专管杀人的人去执行杀人的任务，代替专管杀人的人去杀人，就如同代替高明的木匠去砍木头，那代替高明的木匠砍木头的人，很少有不砍伤自己手指头的。

【解读】

这一章讲老子的政治主张。他认为，当时统治者施行苛政和酷刑，滥杀百姓，压制民众，其结果是，一旦人民不忍受了，就不会畏惧死亡。人的自然死亡，是由“司杀者杀”的天道掌管的，但人间的君主残暴无道，把人民推向死亡，这从根本上悖逆了自然法则。因此，本章内容是老子对于当时严刑峻法迫使人民走向死途的情形，提出自己的批评与抗议。

【评析】

有的学者在研究本章时这样写道：“老子经常讲退守、柔顺、不敢为天下先，这是他的手法。他对待起来造反的人民可是不客气，是敢于动刀杀人的。只是他看到用死来吓唬人没有用，所以才说出一句真话：‘民不畏死，奈何以死惧之？’过去有些人为了掩盖老子敌视人民的凶恶形象，故意说老子是不主张杀人的，这是断章取义。”（《老子新译》）我们的想法是：在本章里，老子指出了人民已经被残暴的统治者压迫得不堪其苦了，死都不怕了，何必还用死来恐吓他们？如果不对人民使用严刑峻法，人民各得其所，安居乐世，就会畏惧死亡。在那种情形下，对于为非作歹之人，把他抓起来杀掉，还有谁再敢做坏事呢？他认为，应该把主观与客观两方面的情况考虑周全，并且采取宽容的政策，不按天道自然办事，草菅人命，就会带来无尽的祸患。仔细理解老子的本意，他并不是要用残酷的手段随意杀人。尽管在本章里我们见到好几个“杀”字，但并不是要杀害老百姓，这一点还是有必要分辨清楚的。

第七十五章

民之饥，以其上食税之多，是以饥。民之难治，以其上之有为，是以难治。民之轻死，以其上求生之厚，是以轻死。夫唯无以生为者，是贤于贵生。

【译文】

人民所以遭受饥荒，就是由于统治者吞吃赋税太多，所以人民才陷于饥饿。人民之所以难以统治，是由于统治者政令烦苛、喜欢有所作为，所以人民就难以统治。人民之所以轻生冒死，是由于统治者为了奉养自己，把民脂民膏都搜刮净了，所以人民觉得死了不算什么。只有不去追求生活享受的人，才比过分看重自己生命的人高明。

【解读】

上一章里，老子对严苛的政治压迫给予了抨击，要求统治者善待民众。这一章里，老子又对繁重的经济剥削进行指责。本章、第七十二章、

第七十四章和第七十七章，内容基本上都是对统治者进行无情揭露和严正警告。老子认为，宽容的政治比暴虐的政治要高明得多。因为，一旦人民不畏惧死亡而进行反抗，为求生存而暴动，那样，统治者的政权就难以维持。

【评析】

老子在这一章里揭示了老百姓与统治者之间的矛盾对抗。从政治上讲，人民的反抗是由统治者的苛政和沉重的租税所引起的，这是说，剥削与高压是政治祸乱的最实际的原因。老百姓在这种情况面前，只有铤而走险，毫不畏惧死亡。张松如先生说："本章文显义明，无须诠释。而有的论者，却硬说这是为统治者出谋划策，是骗人的。是的，'夫唯无以生为者，是贤于贵生也'。确实是代统治者设想的说法。可是古代的从事生产的广大民众，如果不是寄希望于其理想中的所谓'圣人'，难道在复杂的尖锐的阶级斗争的舞台上，还能扮演为独立的主角吗？前述的那些引论者，在这里说老子是为统治者出谋划策，在另一些地方又说老子是新兴的封建制度的对抗者，是势不两立的。这种随心所欲的评价，岂不是自相矛盾吗？"所以，张松如先生说："本章揭示了劳动人民与封建统治者之间阶级矛盾的实质：人民的饥荒，是统治者沉重的租税造成的；人民的轻生，是统治者无厌的聚敛造成的。这种说法，当然同贯穿《老子》书中的'无为'思想相通着，可是它岂不也反映了被压迫的人民群众的要求吗？岂不正是作为人民群众主体的广大农民阶级思想的流露吗？"（《老子校读》）

第七十六章

人之生也柔弱，其死也坚强。草木之生也柔脆，其死也枯槁。故坚强者死之徒，柔弱者生之徒。是以兵强则灭，木强则折。强大处下，柔弱处上。

【译文】

人活着的时候身体是柔软的，死了以后身体就变得僵硬。草木生长时是柔软脆弱的，死了以后就变得干硬枯槁了。所以坚强的东西属于死亡的一类，柔弱的东西属于生长的一类。因此，用兵逞强就会灭亡，树木强壮了就会遭到砍伐摧折。凡是强大的，总是处于下位，凡是柔弱的，反而居于上位。

【解读】

这一章以生活中常见的现象，反复说明这样一种观点：柔弱胜刚强。老子向来主张贵柔、处弱，他从直观的认识角度，看到了人初生之时，身体是柔弱的，死了以后就变得坚硬了，草木初生之时也是柔弱的，死了以后就变得枯槁。这种直观的、经验的认识，可以说是老子处弱、贵柔思想的认识论之根源。

【评析】

老子对于社会与人生有着深刻的洞察，他认为世界上的东西，凡是属于坚强者都是死的一类，凡是柔弱的都是生的一类。因此，老子认为，人生在世，不可逞强斗胜，而应柔顺谦虚，有良好的处世修养。我们感到，这一章又一次表达了老子的辩证法思想。这种思想来源于对自然和社会现象的观察和总结。这里，无论柔弱还是坚强，也无论“生之徒”还是“死之徒”，都是事物变化发展的内在因素在发挥作用。这个结论还蕴含着坚强的东西已经失去了生机，柔弱的东西则充满着生机。老子在这一章里所表达的思想是极富智慧的，他以自然和社会现象形象地向人们提出奉告，希望人们不要处处显露突出，不要时时争强好胜。事实上，在现实生活当中，有不少这样的人，这种例子不胜枚举。当然，这也符合老子一贯的思想主张。

第七十七章

天之道，其犹张弓与？高者抑之，下者举之；有余者损之，不足者补之。天之道，损有余而补不足。人之道，则不然，损不足以奉有余。孰能有余以奉天下，唯有道者。是以圣人为而不恃，功成而不处，其不欲见贤。

【译文】

自然的规律，不是很像张弓射箭吗？弦拉高了就压低一些，低了就举高一些；拉得过满了就放松一些，拉得不足了就补充一些。自然的规律，是减少有余的补给不足的。可是社会的法则却不是这样，减少不足的，来奉献给有余的人。那么，谁能够减少有余的，以补给天下人的不足呢？只有有道的人才可以做到。因此，有道的圣人这才有所作为而不占有，有所成就而不居功。他不愿意显示自己的贤能。

【解读】

本章文字透露出一种平等与均衡思想，这是老子的社会思想。他以“天之道”来与“人之道”做对比，主张“人之道”应该效法“天之道”。老子把自然界保持生态平衡的现象归之于“损有余而补不足”，因此他要求人类社会应当改变“损不足以奉有余”的不合理、不平等的现象，效法自然界的“损有余而补不足”，“损有余以奉天下”体现了他的社会财富平均化和人类平等的观念。因而，这一章是第七十四章、第七十五章里“民不畏死，奈何以死惧之”“民之饥，以其上食税之多”思想的继续和发展，表达了老子对统治者推行苛政的痛恨，对老百姓生活艰难困苦的同情。所以，这是《道德经》具有的人民性的一面，是其精粹。

【评析】

本章的主旨是论述“天之道，损有余而补不足；人之道，则不然，损不足以奉有余”。老子出于对自然界和人类社会的观察，认为一切事物，在其相互对立的矛盾中，都具有同一性。张松如指出：“老子把他从自然界得来的这种直观的认识，运用到人类社会，面对当时社会的贫富对立，阶级压迫的不合理现实，他认为‘人之道’也应该像好比张弓的‘天之道’那样，‘高者抑之，下者举之，有余者损之，不足者补之’。这是他的主张，他的愿望。可是，现实怎么样呢？现实是‘人之道则不然，损不足以奉有余’。”（《老子校读》）杨兴顺说：“在老子看来，损有余而补不足，这是自然界最初的自然法则——‘天之道’。但人们早已忘却‘天之道’，代之而建立了人们自己的法则‘人之道’，有利于富人而有损于贫者。‘天之道’，有利于贫者，给他们带来宁静与和平，而‘人之道’则相反，它是富人手中的工具，使贫者濒于‘民不畏死’的绝境。”胡寄窗说：“老子所以产生这种分配观念，由于他们认为自然规律总是‘损有余而补不足’，因此应该使贫富平均，大家有利。天之道虽主损有余以补不足，但损有余的结果会更增加被损者的利益，因为‘物或损之而益’。由于现实社会是‘损不足以奉有余’，存在领主贵族对劳动人民的压榨，也存在新兴地主阶级与富商大贾的剥削，所以，老子企图以‘天之道’警诫他们，使他们本着自己的利益以遵行天道。他们要求富者能够做到‘常善救人，故人无弃人；常善救物，则物无弃物’。从均富和使人与物都能得到充分利用一点看来，老子的愿望是好的，但在考虑如何实现这一愿望时，并没有提出任何积极的政治纲领，而是向剥削者说教，妄想他们发善心，这又充分暴露了他们的在解决社会现实问题上的软弱无能。”（《中国经济思想史》上）从以上诸位学者的观点，基本上可以找到老子在均贫富问题上的合理之处和症结所在。

第七十八章

天下莫柔弱于水，而攻坚强者莫之能胜，以其无以易之。弱之胜强，柔之胜刚，天下莫不知，莫能行。是以圣人云：“受国之垢，是谓社稷主；受国不祥，是为天下王。”正言若反。

【译文】

遍天下再没有什么东西比水更柔弱了，而攻坚克强却没有什么东西可以胜过水，用水的至柔胜过坚强。弱胜过强，柔胜过刚，遍天下没有人不知道，但是没有人能实行。所以有道的圣人这样说："承担国家的屈辱，才能成为君主；承担国家的祸灾，才能成为天下君王。"正面的话好像在反说一样。

【解读】

本章以水为例，说明弱可以胜强、柔可以胜刚的道理。第八章说"水善利万物而不争"，本章可与第八章的内容联系起来阅读。老子所举水的例子是人们日常生活中常见的。水最为柔弱，但柔弱的水可以穿透坚硬的岩石。水表面上软弱无力，却有任何事物都不能抵挡的力量。这就清楚地说明，老子所讲的软弱、柔弱，并不是通常人们所说的软弱无力的意思。此处，由于水性趋下居卑，因而老子又阐扬卑下屈辱的观念，实际上反而能够保持高高在上的地位，具有坚强的力量。本章后面有一句话："正言若反"，集中概括了老子辩证法思想，其含义十分深刻、丰富。

【评析】

本章内容主要包括两点：一是对水的赞美；二是"正言若反"。张松如说："在世界上，弱能胜强，柔能制刚的事例是不乏见的。生活在春秋末年的老子，他亲身经历了这个时代的许多大变化，看到了曾为天下共主的周王朝由盛到衰的演变，这不能不对他的思想发生重大影响；同时，在这个时期，随着铁器的广泛使用，人类在征服自然界的斗争中，对自然现象的认识也在不断发展。""在更远的时代，水的特点还没有为人们所了解，保留《山海经》中禹治洪水的传说，和老子书中对于水的柔性和作用的认识，是很不相同的。"老子认为，水虽然表面上看来是柔弱卑下的，但它能穿山透石，淹田毁舍，任何坚强的东西都阻止不了它、战胜不了它；因此，老子坚信柔弱的东西必能胜过刚强的东西。这里，老子所说的柔弱，是柔中带刚、弱中有强、坚韧无比。所以，对于老子柔弱似水的主张，应该加以深入理解，不能停留在字面上。由此推而言之，老子认为，体道的圣人就像水一样，甘愿处于卑下柔弱的位置，对国家和人民实行“无为而治”。

再说“正言若反”。老子所说“正言若反”是老子对全书中那些相反相成的言论的高度概括，例如：“大成若缺”“大盈若冲”“大直若屈”“大巧若拙”“大辩若讷”“明道若昧”“进道若退”“夷道若颣”“上德若谷”“大白若辱”“广德若不足”“建德若偷”“质真若渝”“大方无隅”“大器晚成”“大音希声”，等等。中国人民大学教授孙中原说：“这里连句子的结构都是类似的。……它们本来是彼此相异的、互相排斥的、对立的，但在某种条件下，某种意义上，表示某种特定事物的概念和它的对方具有了统一性，二者互相包含，互相融合，互相渗透，彼此同一、一致。这样，在同一个判断中，就包含了对立概念的流动、转化，体现了概念的灵活性。这种灵活性是有条件的，老子书中的话也只在一定条件下才有意义。”

第七十九章

和大怨，必有余怨；报怨以德，安可以为善？是以圣人执左契，而不责于人。有德司契，无德司彻。天道无亲，常与善人。

【译文】

和解深重的怨恨，必然还会留下残余的怨恨；用德来报答怨恨，这怎么可以算是妥善的办法呢？因此，有道的圣人保存借据的存根，但并不以此强迫别人偿还债务。有“德”之人随缘了结，没有“德”的人强求了结。自然规律对任何人都没有偏爱，永远帮助有德的善人。

【解读】

本章继续讨论“损有余而补不足”的道理，提示为政者不可蓄怨于民，警告统治者不要激化与老百姓之间的矛盾。因为积怨太深，就难以和解，用税赋去榨取百姓，用刑法去钳制百姓，都会构怨于民。所以，为政者应该像有道的圣人那样，行“无为”之治，以“德”化民，给予而不索取，不扰害百姓。这就是“执左契而不责于人”。

【评析】

本章有“圣人执左契，而不责于人”一句，希望人们做有德行善之人，才可能得天道的庇护。因为“天道无亲”，对万事万物都非常公正，并非对哪一物有特别的感情，有德行善之人，他所以得到“天”的帮助，是因为他顺应自然规律的结果，是他自身努力的结果。这是对那些剥削者进行劝说，劝他们积德行善不要扰害百姓，否则会受到自然规律的惩罚。老子在本章里特别强调这一点，他说用“德”和解重大的怨仇，这肯定还留下残余的怨恨，最好的办法，就是不要与人结下怨仇，即要求统治者实行清静无为之政，辅助百姓而不干涉他们；给予百姓而不向他们索取；这样就不会积蓄怨仇，这便是治国行政的上策。否则，肆意盘剥、搜刮，随意施用严刑峻法约束、限制人民，那就会与民结怨，这便是治国行政的下策。

第八十章

小国寡民。使有什伯之器而不用；使民重死而不远徙；虽有舟舆，无所乘之；虽有甲兵，无所陈之。使人复结绳而用之。至治之极。甘美食，美其服，安其居，乐其俗，邻国相望，鸡犬之声相闻，民至老死不相往来。

【译文】

使国家变小，使人民稀少。即使有各种各样的器具，却并不使用；使人民重视死亡，而不向远方迁徙；虽然有船只车辆，却不必每次坐它；虽然有武器装备，却没有地方去布阵打仗；使人民再回复到远古结绳记事的自然状态之中。国家治理得好极了，使人民吃得香甜，穿着漂亮，住得安适，生活快乐，国与国之间互相望得见，鸡犬的叫声都可以听得见，但人民从生到死，也不互相往来。

【解读】

这是老子理想中的“国家”的一幅美好蓝图，也是一幅充满田园气息的农村欢乐图。老子用理想的笔墨，着力描绘了“小国寡民”的农村社会生活情景，表达了他的社会政治理想。这个“国家”很小，邻国相望、鸡犬之声相闻，大约相当于现在的一个村庄，没有欺骗和狡诈的恶行，民风淳朴敦厚，生活安定恬淡，人们用结绳的方式记事，不会攻心斗智，也就没有必要冒着生命危险远徙谋生。老子的这种设想，当然是一种幻想，是不可能实现的。

【评析】

小国寡民是老子所描绘的理想社会，它反映了中国古代社会自给自足的生活方式。老子幻想着回复到没有压迫、没有剥削的原始社会时代，那时没有剥削和压迫，没有战争和掠夺，没有文化，也没有凶悍和恐惧。这种单纯的、质朴的社会，实在是古代农村生活理想化的描绘。中国经济学家胡寄窗说：“我们研究老子小国寡民思想，要分析产生这种理想的阶级根源、时代因素以及其所企图要解决的问题。所谓小国寡民是针对当时的广土众民政策而发的。他们认为广土众民政策是一切祸患的根源。做到小国寡民便可以消弭兼并战争，做到‘虽有甲兵，无所陈之’；便可以避免因获取物质资料而酿成社会纷扰的工艺技巧，‘便有什伯之器而不用’；便可以取消使民难治的智慧，而且以结绳记事的方法来代替；便可能使人安于俭朴生活，不为奢泰的嗜欲所诱惑；便可以使人民重死而不远徙，以至于老死不相往来，连舟车等交通工具都可一并废除。他们不了解，广土众民政策是社会生产力发展到一定水平时，新的生产关系要求一个全国统一的地主政权这一历史任务在各大国的政策上的反映。”但是老子“忘记了在‘有什伯之器而不用’的原始‘乐园’中，并没有甘食美服，也没有代他们生产甘食美服的被剥削的人。老子尽管在世界观上是唯物主义的，而在社会观上特别是在经济问题的看法上却陷入于唯心主义的幻想。”这个批评是中肯的。老子面对急剧动荡变革的社会现实，感到一种失落，便开始怀念远古蒙昧时代结绳记事的原始生活，这是一种抵触情绪的发泄。晋朝时陶渊明写了一篇传诵至今的名篇《桃花源记》，应该讲，此文显然受到本章内容的影响。这是一个美丽的幻想，同时也表达了对社会黑暗的不满，反映了人民摆脱贫困和离乱的愿望。在这一点上，陶渊明和老子的思想是一脉相承的。

第八十一章

信言不美，美言不信。善者不辩，辩者不善。知者不博，博者不知。圣人不积，既以为人己愈有，既以与人己愈多。天之道，利而不害。圣人之道，为而不争。

【译文】

真实可信的话不漂亮，漂亮的话不真实。良善的人不巧辩，巧辩的人不良善。真正有知识的人不卖弄，卖弄自己懂得多的人不是真有知识。圣人不存占有之心，而是尽力照顾别人，他自己也更为充足；他尽力给予别人，自己反而更丰富。自然规律是让万事万物都得到好处，而不伤害它们。圣人的行为准则是，做什么事都不跟别人争夺。

【解读】

本章是《道德经》的最后一章，应该是全书正式的结束语。本章采用了与第九章、第十章、第十五章、第二十章、第三十三章、第四十五章、第六十四章、第七十六章相类似的格言警句的形式，前三句讲人生的主旨，后两句讲治世的要义。本章的格言，可以作为人类行为的最高准则，例如信实、讷言、专精、利民而不争。人生的最高境界是真、善、美的结合，而以真为核心。本章含有朴素的辩证法思想，是评判人类行为的道德标准。

【评析】

本章一开头提出了三对范畴：信与美、善与辩、知与博，这实际上是真假、美丑、善恶的问题。老子试图说明某些事物的表面现象和其实质往往并不一致。这之中包含有丰富的辩证法思想，是评判人类行为的道德标准。按照这三条原则，以“信言”“善行”“真知”来要求自己，做到真、善、美在自身的和谐。按照老子的思想，就是重归于“朴”，回到没有受到伪诈、智巧、争斗等世俗的污染之本性。张松如说：“世界上的事物多种多样，社会现象更是十分复杂，如果单单认定‘信言’都是不美的，‘美言’都是不信的；‘知者’都是不博的，‘博者’都是不知的，这就片面了。不能说世界上真、善、美的事物永远不能统一，而只能互相排斥。只知其一，不知其二，那就不免始于辩证法而终于形而上学。”对此，我们倒认为，没有必要从字面上苛求老子，否则就会偏离或曲解老子的原意。其实，在日常生活中，人们也往往这么说：“忠言逆耳”“良药苦口”。听到这些话后，大概很少有人去钻牛角尖，反问：难道忠言都是逆耳的吗？难道良药都是苦口的吗？所以，老子的这些警句并不存在绝对化的问题。

下篇

《论语》品读

《论语》由孔子弟子及再传弟子编写而成，至汉代成书。主要记录孔子及其弟子的言行，较为集中地反映了孔子的思想，是儒家学派的经典著作之一。《论语》以语录体为主，叙事体为辅，集中体现了孔子的政治主张、伦理思想、道德观念及教育原则等。与《大学》《中庸》《孟子》并称“四书”，与《诗》《书》《礼》《易》《春秋》“五经”，总称“四书五经”。全书共20篇。《论语》在古代有3个版本，包括《古论》《鲁论》和《齐论》。

学而篇

共16章，重点内容是“吾日三省吾身”“节用而爱人，使民以时”“礼之用，和为贵”以及仁、孝、信等道德范畴。

1. 子曰：“学而时习之，不亦说乎？有朋自远方来，不亦乐乎？人不知，而不愠，不亦君子乎？”

【译文】

孔子说：“学了又时常温习，不是很愉快吗？有志同道合的人从远方来，不是很令人高兴的吗？人家不了解我，我也不怨恨、恼怒，不也是一个有德的君子吗？”

【评析】

宋代著名学者朱熹对此章评价极高，说它是“入道之门，积德之基”。本章这三句话是人们非常熟悉的，历来的解释都是：学了以后，又时常温习和练习，不也高兴吗，等等。三句话，一句一个意思，前后句子也没有什么连贯性。但也有人认为这样解释不符合原义，指出这里的“学”不是指学习，而是指学说或主张；“时”不能解释为时常，而是时代或社会的意思，“习”不是温习，而是使用，引申为采用。而且，这三句话不是孤立的，而是前后相互连贯的。这三句的意思是：自己的学说，要是被社会采用了，那就太高兴了；退一步说，要是没有被社会所采用，可是很多朋友赞同我的学说，纷纷到我这里来讨论问题，我也感到快乐；再退一步说，即使社会不采用，人们也不理解我，我也不怨恨，这样做，不也就是君子吗？这种解释可以自圆其说，而且也有一定的道理，供读者在理解本章内容时参考。此外，在对“人不知，而不愠”一句的解释中，也有人认为，“人不知”的后面没有宾语，人家不知道什么呢？当时因为孔子有说话的特定环境，他不需要说出知道什么，别人就可以理解了，却给后人留下一个谜。有人说，这一句是接上一句说的，从远方来的朋友向我求教，我告诉他，他还不懂，我却不怨恨。这样，“人不知”就是“人家不知道我所讲述的”了。这样的解释似乎有些牵强。总之，本章提出以学习为乐事，做到人不知而不愠，反映出孔子学而不厌、诲人不倦、注重修养、严格要求自己的主张。这些思想主张在《论语》书中多处可见，有助于对第一章内容的深入了解。

2. 有子曰：“其为人也孝弟，而好犯上者，鲜矣；不好犯上，而好作乱者，未之有也。君子务本，本立而道生。孝弟也者，其为仁之本与？”

【译文】

有子说：“孝顺父母，顺从兄长，而喜好触犯上层统治者，这样的人是很少见的。不喜好触犯上层统治者，而喜好造反的人，是没有的。君子专心致力于根本的事务，根本建立了，治国做人的原则也就有了。孝顺父母、顺从兄长，这就是仁的根本啊！”

【评析】

有子认为，人们如果能够在家中对父母尽孝，对兄长顺服，那么他在外就可以对国家尽忠，忠以孝悌为前提，孝悌以忠为目的。儒家认为，在家中实行了孝悌，统治者内部就不会发生“犯上作乱”的事情；再把孝悌推广到民众中去，民众也会服从而不会造反，这样就可以维护国家和社会的安定。这里所提的孝悌是仁的根本，对于理解孔子以仁为核心的哲学、伦理思想非常重要。在春秋时代，周天子实行嫡长子继承制，其余庶子则分封为诸侯，诸侯以下也是如此。整个社会是从天子、诸侯到大夫这样一种政治结构，其基础是封建的宗法血缘关系，而孝悌说正反映了当时宗法制社会的道德要求。孝悌与社会的安定有直接关系。以孔子为代表的儒家看到了这一点，所以其全部思想主张都是由此出发的，从为人孝悌就不会发生犯上作乱之事这点上，说明孝悌即为仁的根本这个道理。自春秋战国以后的历代封建统治者和文人，都继承了孔子的孝悌说，主张“以孝治天下”，汉代即是一个显例。统治者把道德教化作为实行封建统治的重要手段，把老百姓禁锢在纲常名教、伦理道德的桎梏之中，对民众的道德观念和道德行为产生了极大影响，也对整个中国传统文化产生了深刻影响。孝悌说是为封建统治和宗法家族制度服务的，对此应有清醒的认识和分析判别，继承其合理的内容，充分发挥道德在社会安定方面所应有的作用。

3. 子曰：巧言令色，鲜矣仁。

【译文】

孔子说：“花言巧语，装出和颜悦色的样子，这种人的仁心就很少了。”

【评析】

上一章里提出，儒家学说的核心是仁，仁的表现之一就是孝与悌，这是从正面阐述什么是仁的问题。这一章，孔子讲仁的反面，即为花言巧语，工于辞令。儒家崇尚质朴，反对花言巧语；主张说话应谨慎小心，说到做到，先做后说；反对说话办事随心所欲，只说不做，停留在口头上。这表明，孔子和儒家注重人的实际行动，特别强调人应当言行一致，力戒空谈浮言，心口不一。这种踏实态度和质朴精神长期影响着中国人，成为中华传统思想文化中的精华内容。

4. 曾子曰：“吾日三省吾身。为人谋而不忠乎？与朋友交而不信乎？传不习乎？”

【译文】

曾子说："我每天多次反省自己，为别人办事是不是尽心竭力了呢？同朋友交往是不是做到诚实可信了呢？老师传授给我的学业是不是复习了呢？"

【评析】

儒家十分重视个人的道德修养，以求塑造理想人格。而本章所讲的自省，则是自我修养的基本方法。在春秋时代，社会变化十分剧烈，反映在意识领域中，即人们的思想信仰开始发生动摇，传统观念似乎已经在人们的头脑中出现危机。于是，曾参提出了"反省内求"的修养办法，不断检查自己的言行，使自己修养成完美的理想人格。《论语》书中多次谈到自省的问题，要求孔门弟子自觉地反省自己，进行自我批评，加强个人思想修养和道德修养，改正个人言行举止上的错误。这种自省的道德修养方式在今天仍有值得借鉴的地方，因为它特别强调进行修养的自觉性。在本章中，曾子还提出了"忠"和"信"的范畴。忠的特点是"办事尽力，死而后已"。如后来儒家所说的那样，"尽己之谓忠"。"为人谋而不忠乎？"是泛指对一切人，并非专指君主。就是指对包括君主在内的所有人，都尽力帮助。因此，"忠"在先秦是一般的道德范畴，不止用于君臣关系。至于汉代以后逐渐将"忠"字演化为"忠君"，这既与儒家的忠有关联，又有重要的区别。"信"的含义有二：一是信任，二是信用，其内容是诚实不欺，用来处理上下等级和朋友之间的关系，信特别与言论有关，表示说真话，说话算数。这是一个人立身处世的基石。

5. 子曰："道千乘之国，敬事而信，节用而爱人，使民以时。"

【译文】

孔子说："治理一个拥有一千辆兵车的国家，就要严谨认真地办理国家大事而又恪守信用，节约财政开支而又爱护官吏臣僚，役使百姓要不误农时。”

【评析】

孔子在本章中所说的话，主要是对执政者而言的，是关于治理国家的基本原则。他讲了三个方面的问题，即要求统治者严肃认真地办理国家各方面事务，恪守信用；节约用度，爱护官吏；役使百姓应注意不误农时。这是治国安邦的基本点。康有为说，孔子的学说是“爱人”，泛爱一切人。但本章里所说的“爱人”则非此意。他所说的“人”不是百姓，而是官吏，是有地位的人；而“民”才是百姓，是被统治者役使的对象。可见，“爱人”不是爱一切人，而只是爱统治集团中的人。“节用而爱人，使民以时”的思想是合理的，反映了孔子的社会思想。但这与“爱人”与否则无太大干系。从另一个角度说，孔子这里是为统治者治理国家、统治百姓出谋划策。鲁迅曾经指出：“孔夫子曾经计划过出色的治国的方法，但那都是为了治民众者，即权势者设想的方法，为民众本身的，却一点也没有。”（《且介亭杂文二集》）这是站在人民群众的立场上看待孔子治国方略的。因而颇具尖锐性。

6. 子曰：“弟子入则孝，出则弟，谨而信，泛爱众，而亲仁。行有余力，则以学文。”

【译文】

孔子说：“弟子们在父母跟前，就孝顺父母；出门在外，要顺从师长。言行要谨慎，要诚实可信，要广泛地去爱众人，亲近那些仁德的人。这样躬行实践之后，还有余力的话，就再去学习文献知识。”

【评析】

本篇第二章中曾提到孝悌的问题，本章再次提及这个问题。孔子要求弟子们首先要致力于孝悌、谨信、爱众、亲仁，培养良好的道德观念和道德行为，如果还有时间和余力，则用以学习古代典籍，增长文化知识。这表明，孔子的教育是以道德教育为中心的，重在培养学生的德行修养，而书本知识的学习则摆在第二位。事实上，历史上的任何阶级，教育都是为其政治服务的，尤其重视学生的道德品行和政治表现，把“德”排在“识”前面，这是阶级的需要。

7. 子夏曰：“贤贤易色；事父母，能竭其力；事君，能致其身；与朋友交，言而有信。虽曰未学，吾必谓之学矣。”

【译文】

子夏说：“一个人能够看重贤德而不以女色为重；侍奉父母，能够竭尽全力；服侍君主，能够贡献出自己的生命；同朋友交往，说话诚实恪守信用。这样的人，尽管他自己说没有学习过，我一定说他已经学习过了。”

【评析】

上一章有“行有余力，则以学文”一句。本章中子夏所说的这段话，实际是对上章的进一步发挥。子夏认为，一个人有没有学问，他的学问的好坏，主要不是看他的文化知识，而是要看他能不能实行“孝”“忠”“信”“仁”“文”等传统伦理道德。只要做到了这几点，即使他说自己没有学习过，但他已经是有道德修养的人了。将这一章与前一章联系起来阅读分析，就更容易看到孔子教育重在德行的基本特点。

8. 子曰：“君子，不重则不威，学则不固。主忠信。无友不如己者；过则勿惮改。”

【译文】

孔子说：“君子，不庄重就没有威严，学习也就不坚固了；要以忠信为主，不要同与自己不同道的人交朋友；有了过错，就不要怕改正。”

【评析】

本章中，孔子提出了君子应当具有的品德，主要包括庄重威严、认真学习、慎重交友、过而能改等。作为具有理想人格的君子，从外表上应当给人以庄重大方、威严深沉的形象，使人感到稳重可靠，可以付之重托。他重视学习，不自我封闭，善于结交朋友，而且有错必改。以上所提四条原则是相当重要的。作为具有高尚人格的君子，过则勿惮改就是对待错误和过失的正确态度，可以说，这一思想闪烁着真理光辉，反映出孔子理想中的完美品德，对于研究和理解孔子思想有重要意义。

9. 曾子曰：“慎终追远，民德归厚矣。”

【译文】

曾子说：“谨慎地对待父母的去世，追念久远的祖先，自然会使得老百姓日趋忠厚老实了。”

【评析】

孔子并不相信鬼神的存在，他说“敬鬼神而远之”，就证明了这一点。虽然他没有提出过人死之后有所谓灵魂的存在这种主张，但他却非常重视丧祭之礼。在孔子的观念中，祭祀已经被异化，不单是祭祀亡灵，而是把祭祀之礼看作一个人孝道的继续和表现，通过祭祀之礼，可以寄托和培养个人对父母和先祖尽孝的情感。因此，本章仍是继续深化“孝”这一道德观念和道德行为的内容。儒家重视孝的道德，是因为孝是忠的基础，一个不能对父母尽孝的人，是不可能为国尽忠的，所以忠是孝的延伸和外化。关于忠、孝的道德观念，在《论语》书中时常出现，表明儒家十分重视忠孝等伦理道德观念，希望把人塑造成有教养的忠孝两全的君子。

10. 子禽问于子贡曰："夫子至于是邦也，必闻其政，求之与，抑与之与？"子贡曰："夫子温、良、恭、俭、让以得之。夫子之求之也，其诸异乎人之求之与？"

【译文】

子禽问子贡说："老师到了一个国家，总是能听闻这个国家的政事。（这种资格）是他自己求得的呢，还是人家国君主动告诉他的呢？"子贡说："老师温良恭俭让，所以才得到这样的资格，（这种资格也可以说是求得的），但他求的方法，或许与别人的求法不同吧？"

【评析】

本章通过子禽与子贡两人的对话，把孔子的为人处世品格勾画出来。孔子之所以受到各国统治者的礼遇和器重，就在于孔子具备温和、善良、恭敬、俭朴、谦让的道德品格。例如，这五种道德品质中的"让"，在人格的塑造过程中，就起着十分重要的作用。"让"是在功名利权上先人后己，在职责义务上先己后人。让用之于外交如国事访问，也是合乎客观需要的一个重要条件。孔子就是因具有这种品格，所以每到一个国家，都受到国君的礼遇。孔子认为，好胜，争取名声；夸功，争取名利；争不到便怨恨别人，以及在名利上贪心不足，都不符合"让"的原则。据此可知，"让"这一基本原则形成社会风尚的可贵之处是：就人情而言，长谦让名利地位之风，人们就会学人所长而鉴人所短。前者可以导人于团结、亲睦、向善；后者则诱人嫉贤妒能。二者的社会效果截然相反。

11. 子曰：父在，观其志；父没，观其行；三年无改于父之道，可谓孝矣。"

【译文】

孔子说："当一个人父亲在世的时候，要观察他的志向；在他父亲死后，要观察他的行为；若是他对他父亲的合理部分长期不加改变，这样的人可以说是尽到孝道了。"

【评析】

这一章谈的仍然是有关"孝"的问题，把"孝"字具体化了。鲁迅曾经说过："只要思想未遭锢蔽的人，谁也喜欢子女比自己更强，更健康，更聪明高尚，更幸福；就是超越了自己，超越了过去。超越便须改变，所以子孙对于祖先的事，应该改变，'三年无改于父之道可谓孝矣'，当然是曲说，是退婴的病根。"（《坟》）宋儒所做的注说，如不能无改于父之道，所行虽善亦不得为孝。这样的判定原则，正如鲁迅所说的，是歪曲的。历史在发展，社会在前进，人们的思想观念，言行举止都不能总停留在过去的水平上，"青出于蓝而胜于蓝"，后代超过前代，这是历史的必然。

12. 有子曰："礼之用，和为贵。先王之道，斯为美。小大由之，有所不行。知和而和，不以礼节之，亦不可行也。"

【译文】

有子说："礼的应用，以和谐为贵。古代君主的治国方法，宝贵之处就在这里。但不论大事小事只顾按和谐的办法去做，有的时候就行不通。为和谐而和谐，不以礼来节制和谐，也是不可行的。"

【评析】

和是儒家所特别倡导的伦理、政治和社会原则。《礼记·中庸》写道："喜怒哀乐之未发谓之中，发而皆中节谓之和。"杨遇夫《论语疏证》写道:“事之中节者皆谓之和,不独喜怒哀乐之发一事也。……和今言适合,言恰当,言恰到好处。”孔子认为,礼的推行和应用要以和谐为贵。但是,凡事都要讲和谐,或者为和谐而和谐,不受礼的约束也是行不通的。这是说,既要遵守礼所规定的等级差别,相互之间又不要出现不和。孔子在本章提出的这个观点是有意义的。在奴隶社会,各等级之间的区分和对立是很严肃的,其界限丝毫不容紊乱。上一等级的人,以自己的礼仪显示其威风;下一等级的人,则怀着畏惧的心情唯命是从。但到春秋时代,这种社会关系开始破裂,臣弑君、子弑父的现象已属常见。对此,有子提出“和为贵”说,其目的是缓和不同等级之间的对立。但从理论上看待这个问题,我们又感到,有子既强调礼的运用以和为贵,又指出不能为和而和,要以礼节制之,可见儒家提倡的和并不是无原则的调和,是要有其合理性的。

13. 有子曰:“信近于义,言可复也;恭近于礼,远耻辱也;因不失其亲,亦可宗也。”

【译文】

有子说:“讲信用要符合于义,(符合于义的)话才能实行;恭敬要符合于礼,这样才能远离耻辱;所依靠的都是交情深的人,也就值得可靠了。”

【评析】

有子所讲的这段话,表明儒家对“信”和“恭”是十分看重的。“信”和“恭”都要以周礼为标准,不符合于礼的话绝不能讲,讲了就不是“信”的态度;不符合于礼的事绝不能做,做了就不是“恭”的态度。这是讲为人处世的基本态度。

14. 子曰："君子食无求饱，居无求安，敏于事而慎于言，就有道而正焉，可谓好学也已。"

【译文】

孔子说："君子，饮食不求饱足，居住不求舒适，对工作勤劳敏捷，说话却小心谨慎，到有道的人那里去匡正自己，这样可以说是好学了。"

【评析】

本章重点提到对于君子的道德要求。孔子认为，一个有道德的人，不应当过多地讲究自己的饮食与居处，他在工作方面应当勤劳敏捷，谨慎小心，而且能经常检讨自己，请有道德的人对自己的言行加以匡正。作为君子应该克制追求物质享受的欲望，把注意力放在塑造自己的道德品质方面，这是值得借鉴的。

15. 子贡曰："贫而无谄，富而无骄，何如？"子曰："可也。未若贫而乐，富而好礼者也。"子贡曰："《诗》云，'如切如磋！如琢如磨'，其斯之谓与？"子曰："赐也！始可与言《诗》已矣，告诸往而知来者。"

【译文】

子贡问："贫穷而不谄媚，富有而不骄傲自大，怎么样？"孔子说："这也算可以了。但是还不如虽贫穷却乐于道，虽富裕而又好礼之人。"子贡说："《诗》上说，'要像对待骨、角、象牙、玉石一样，切磋它，琢磨它'，就是讲的这个意思吧？"孔子说："赐呀，你能从我已经讲过的话中领会到我还没有说到的意思，举一反三，我可以同你谈论《诗》了。"

【评析】

孔子希望他的弟子以及所有的人，都能够达到贫而乐道、富而好礼这样的理想境界，因而在平时对弟子的教育中，就把这样的思想讲授给他们。贫而乐道，富而好礼，无论贫富都能各安其位，便可以保持社会的安定了。孔子对子贡比较满意，在这段对话中可以看出，子贡能独立思考、举一反三，因而得到孔子的赞扬。这是孔子教育思想中的一个显著特点。

16. 子曰："不患人之不己知，患不知人也。"

【译文】

孔子说："不怕别人不了解自己，只怕自己不了解别人。"

【评析】

这段话是孔子对自己学生所传授的为人处世之道。有的人解释说，这是孔子安贫乐道、不求名位的思想。这种解释可能不妥，不符合孔子一贯的主张。在孔子的观念中，学而优则仕，是一种积极入世的态度。这里的潜台词是：在了解别人的过程中，也使别人了解自己。

为政篇

共 24 章，本篇主要内容涉及孔子"为政以德"的思想、如何谋求官职和从政为官的基本原则、学习与思考的关系、孔子本人学习和修养的过程、温故而知新的学习方法，以及对孝、悌等道德范畴的进一步阐述。

1. 子曰："为政以德，譬如北辰，居其所而众星共之。"

【译文】

孔子说："以道德教化来处理政事，就会像北极星那样，自己居于一定的方位，而群星都会环绕在它的周围。”

【评析】

这段话传达了孔子的“为政以德”的思想，意思是说，统治者如果实行德治，群臣百姓就会自动围绕着他。这是强调道德对政治生活的决定作用，主张以道德教化为治国的原则。这一思想是孔子学说中较有价值的部分，表明儒家治国的基本原则是德治，而非严刑峻法。

2. 子曰：“诗三百，一言以蔽之，曰：‘思无邪。’”

【译文】

孔子说：“《诗经》三百篇，可以用一句话来概括它，就是‘思想纯正’。”

【评析】

孔子时代，可供学生阅读的书还不是很多，《诗经》经过孔子的整理加工以后，被用作教材。孔子对《诗经》有深入研究，他用“思无邪”来概括它。《论语》中解释《诗经》的话，都是按照“思无邪”这个原则而提出的。

3. 子曰：“道之以政，齐之以刑，民免而无耻；道之以德，齐之以礼，有耻且格。”

【译文】

孔子说：“用法制禁令去引导百姓，使用刑法来约束他们，老百姓只是求得免于犯罪受惩，却失去了廉耻之心；用道德教化引导百姓，用礼制统一百姓的言行，百姓不仅会有羞耻之心，而且守规矩。”

【评析】

在本章中，孔子举出两种截然不同的治国方针。孔子认为，刑罚只能使人避免犯罪，不能使人懂得犯罪可耻的道理，而道德教化比刑罚要高明得多，既能使百姓守规蹈矩，又能使百姓有知耻之心。这反映了道德在治理国家时不同于法治的特点。但也应指出，孔子的“为政以德”思想，重视道德是正确的，却忽视了刑政、法制在治理国家中的作用。

4. 子曰：“吾十有五而志于学，三十而立，四十而不惑，五十而知天命，六十而耳顺，七十而从心所欲不逾矩。”

【译文】

孔子说：“我十五岁立志于学习，三十岁能够自立，四十岁能不被外界事物所迷惑，五十岁懂得了天命，六十岁能正确对待各种言论，不觉得不顺，七十岁能随心所欲而不越出规矩。”

【评析】

在本章里，孔子自述了他学习和修养的过程。这是一个随着年龄的增长，思想境界逐步提高的过程。就思想境界来讲，整个过程分为三个阶段：十五岁到四十岁是学习领会的阶段；五十、六十岁是安心立命的阶段，也就是不受环境左右的阶段；七十岁是主观意识和做人的规则融合的阶段。在这个阶段中，道德修养达到了最高的境界。孔子的道德修养过程，有合理因素：第一，他看到了人的道德修养不是一朝一夕的事，要经过长时间的学习和锻炼，是一个循序渐进的过程。第二，道德的最高境界是思想和言行的融合，自觉地遵守道德规范，而不是勉强去做。这两点对任何人，都是适用的。

5. 孟懿子问孝，子曰：“无违。”樊迟御，子告之曰：“孟孙问孝于我，我对曰无违。”樊迟曰：“何谓也。”子曰：“生，事之以礼；死，葬之以礼，祭之以礼。”

【译文】

孟懿子问什么是孝，孔子说：“孝就是不要违背礼。”后来樊迟给孔子驾车，孔子告诉他：“孟孙问我什么是孝，我回答他说不要违背礼。”樊迟说：“不要违背礼是什么意思呢？”孔子说：“父母活着的时候，要按礼侍奉他们；父母去世后，要按礼埋葬他们、祭祀他们。”

【评析】

孔子极其重视孝，要求人们对自己的父母尽孝道，无论他们在世或去世，都应如此。但这里着重讲的是，尽孝时不应违背礼的规定，否则就不是真正的孝。可见，孝不是空泛的、随意的，必须符合礼的规定，依礼而行才是孝。

6. 孟武伯问孝，子曰：“父母唯其疾之忧。”

【译文】

孟武伯向孔子请教孝道。孔子说：“做父母，只因孝子的疾病而忧愁，这样就可以算是尽孝了。”

【评析】

本章是孔子对孟武伯问孝的答案。马融：“言孝子不妄为非，唯有疾病然后使父母忧耳。”

7. 子游问孝，子曰："今之孝者，是谓能养。至于犬马，皆能有养，不敬，何以别乎？"

【译文】

子游问什么是孝，孔子说："如今所谓的孝，只是说能够赡养父母便足够了。然而，就是犬马都能够得到饲养。如果不心存严肃地孝敬父母，那么赡养父母与饲养犬马又有什么区别呢？"

【评析】

本篇还是谈论孝的问题。对于"至于犬马，皆能有养"一句，历来也有不同的解释。一是说狗守门、马拉车驮物，也能侍奉人；二是说犬马也能得到人的饲养。本文采用后一种说法，因为此说比较妥帖。

8. 子夏问孝，子曰："色难。有事，弟子服其劳；有酒食，先生馔，曾是以为孝乎？"

【译文】

子夏问什么是孝，孔子说："（当子女的要尽到孝），最不容易的就是对父母和颜悦色，仅仅是有了事情，儿女需要替父母去做；有了酒饭，让父母吃，难道这样就可以算是孝了吗？"（"色难"二字，《礼记·祭义篇》："孝子之有深爱者必有和气，有和气者必有愉色，有愉色者必有婉容。"）

【评析】

本篇的第5、6、7、8章，都是孔子谈论有关孝的问题。孔子所提倡的孝，体现在各个方面和各个层次，反映了宗法制度的需要，适应了当时社会的需要。一个共同的思想，就是不仅要从形式上按周礼的原则侍奉父母，而且要从内心深处真正地孝敬父母。

9. 子曰："吾与回言终日，不违，如愚。退而省其私，亦足以发，回也不愚。"

【译文】

孔子说："我整天给颜回讲学，他从来不提反对意见和疑问，像个蠢人。等他退下之后，我考察他私下的言论，发现他对我所讲授的内容有所发挥，可见颜回其实并不蠢。"

【评析】

这一章讲孔子的教育思想和方法。他不满意那种"终日不违"，从来不提相反意见和问题的学生，希望学生在接受教育的时候，要开动脑筋，思考问题，对老师所讲的问题应当有所发挥。所以，他认为不思考问题，不提不同意见的人，是蠢人。

10. 子曰："视其所以，观其所由，察其所安，人焉廋哉？人焉廋哉？"

【译文】

孔子说："（要了解一个人），应看他言行的动机，观察他所走的道路，考察他安心干什么，这样，这个人怎样能隐藏得了呢？这个人怎样能隐藏得了呢？"

【评析】

本文主要讲如何了解别人的问题。孔子认为，对人应当听其言而观其行，还要看他做事的心境，从他的言论、行动到他的内心，全面了解观察一个人，那么这个人就没有什么可以隐藏得了的。

11. 子曰："温故而知新，可以为师矣。"

【译文】

孔子说："在温习旧知识时，能有新体会、新发现，就可以当老师了。"

【评析】

"温故而知新"是孔子对我国教育学的重大贡献之一，他认为，不断温习所学过的知识，从而可以获得新知识。这一学习方法不仅在封建时代有其价值，在今天也有不可否认的适应性。人们的新知识、新学问往往都是在过去所学知识的基础上发展而来的。因此，温故而知新是一个十分可行的学习方法，做到月无忘其所能、日知其所亡。

12. 子曰："君子不器。"

【译文】

孔子说："君子不像器具那样（只有某一方面的用途）。"

【评析】

君子是孔子心目中具有理想人格的人，非凡夫俗子，他应该担负起治国安邦之重任，对内可以妥善处理各种政务，对外能够应对四方，不辱君命。所以，孔子说，君子应当博学多识，具有多方面才干，不只局限于某个方面。"一事之不知，儒者之耻"，要通观全局、领导全局，这种思想在今天仍有可取之处。

13. 子贡问君子。子曰："先行其言而后从之。"

【译文】

子贡问怎样做一个君子。孔子说："对于你要说的话，先实行了，再说出来，（这就可以说是一个君子了）。"

【评析】

做一个有道德修养、博学多识的君子，这是孔子弟子们孜孜以求的目标。孔子认为，作为君子，不能只说不做，而应先做后说。只有先做后说，才可以取信于人。

14. 子曰："君子周而不比，小人比而不周。"

【译文】

孔子说："君子讲团结而不与人勾结，小人与人勾结而不团结。"

【评析】

孔子在这一章中提出君子与小人的区别点之一，就是小人结党营私，互相勾结，不讲道义；而君子则不同，他胸怀广阔，与众人讲道义团结，这种思想在今天仍不失其积极意义。

15. 子曰："学而不思则罔，思而不学则殆。"

【译文】

孔子说："只读书学习，而不思考问题，就会惘然无知而没有收获；只空想而不读书学习，就会疑惑而不能肯定。"

【评析】

孔子认为，在学习的过程中，学和思不能偏废。他指出了学而不思的局限，也道出了思而不学的弊端，主张学与思相结合。只有将学与思相结合，才可以使自己成为有道德、有学识的人。这种思想在今天的教育活动中有其值得肯定的价值。

16. 子曰："攻乎异端，斯害也已。"

【译文】

孔子说："攻击那些不正确的言论，祸害就可以消除了。"

17. 子曰："由，诲女，知之乎？知之为知之，不知为不知，是知也。"

【译文】

孔子说："由，我教给你对待知与不知的态度，你明白了吗？知道的就是知道，不知道就是不知道，这就是智慧啊！"

【评析】

本章里孔子说出了一个深刻的道理："知之为知之，不知为不知，是知也。"对于文化知识和其他社会知识，人们应当虚心学习、刻苦学习，尽可能多地加以掌握。但人的知识再丰富，总有不懂的问题。那么，就应当有实事求是的态度。只有这样，才能学到更多的知识。

18. 子张学干禄，子曰："多闻阙疑，慎言其余，则寡尤；多见阙殆，慎行其余，则寡悔。言寡尤，行寡悔，禄在其中矣。"

【译文】

子张要学谋取官职的方法。孔子说："要多听，有怀疑的地方先放在一旁不说，其余有把握的，也要谨慎地说出来，这样就可以少犯错误；

要多看，有怀疑的地方先放在一旁不做，其余有把握的，也要谨慎地去做，就能减少后悔。说话少过失，做事少后悔，官职俸禄就在这里了。”

【评析】

孔子并不反对他的学生谋求官职，在《论语》中还有“学而优则仕”的观念。他认为，身居官位者，应当谨言慎行，说有把握的话，做有把握的事，这样可以减少失误，减少后悔，这是对国家、对个人负责任的态度。当然这里所说的，并不仅仅是一个为官的方法，也表明了孔子在知与行二者关系问题上的观念，是对上一章“知之为知之”的进一步解说。

19. 哀公问曰：“何为则民服？”孔子对曰：“举直错诸枉，则民服；举枉错诸直，则民不服。”

【译文】

鲁哀公问：“怎样才能使百姓服从呢？”孔子回答说：“把正直无私的人提拔起来，把邪恶不正的人置于一旁，老百姓就会服从了；把邪恶不正的人提拔起来，把正直无私的人置于一旁，老百姓就不会服从统治了。”

【评析】

亲君子，远小人，这是孔子一贯的主张。在选用人才的问题上仍是如此。荐举贤才、选贤用能，这是孔子德治思想的重要组成部分。宗法制度下的选官用吏，唯亲是举，非亲非故者即使再有才干，也不会被选用。孔子的这种用人思想在当时是一大进步。“任人唯贤”的思想，在今天仍不失其珍贵的价值。

20. 季康子问："使民敬、忠以劝，如之何？" 子曰："临之以庄，则敬；孝慈，则忠；举善而教不能，则劝。"

【译文】

季康子问道："要使老百姓对当政的人尊敬、尽忠而努力干活，该怎样去做呢？" 孔子说："你用严肃认真的态度对待老百姓，他们就会尊敬你；你对父母孝顺、对子弟慈祥，百姓就会尽忠于你；你选用善良的人，又教育能力差的人，百姓就会互相勉励，加倍努力了。"

【评析】

本章内容还是在谈如何从政的问题。孔子主张"礼治""德治"，这不单单是针对老百姓的，对于当政者仍是如此。当政者本人应当庄重严谨、孝顺慈祥，老百姓就会对当政的人尊敬、尽忠又努力干活。

21. 或谓孔子曰："子奚不为政？" 子曰："《书》云：'孝乎惟孝，友于兄弟。'施于有政，是亦为政，奚其为为政？"

【译文】

有人对孔子说："你为什么不从事政治呢？" 孔子回答说："《尚书》上说：'孝就是孝敬父母，友爱兄弟。'把这孝悌的道理施于政事，也就是从事政治，又要怎样才能算是为政呢？"

【评析】

这一章反映了孔子两方面的思想主张。其一，国家政治以孝为本，孝父友兄的人才有资格担任国家的官职。说明了孔子"德治"的思想主张。其二，孔子从事教育，不仅是教授学生，而且是通过对学生的教育，间接参与国家政治，这是他教育思想的实质，也是他为政的一种形式。

22. 子曰："人而无信，不知其可也。大车无輗（ní），小车无軏，其何以行之哉？"

【译文】

孔子说："一个人不讲信用，是根本不行的。就好像大车没有安置輗，小车没有安置軏一样，它靠什么行走呢？"

【评析】

信，是儒家传统伦理准则之一。孔子认为，信是人立身处世的基点。在《论语》书中，信的含义有两种：一是信任，即取得别人的信任，二是对人讲信用。在后面的《子张》《阳货》《子路》等篇中，都提到信。

23. 子张问："十世可知也？"子曰："殷因于夏礼，所损益可知也；周因于殷礼，所损益可知也。其或继周者，虽百世，可知也。"

【译文】

子张问孔子："今后十代（的礼仪制度）可以预先知道吗？"孔子回答说："商朝继承了夏朝的礼仪制度，所减少和所增加的内容是可以知道的；周朝又继承商朝的礼仪制度，所废除的和所增加的内容也是可以知道的。将来有继承周朝的，就是一百代以后的情况，也是可以预先知道的。"

【评析】

本章中孔子提出一个重要概念：损益。它的含义是增减、兴革。即对前代典章制度、礼仪规范等有继承、沿袭，也有改革、变通。这表明，孔子本人并不是顽固保守派，并不一定要回到周公时代，他也不反对所有的改革。当然，他的损益程度是受限制的，是以不改变周礼的基本性质为前提的。

24. 子曰："非其鬼而祭之，谄也。见义不为，无勇也。"

【译文】

孔子说："不是你应该祭的鬼神，你却去祭它，这就是谄媚。见到应该挺身而出的事情，却袖手旁观，就是怯懦。"

【评析】

在本章中，孔子又提出"义"和"勇"的概念，这都是儒家有关塑造高尚人格的规范。《论语集解》注："义，所宜为。"符合于仁、礼要求的，就是义。"勇"，就是果敢，勇敢。孔子把"勇"作为实行"仁"的条件之一，"勇"，必须符合"仁、义、礼、智"，才算是勇，否则就是"乱"。

八佾篇

共26章，本篇主要内容涉及"礼"的问题，主张维护礼在制度上、礼节上的种种规定；孔子提出"绘事后素"的命题，表达了他的伦理思想以及"君使臣以礼，臣事君以忠"的政治道德主张。本篇重点讨论如何维护"礼"的问题。

1. 孔子谓季氏，"八佾舞于庭，是可忍也，孰不可忍也！"

【译文】

孔子谈到季氏，说："他用六十四人在自己的庭院中奏乐舞蹈，这样的事他都敢去做，还有什么事情不敢做出来呢？"

【评析】

春秋末期，奴隶制社会处于土崩瓦解、礼崩乐坏的过程中，违犯周礼、犯上作乱的事情不断发生，这是封建制代替奴隶制过程中的必然表现。季孙氏用八佾舞于庭院，是典型的破坏周礼的行为。对此，孔子表现出极大的愤慨，“是可忍，孰不可忍”一句，反映了孔子对此事的基本态度。周礼规定天子八佾、诸侯六佾、大夫四佾。

2. 三家者以《雍》彻。子曰：“‘相维辟公，天子穆穆’，奚取于三家之堂？”

【译文】

孟孙氏、叔孙氏、季孙氏三家在祭祖完毕撤去祭品时，也命乐工唱《雍》这篇诗。孔子说：“（《雍》诗上这两句）‘助祭的是诸侯，天子严肃静穆地在那里主祭。’这样的意思，怎么能用在这三家的庙堂里呢？”

【评析】

本章与前一章都是谈鲁国当政者违“礼”的事件。对于这些越礼犯上的举动，孔子表现得极为愤慨，天子有天子之礼，诸侯有诸侯之礼，各守其礼，才可以使天下安定。因此，“礼”是孔子政治思想体系中的重要范畴。

3. 子曰：“人而不仁，如礼何？人而不仁，如乐何？”

【译文】

孔子说：“一个人没有仁德，他怎么能实行礼呢？一个人没有仁德，他怎么能运用乐呢？”

【评析】

乐是表达人们思想情感的一种形式，在古代，它也是礼的一部分。礼与乐都是外在的表现，而仁则是人们内心的道德情感和要求，所以礼乐必须反映人们的仁德。这里，孔子就把礼、乐与仁紧密联系起来，认为没有仁德的人，根本不能谈论礼、乐的问题。

4. 林放问礼之本。子曰：“大哉问！礼，与其奢也，宁俭；丧，与其易也，宁戚。”

【译文】

林放问什么是礼的根本。孔子回答说：“你问的问题意义重大啊！就礼节仪式的一般情况而言，与其奢侈，不如节俭；就丧事而言，与其仪式周备，不如内心真正哀伤。”《礼记》：“丧礼，与其哀不足而礼有余，不若礼不足而哀有余也。”

【评析】

本章记载了鲁人林放向孔子问礼的对话。他问的是：礼的根本究竟是什么。孔子在这里似乎没有正面回答，但仔细琢磨，孔子还是明确解答了礼之根本的问题。这就是，礼节仪式只是表达礼的一种形式，但根本不在形式而在内心。不能只停留在表面仪式上，更重要的是要从内心和感情上体悟礼的根本，符合礼的要求。

5. 子曰：“夷狄之有君，不如诸夏之亡也。”

【译文】

孔子说：“夷狄（文化落后）虽然有君主，还不如中原诸国没有君主呢。”

【评析】

孔子的思想里有强烈的“夷夏观”，以后又逐渐形成“夷夏之防”的传统观念。在他看来，“诸夏”有礼乐文明的传统，这是好的，即使“诸夏”没有君主，也比虽有君主但没有礼乐的“夷狄”要好。这种观念是大汉族主义的源头。

6. 季氏旅于泰山，子谓冉有曰：“女弗能救与？”对曰：“不能。”子曰：“呜呼！曾谓泰山不如林放乎？”

【译文】

季孙氏去祭祀泰山。孔子对冉有说：“你难道不能劝阻他吗？”冉有说：“不能。”孔子说：“唉！难道说泰山神还不如林放知礼吗？”

【评析】

祭祀泰山是天子和诸侯的专权，季孙氏只是鲁国的大夫，竟然也去祭祀泰山，所以孔子认为这是“僭礼”行径。此章仍是谈论礼的问题。

7. 子曰：“君子无所争，必也射乎！揖让而升，下而饮，其争也君子。”

【译文】

孔子说：“君子没有什么可争的事情。如果有的话，那就是射箭比赛了。比赛时，先相互作揖谦让，上场射完后，又相互作揖再退下来，然后登堂喝酒。这就是君子之争。”

【评析】

孔子在这里所说的“君子无所争”，即使要争，也是彬彬有礼地争，这反映了儒家思想的一个重要特点，即强调谦逊礼让而鄙视无礼的、不公正的竞争，这是可取的。但过于强调谦逊礼让，以至于把它与正当的竞争对立起来，就会抑制人们积极进取、勇于开拓的精神，成为社会发展的道德阻力。

8. 子夏问曰：“‘巧笑倩兮，美目盼兮，素以为绚兮。’何谓也？”子曰：“绘事后素。”曰：“礼后乎？”子曰：“起予者商也，始可与言《诗》已矣。”

【译文】

子夏问孔子：“‘笑得真好看啊，美丽的眼睛真明亮啊，用素粉来打扮。’这几句话是什么意思呢？”孔子说：“这是说先有白底然后画画。”子夏又问：“那么，是不是说礼也是在仁之后产生的呢？”孔子说：“商，你真是能启发我的人，现在可以同你讨论《诗经》了。”

【评析】

子夏从孔子所讲的“绘事后素”中，领悟到仁先礼后的道理，受到孔子的称赞。就伦理学说，这里的礼指对行为起约束作用的外在形式，即礼节仪式；素指行礼的内心情操。礼后于什么情操？孔子没有直说，但一般认为是后于仁的道德情操。孔子认为，外表的礼节仪式同内心的情操应是统一的，如同绘画一样，质地不洁白，不会画出丰富多彩的图案。

9. 子曰：“夏礼，吾能言之，杞不足征也；殷礼，吾能言之，宋不足征也。文献不足故也。足，则吾能征之矣。”

【译文】

孔子说：“夏朝的礼，我能说出来，它的后代杞国不足以证明我的话；殷朝的礼，我能说出来，它的后代宋国不足以证明我的话。这都是历史文件和熟悉历史资料的贤者不够的缘故。如果足够的话，我就可以得到证明了。”

【评析】

这一段话表明两个问题。孔子对夏商周代的礼仪制度等非常熟悉，他希望人们都能恪守礼的规范，可惜当时僭礼的人实在太多了。其次，他认为对夏商周之礼的说明，要靠足够的历史典籍贤人来证明，也反映了他对知识的求实态度。

10. 子曰："禘（dì）自既灌而往者，吾不欲观之矣。"

【译文】

孔子说："对于行禘礼的仪式，从第一次献酒以后，我就不愿意看了。"

【评析】

在孔子看来，一个人的等级名分，不仅活着的时候不能改变，死后也不能改变。生时是贵者、尊者，死后其亡灵也是尊者、贵者。这里，他对行禘礼的议论，反映出当时礼崩乐坏的状况，也表示了他对现状的不满。

11. 或问禘之说，子曰："不知也。知其说者之于天下也，其如示诸斯乎！"指其掌。

【译文】

有人问孔子关于举行禘祭的讲法。孔子说："我不知道。知道这种规定的人，对治理天下的事，就会像把这东西摆在这里一样（容易）吧！"孔子指着他的手掌。

【评析】

孔子认为，在鲁国的禘祭中，名分颠倒，不值得一看。所以有人问他关于禘祭的规定时，他故意说不知道。但紧接着又说，谁能懂得禘祭的道理，治天下就容易了。这就是说，谁懂得禘祭的规定，谁就可以恢复紊乱的“礼”了。

12. 祭如在，祭神如神在。子曰：“吾不与祭，如不祭。”

【译文】

祭祀祖先就像祖先真在面前，祭神就像神真在面前。孔子说：“我如果不亲自参加祭祀，那就和没有举行祭祀一样。”

【评析】

孔子并不过多提及鬼神之事，如他所说：“敬鬼神而远之。”所以，这一章他说祭祖先、祭鬼神，就好像祖先、鬼神真在面前一样，并非认为鬼神真的存在，而是强调参加祭祀的人，应当在内心有虔诚的情感。这样看来，孔子主张进行的祭祀活动主要是道德的而不是宗教的。

13. 王孙贾问曰：“与其媚于奥，宁媚于灶，何谓也？”子曰：“不然。获罪于天，无所祷也。”

【译文】

王孙贾问道：“与其奉承家神（暗指卫灵公），不如奉承灶神（暗指朝中大臣）。这话是什么意思？”孔子说：“不是这样的。如果得罪了天，那就没有地方可以祷告了。”

【评析】

从表面上看，孔子似乎回答了王孙贾的有关拜神的问题，实际上讲出了一个深奥的道理，为地方官或君主都要为百姓而谋。

14. 子曰：“周监于二代，郁郁乎文哉！吾从周。”

【译文】

孔子说：“周朝的礼仪制度借鉴于夏、商二代，是多么丰富多彩呀！我遵从周朝的制度。”

【评析】

孔子对夏商周的礼仪制度等有深入研究，他认为，历史是不能割断的，后一个王朝对前一个王朝必然有承继，有沿袭。遵从周礼，这是孔子的基本态度，但这不是绝对的。在前面的篇章里，孔子就提出对夏、商、周的礼仪制度都应有所损益。

15. 子入太庙，每事问。或曰：“孰谓鄹人之子知礼乎？入太庙，每事问。”子闻之，曰：“是礼也。”

【译文】

孔子到了太庙，每件事都要问。有人说：“谁说此人懂得礼呀，他到了太庙里，什么事都要问别人。”孔子听到此话后说：“这就是礼呀！”

【评析】

孔子对周礼十分熟悉。他来到祭祀周公的太庙里却每件事都要问别人。所以，有人就对他是否真的懂礼表示怀疑。这一段说明孔子并不以“礼”学专家自居，而是有虚心向人请教的品格，同时也说明孔子对周礼的恭敬态度。

16. 子曰："射不主皮，为力不同科，古之道也。"

【译文】

孔子说："比赛射箭，不在于穿透靶子，因为各人的力气大小不同。自古以来就是这样。"

【评析】

"射"是周代贵族经常举行的一种礼节仪式，属于周礼的内容之一。孔子在这里所讲的射箭，只不过是一种比喻，意思是说，只要肯学习有关礼的规定，不管学到什么程度，都是值得肯定的。

17. 子贡欲去告朔之饩（xì）羊。子曰："赐也！尔爱其羊，我爱其礼。"

【译文】

子贡提出免去每月初一日告祭祖庙用的活羊。孔子说："赐，你爱惜那只羊，我却爱惜那种礼。"

【评析】

按照周礼的规定，周天子每年秋冬之际，就把第二年的历书颁给诸侯，诸侯把历书放在祖庙里，并按照历书规定每月初一日来到祖庙，杀一只活羊祭庙，表示每月听政的开始。当时，鲁国君主已不亲自去"告朔"，"告朔"已经成为形式。所以，子贡提出去掉"饩羊"。对此，孔子大为不满，对子贡加以指责，表明了孔子维护礼制的立场。

18. 子曰："事君尽礼，人以为谄也。"

【译文】

孔子说:“我完完全全按照周礼的规定去侍奉君主,别人却以为这是谄媚呢。”

【评析】

孔子一生要求自己严格按照周礼的规定侍奉君主,这是他的政治伦理信念。但却受到别人的讥讽,认为他是在向君主谄媚。这表明,当时的君臣关系已经遭到破坏,已经没有多少人再重视君臣之礼了。

19. 定公问:“君使臣,臣事君,如之何?”孔子对曰:“君使臣以礼,臣事君以忠。”

【译文】

鲁定公问孔子:“君主怎样使唤臣下,臣子怎样侍奉君主呢?”孔子回答说:“君主应该按照礼的要求去使唤臣子,臣子应该以忠来侍奉君主。”

【评析】

“君使臣以礼,臣事君以忠”,这是孔子君臣之礼的主要内容。只要做到这一点,君臣之间就会和谐相处。从本章的语言环境来看,孔子还是侧重于对君的要求,强调君应依礼待臣。

20. 子曰:“《关雎》,乐而不淫,哀而不伤。”

【译文】

孔子说:“《关雎》这篇诗,快乐而不放荡,忧愁而不哀伤。”

【评析】

孔子对《关雎》的这个评价,体现了他的“思无邪”的艺术观。《关雎》是写男女爱情、祝贺婚礼的诗，与“思无邪”本不相干，但孔子却从中认识到“乐而不淫，哀而不伤”的中庸思想，认为无论哀与乐都不可过分，有其可贵的价值。

21. 哀公问社于宰我，宰我对曰：“夏后氏以松，殷人以柏，周人以栗，曰：使民战栗。”子闻之，曰：“成事不说，遂事不谏，既往不咎。”

【译文】

鲁哀公问宰我，土地神的神主应该用什么树木，宰我回答：“夏朝用松树，商朝用柏树，周朝用栗子树。用栗子树的意思是说：使老百姓战栗。”孔子听到后说：“已经做过的事不用提了，已经完成的事不用再去劝阻了，已经过去的事也不必再追究了。”

【评析】

古时立国都要建立祭祀土地神的庙，选用宜于当地生长的树木做土地神的牌位。宰我回答鲁哀公说，周朝用栗木做社主是为了“使民战栗”，孔子就不高兴了，因为宰我在这里讥讽了周天子，所以说了这一段话。

22. 子曰：“管仲之器小哉！”或曰：“管仲俭乎？”曰：“管氏有三归，官事不摄，焉得俭？”“然则管仲知礼乎？”曰：“邦君树塞门，管氏亦树塞门；邦君为两君之好，有反坫，管氏亦有反坫。管氏而知礼，孰不知礼？”

【译文】

孔子说：“管仲这个人的器量真是狭小呀！”有人说：“管仲节俭吗？”孔子说：“他有大量的市租，他家里的管事都不用兼任，怎么谈得上节俭呢？”那人又问：“那么管仲知礼吗？”孔子回答：“国君大门口设立照壁，管仲在大门口也设立照壁；国君同别国国君会见时在堂上有放酒杯的台子，管仲也有这样的台子。如果说管仲知礼，那么还有谁不知礼呢？”

【评析】

在《论语》中，孔子对管子曾有数处评价。这里，孔子指出管仲一不节俭，二不知礼，对他的所作所为进行批评，出发点也是儒家一贯倡导的“节俭”和“礼制”。在另外的篇章里，孔子也有对管仲的肯定性评价。

23. 子语鲁大师乐，曰：“乐其可知也：始作，翕如也；从之，纯如也，皦如也，绎如也，以成。”

【译文】

孔子对鲁国乐官谈论演奏音乐的道理说：“奏乐的道理是可以知道的：开始演奏，各种乐器合奏，声音繁美；继续下去，悠扬悦耳，音节分明，连续不断，最后完成。”

【评析】

孔子对学生的教育内容极为丰富和全面，乐理就是其中之一。这一章反映了孔子的音乐思想和音乐欣赏水平。

24. 仪封人请见，曰：“君子之至于斯也，吾未尝不得见也。”从者见之。出曰：“二三子何患于丧乎？天下之无道也久矣，天将以夫子为木铎。”

【译文】

仪这个地方的长官求见孔子，他说：“凡是君子到这里来，我从没有见不到的。”跟从孔子的学生引他去见了孔子。他出来后说：“你们几位何必为没有官位而发愁呢？天下无道已经很久了，上天将以孔夫子为圣人来号令天下。”

【评析】

孔子在他所处的那个时代，已经是十分有影响的人，尤其是在礼制方面，信服孔子的人很多，仪封人便是其中之一。他在见孔子之后，就认为上天将以孔夫子为圣人号令天下，可见对孔子是佩服至极了。

25. 子谓韶："尽美矣，又尽善也。"谓武："尽美矣，未尽善也。"

【译文】

孔子讲到"韶"这一乐舞时说："艺术形式美极了，内容也很好。"谈到"武"这一乐舞时说："艺术形式很美，但内容却差一些。"

【评析】

孔子在这里谈到对艺术的评价问题。他很重视艺术形式的美，更注意艺术内容的善。这是有明显政治标准的，不单是娱乐问题。

26. 子曰："居上不宽，为礼不敬，临丧不哀，吾何以观之哉？"

【译文】

孔子说："居于统治地位的人，不能宽厚待人，行礼的时候不严肃，参加丧礼时也不悲哀，这种情况我怎么能看得下去呢？"

【评析】

孔子主张实行"德治""礼治"，这首先提出了对当政者的道德要求。倘为官执政者做不到"礼"所要求的那样，自身的道德修养不够，那这个国家就无法得到治理。当时礼崩乐坏的局面，已经使孔子感到不能容忍了。

里仁篇

本篇包括26章，主要内容涉及义与利的关系问题、个人的道德修养问题、孝敬父母的问题以及君子与小人的区别。这一篇包括了儒家的若干重要范畴、原则和理论，对后世都产生了较大影响。

1. 子曰："里仁为美，择不处仁，焉得知？"

【译文】

孔子说："跟有仁德的人住在一起，才是好的。如果你选择的住处不是跟有仁德的人在一起，怎么能说你是明智的呢？"

【评析】

每个人的道德修养既是个人自身的事，又必然与所处的外界环境有关。重视居住的环境，重视对朋友的选择，这是儒家一贯注重的问题。近朱者赤、近墨者黑，与有仁德的人住在一起，耳濡目染，会受到仁德者的影响；反之，就不大可能养成仁的情操。

2. 子曰："不仁者不可以久处约，不可以长处乐。仁者安仁，知者利仁。"

【译文】

孔子说："没有仁德的人不能长久地处在贫困中，也不能长久地处在安乐中。仁人是安于仁道的，有智慧的人则是知道仁德对自己长期有利，他便实行仁德。

【评析】

在这章中，孔子认为，没有仁德的人不可能长久地处在贫困或安乐之中，否则，他们就会为非作乱或者骄奢淫逸。只有仁者安于仁，智者也会行仁。这种思想是希望人们注意个人的道德操守，在任何环境下都矢志不移，保持气节。

3. 子曰："唯仁者能好人，能恶人。"

【译文】

孔子说："只有那些有仁德的人，才能爱人和恨人。"

【评析】

儒家在讲"仁"的时候，不仅是说要"爱人"，而且还有"恨人"一方面。当然，孔子在这里没有说到要爱什么人，恨什么人，但有爱则必然有恨，二者是相对立而存在的。只要做到了"仁"，就必然会有正确的爱和恨。

4. 子曰："苟志于仁矣，无恶也。"

【译文】

孔子说："如果立志于仁，就不会做坏事了。"

【评析】

这是紧接上一章而言的。只要养成了仁德，那就不会去做坏事，即不会犯上作乱、为非作恶，也不会骄奢淫逸、随心所欲，而是可以做有益于国家、有利于百姓的善事了。

5. 子曰："富与贵，是人之所欲也，不以其道得之，不处也；贫与贱，是人之所恶也，不以其道得之，不去也。君子去仁，恶乎成名？君子无终食之间违仁，造次必于是，颠沛必于是。"

【译文】

孔子说："富裕和显贵是人人都想要得到的，但不是用正当的方法得到，就不会去享受；贫穷与低贱是人人都厌恶的，但不是用正当的方法抛掉，就不会去摆脱。君子如果离开了仁德，又怎么能叫君子呢？君子没有一顿饭的时间是背离仁德的，即使在最紧迫的时刻，在颠沛流离的时候，也一定会按仁德去办事的。"

【评析】

这一章反映了孔子的理欲观。以往的孔子研究中往往忽略了这一段内容，似乎孔子主张人们只要仁、义，不要利、欲。事实上并非如此。任何人都不会甘愿过贫穷困顿、流离失所的生活，都希望得到富贵安逸。但这必须通过正当的手段和途径去获取，否则宁守清贫而不去享受富贵。这种观念在今天仍有不可低估的价值，这一章值得研究者们仔细推敲。

6. 子曰："我未见好仁者，恶不仁者。好仁者，无以尚之；恶不仁者，其为仁矣，不使不仁者加乎其身。有能一日用其力于仁矣乎？我未见力不足者。盖有之矣，我未之见也。"

【译文】

孔子说："我没有见过爱好仁德的人，也没有见过厌恶不仁的人。爱好仁德的人，是再好不过的了；厌恶不仁的人，在实行仁德的时候，只是不让不仁德的人影响自己。有能一天把自己的力量用在实行仁德上的人吗？我还没有看见力量不够的。这种人可能还是有的，但我没见过。"

【评析】

孔子特别强调个人道德修养，尤其是养成仁德的情操。但当时动荡的社会中，爱好仁德的人已经不多了，所以孔子说他没有见到。但孔子认为，对仁德的修养，主要还是要靠个人自觉的努力，经过个人的努力，是可以达到仁的境界的。

7. 子曰："人之过也，各于其党。观过，斯知仁矣。"

【译文】

孔子说："人们的错误，总是与他那个团体的人所犯错误是一样的。所以，考察一个人所犯的错误，就可以知道他是什么样的人了。"

【评析】

孔子认为，人之所以犯错误，从根本上讲是他没有仁德。有仁德的人往往会避免错误，没有仁德的人就无法避免错误，所以从这一点上，没有仁德的人所犯错误的性质是相似的。这从另一角度讲了加强道德修养的重要性。

8. 子曰："朝闻道，夕死可矣。"

【译文】

孔子说："早晨得知了道，就是当天晚上死去也心甘。"

【评析】

这一段话常常被人们所引用。孔子所说的"道"究竟指什么，在学术界是有争论的。我们的认识是，孔子这里所讲的"道"，系指社会、政治的最高原则和做人的最高准则，这主要是从伦理学意义上说的。

9. 子曰："士志于道，而耻恶衣恶食者，未足与议也。"

【译文】

孔子说："一个人有志于（学习和实行圣人的）道理，但又以自己吃穿不好为耻辱，对这种人，是不值得与他谈论道的。"

【评析】

本章和前一章讨论的都是道的问题。本章所讲"道"的含义与前章大致相同。这里，孔子认为，一个对个人的吃穿等生活琐事斤斤计较的人，是不会有远大志向的，因此，根本就不必与这样的人去讨论道的问题。

10. 子曰："君子之于天下也，无适也，无莫也，义之与比。"

【译文】

孔子说："君子对于天下的人和事，没有规定要怎么干，也没有规定不要怎么干，只是按照义去做。"

【评析】

这一章里孔子提出对君子要求的基本点之一："义之与比。"有高尚人格的君子为人公正、友善，处世严肃、灵活，不会厚此薄彼。本章谈论的仍是个人的道德修养问题。

11. 子曰："君子怀德，小人怀土；君子怀刑，小人怀惠。"

【译文】

孔子说："君子怀念的是道德，小人怀念的是乡土；君子关心法制，小人关心恩惠。"

【评析】

本章再次提到君子与小人这两种不同类型的人格形态，认为君子有高尚的道德，他们胸怀远大，视野开阔，考虑的是国家和社会的事情；而小人则只知道思恋乡土、小恩小惠，考虑的只有个人和家庭的生计。这是君子与小人之间的区别之一。

12. 子曰："放于利而行，多怨。"

【译文】

孔子说："为追求利益而行动，就会招致更多的怨恨。"

【评析】

本章也谈义与利的问题。孔子认为，作为具有高尚人格的君子，不会总是考虑个人的得失，更不会一心追求个人利益，否则，就会招致来自各方的怨恨和指责。这里仍然谈先义后利的观点。

13. 子曰："能以礼让为国乎，何有？不能以礼让为国，如礼何？"

【译文】

孔子说："能够用礼让原则来治理国家，那还有什么困难呢？不能用礼让原则来治理国家，怎么能实行礼呢？"

【评析】

刘宝楠《论语正义》："何有，不难之词。"孔子把"礼"的原则推而广之，用于国与国之间的交往，这在古代是无可非议的。因为孔子时代的"国"乃"诸侯国"，均属中国境内的兄弟国家。

14. 子曰："不患无位，患所以立；不患莫己知，求为可知也。"

【译文】

孔子说："不怕没有官位，就怕自己没有学到赖以立身的东西。不怕没有人知道自己，只求自己成为有真才实学，值得为人们所知道的人。"

【评析】

这是孔子自己和对自己的学生经常谈论的问题，是他立身处世的基本态度。孔子并非不想成名成家，并非不想身居要职，而是希望他的学生必须首先立足于对自身的学问、修养、才能的培养，具备足以胜任官职的各方面素质。这种看法是可取的。

15. 子曰："参乎，吾道一以贯之。"曾子曰："唯。"子出，门人问曰："何谓也？"曾子曰："夫子之道，忠恕而已矣。"

【译文】

孔子说："参啊，我讲的道是由一个基本的思想贯彻始终的。"曾子说："是。"孔子出去之后，同学便问曾子："这是什么意思？"曾子说："老师的道，就是忠恕罢了。"

【评析】

忠恕之道是孔子思想的重要内容，待人忠恕，这是仁的基本要求，贯穿于孔子思想的各个方面。在这章中，孔子只说他的道是有一个基本思想一以贯之的，没有具体解释什么是忠恕，后面篇章里回答了这个问题。对此，我们将再作剖析。

16. 子曰："君子喻于义，小人喻于利。"

【译文】

孔子说："君子明白大义，小人只知道小利。"

【评析】

"君子喻于义，小人喻于利"是孔子学说中对后世影响较大的一句话，被人们广为传说。这就明确提出了义利问题。孔子认为，利要服从义，要重义轻利。他的义指服从等级秩序的道德，若一味追求个人利益，就会犯上作乱，破坏等级秩序。所以，孔子把追求个人利益的人视为小人。经过后代儒家的发展，这种思想就变成义与利尖锐对立、非此即彼的义利观。《汉书》：董仲舒"明明求仁义，常恐不能化民者，卿大夫之意也，明明求财利，常恐困乏者，庶人之事也"。

17. 子曰："见贤思齐焉，见不贤而内自省也。"

【译文】

孔子说："见到贤人，就应该向他学习、看齐，见到不贤的人，就应该自我反省。"

【评析】

本章谈的是个人道德修养问题。这是修养方法之一，即见贤思齐，见不贤自省，实际上这就是取人之长补己之短，同时又以别人的过失为鉴，这是一种理性主义的态度，在今天仍不失为精辟之见。

18. 子曰："事父母几谏，见志不从，又敬不违，劳而不怨。"

【译文】

孔子说："侍奉父母，要委婉地劝说他们。见父母心里不愿听从，还是要对他们恭恭敬敬，并不触犯他们，虽然忧愁，但不怨恨。"

【评析】

这一段还是讲关于孝敬父母的问题。侍奉父母，这是应该的，但如果一味要求子女对父母绝对服从，百依百顺，甚至父母不听劝说时，子女仍要对他们毕恭毕敬，毫无怨言。这就成了封建专制主义，是维护封建宗法家族制度的重要纲常名教。

19. 子曰："父母在，不远游，游必有方。"

【译文】

孔子说："父母在世，不远离家乡；如果不得已要出远门，也必须有确定的地方。"

【评析】

"父母在，不远游"是先秦儒家关于"孝"字道德的具体内容之一。历代都用这个"孝"字原则约束、要求子女对父母尽孝。这种孝的原则在今天已经失去了它的意义。

20. 子曰："三年无改于父之道，可谓孝矣。"

本章内容见于《学而篇》第 11 章。

21. 子曰："父母之年，不可不知也。一则以喜，一则以惧。"

【译文】

孔子说："父母的年纪，不可不知道并且要记在心里。一方面为他们的长寿而高兴，一方面又为他们的衰老而忧惧。"

【评析】

春秋末年，社会动荡不安，臣弑君、子弑父的犯上作乱之事时有发生。为了维护宗法家族制度，孔子就特别强调“孝”。所以这一章还是谈“孝”，要求子女要从内心深处孝敬自己的父母。但绝对服从父母，是要给予批评的。

22. 子曰：“古者言之不出，耻躬之不逮也。”

【译文】

孔子说：“古时候的人不轻易把话说出口，就是怕自己的行动赶不上。”

【评析】

孔子一贯主张谨言慎行，不轻易允诺，不轻易表态，如果做不到，就会失信于人，威信也就减弱了。所以孔子说，古人就不轻易说话，更不说随心所欲的话，因为他们以不能兑现允诺而感到耻辱。这一思想是可取的。

23. 子曰：“以约失之者，鲜矣。”

【译文】

孔子说：“用礼来约束自己还犯错误的人，很少。”

24. 子曰：“君子欲讷于言而敏于行。”

【译文】

孔子说：“君子说话要谨慎，而行动要敏捷。”

25. 子曰："德不孤，必有邻。"

【译文】

孔子说："有道德的人是不会孤立的，一定会有志同道合的人相伴。"（《易·系辞上》："方以类聚，物以群分。"）

26. 子游曰："事君数，斯辱矣；朋友数，斯疏矣。"

【译文】

子游说："事奉君主太过烦琐，就会受到侮辱；对待朋友太烦琐，就会被疏远。"

【评析】

《颜渊篇》：子贡问友，子曰："忠告而善道之，不可则止，无自辱焉。"

公冶长篇

本篇共计28章，内容以谈论仁德为主。在本篇里，孔子和他的弟子们从各个侧面探讨仁德的特征。此外，本篇著名的句子有"朽木不可雕也，粪土之墙不可杇也"；"听其言而观其行"；"敏而好学，不耻下问"；"三思而后行"等。这些思想对后世产生了较大影响。

1. 子谓公冶长："可妻也。虽在缧绁之中，非其罪也。"以其子妻之。

【译文】

孔子评论公冶长说：“可以把女儿嫁给他，他虽然被关在牢狱里，但这并不是他的罪过呀。”于是，孔子就把自己的女儿嫁给了他。

【评析】

在这一章里，孔子对公冶长作了较高评价，但并未说明究竟公冶长做了哪些突出的事情，不过从本篇所谈的中心内容看，作为公冶长的老师，孔子对他有全面了解。孔子能把女儿嫁给他，那么公冶长至少应具备仁德的品质，这是孔子一再向他的学生提出的要求。

2. 子谓南容，“邦有道，不废；邦无道，免于刑戮。”以其兄之子妻之。

【译文】

孔子评论南容说：“国家有道时，他有官做；国家无道时，他也可以免去刑戮。”于是把自己的侄女嫁给了他。

【评析】

本章里，孔子对南容也做了比较高的评价，同样也没有讲明南容究竟有哪些突出的表现。当然，他能够把自己的侄女嫁给南容，也表明南容有较好的仁德。

3. 子谓子贱，“君子哉若人，鲁无君子者，斯焉取斯？”

【译文】

孔子评论子贱说：“这个人真是个君子呀。如果鲁国没有君子的话，他是从哪里学到这种品德的呢？”

【评析】

孔子在这里称子贱为君子。这是第一个层次，但接下来说，鲁国如无君子，子贱也不可能学到君子的品德。言下之意，是说他自己就是君子，而子贱的君子之德是由他一手培养的。

4. 子贡问曰："赐也何如？" 子曰："女，器也。" 曰："何器也？" 曰："瑚琏也。"

【译文】

子贡问孔子："我这个人怎么样？" 孔子说："你呀，好比一个器具。" 子贡又问："是什么器具呢？" 孔子说："是瑚琏。"

【评析】

孔子把子贡比作瑚琏，肯定子贡有一定的才能，因为瑚琏是古代祭器中盛粮食的器皿，贵重而华美。但如果与上两章联系起来分析，可见孔子看不起子贡，认为他还没有达到"君子不器"那样的程度，仅有某一方面的才干。

5. 或曰："雍也仁而不佞。" 子曰："焉用佞？御人以口给，屡憎于人，不知其仁。焉用佞？"

【译文】

有人说："冉雍这个人有仁德但不善辩。" 孔子说："何必要能言善辩呢？靠伶牙俐齿和人辩论，常常招致别人的讨厌，这样的人我不知道他是不是做到了仁，但何必要能言善辩呢？"

【评析】

孔子针对有人对冉雍的评论，提出自己的看法。他认为人只要有仁德就足够了，根本不需要能言善辩，这两者在孔子观念中是对立的。善辩的人肯定没有仁德，而有仁德者则不必有辩才。要以德服人，不以口舌服人。

6. 子使漆雕开仕。对曰："吾斯之未能信。"子说。

【译文】

孔子让漆雕开去做官。漆雕开回答说："我对做官这件事还没有信心。"孔子听了很高兴。

【评析】

孔子的教育方针是"学而优则仕"，学到知识，就要去做官，他经常向学生灌输读书做官的思想，鼓励和推荐他们去做官。孔子让他的学生漆雕开去做官，但漆雕开感到尚未达到"学而优"的程度，虽急于做官但还没有把握，想继续学礼，所以孔子很高兴。

7. 子曰："道不行，乘桴浮于海，从我者，其由与！"子路闻之喜。子曰："由也好勇过我，无所取材。"

【译文】

孔子说："如果我的主张行不通，我就乘上木筏子到海外去。能跟从我的大概只有仲由吧！"子路听到这话很高兴。孔子说："仲由啊，好勇超过了我，其他没有什么可取的。"

【评析】

孔子在当时的历史背景下，极力推行他的礼制、德政主张。但他也担心自己的主张行不通，打算适当的时候乘筏到海外去。他认为子路有勇，可以跟随他一同前去，但同时又指出子路的不足乃在于仅有勇而已。

8. 孟武伯问子路仁乎。子曰："不知也。"又问。子曰："由也，千乘之国，可使治其赋也，不知其仁也。""求也何如？"子曰："求也，千室之邑，百乘之家，可使为之宰也，不知其仁也。""赤也何如？"子曰："赤也，束带立于朝，可使与宾客言也，不知其仁也。"

【译文】

孟武伯问孔子："子路做到仁了吧？"孔子说："我不知道。"孟武伯又问。孔子说："仲由嘛，在拥有一千辆兵车的国家里，可以让他管理军事，但我不知道他是不是做到了仁。"孟武伯又问："冉求这个人怎么样？"孔子说："冉求这个人，可以让他在一个有千户人家的公邑或有一百辆兵车的采邑里当总管，但我也不知道他是不是做到了仁。"孟武伯又问："公西赤又怎么样呢？"孔子说："公西赤嘛，可以让他穿着礼服，站在朝廷上，接待贵宾，我也不知道他是不是做到了仁。"

【评析】

在这段文字中，孔子对自己的三个学生进行评价，其评价标准就是"仁"。他说，他们有的可以管理军事，有的可以管理内政，有的可以办理外交。在孔子看来，他们虽然各有自己的专长，但所有这些专长都必须服务于礼制、德治的政治需要，必须以具备仁德情操为前提。实际上，他把"仁"放在更高的地位。

9. 子谓子贡曰："女与回也孰愈？"对曰："赐也何敢望回？回也闻一以知十，赐也闻一以知二。"子曰："弗如也。吾与女弗如也。"

【译文】

孔子对子贡说："你和颜回相比，谁更好一些呢？"子贡回答说："我怎么敢和颜回相比呢？颜回他听到一件事就可以推知十件事；我呢，知道一件事，只能推知两件事。”孔子说：“是不如他呀，我同意你说的，是不如他。”

【评析】

颜回是孔子最得意的学生之一。他勤于学习，而且肯独立思考，能做到闻一知十，推知全体，融会贯通。所以，孔子对他大加赞扬。而且，希望他的其他弟子都能像颜回那样，刻苦学习，举一反三，由此及彼，在学业上尽可能地事半功倍。

10. 宰予昼寝，子曰：“朽木不可雕也，粪土之墙不可杇也，于予与何诛！”子曰：“始吾于人也，听其言而信其行；今吾于人也，听其言而观其行。于予与改是。”

【译文】

宰予白天睡觉。孔子说：“腐朽的木头无法雕刻，粪土垒的墙壁无法粉刷。对于宰予这个人，责备还有什么用呢？”孔子说：“起初我对于人，是听了他说的话便相信了他的行为；现在我对于人，听了他讲的话还要观察他的行为。在宰予这里我改变了观察人的方法。”

【评析】

孔子的学生宰予白天睡觉，孔子对他大加非难。这件事并不似表面所说的那么简单。结合前后篇章有关内容可以看出，宰予对孔子学说存有异端思想，所以受到孔子斥责。此外，孔子在这里还提出判断一个人的正确方法，即“听其言而观其行”。

11. 子曰：“吾未见刚者。”或对曰：“申枨。”子曰：“枨也欲，焉得刚？”

【译文】

孔子说："我没有见过刚强的人。"有人回答说："申枨就是刚强的。"孔子说："申枨这个人欲望太多，怎么能刚强呢？"

【评析】

孔子向来认为，一个人的欲望多了，他就会违背周礼。从这一章来看，人的欲望过多不仅做不到"义"，甚至也做不到"刚"。孔子普遍地反对人们的欲望，但如果想成为有崇高理想的君子，那就要舍弃各种欲望，一心向道。

12. 子贡曰："我不欲人之加诸我也，吾亦欲无加诸人。"子曰："赐也，非尔所及也。"

【译文】

子贡说："我不愿别人强加于我的事，我也不愿强加在别人身上。"孔子说："赐呀，这就不是你所能做到的了。"

13. 子贡曰："夫子之文章，可得而闻也；夫子之言性与天道，不可得而闻也。"

【译文】

子贡说："老师讲授的礼、乐、诗、书、史的知识，依靠耳闻是能够学到的；老师讲授的人性和天道的理论，依靠耳闻是不能够学到的。"

【评析】

在子贡看来，孔子所讲的礼、乐、诗、书、史等具体知识是有形的，只靠耳闻就可以学到了；但关于人性与天道的理论，深奥神秘，不是通过耳闻就可以学到的，必须从事内心的体验，才有可能把握得住。

14. 子路有闻，未之能行，唯恐有（通“又”）闻。

【译文】

子路在听到一条道理但没有能亲自实行的时候，唯恐又听到新的道理。

15. 子贡问曰：“孔文子何以谓之文也？”子曰：“敏而好学，不耻下问，是以谓之文也。”

【译文】

子贡问道：“为什么给孔文子一个‘文’的谥号呢？”孔子说：“他聪敏勤勉而好学，不以向地位卑下的人请教为耻，所以给他谥号叫‘文’。”

【评析】

本章里，孔子在回答子贡提问时讲到“不耻下问”的问题。这是孔子治学一贯应用的方法。“敏而好学”，就是勤敏而兴趣浓厚地发愤学习。“不耻下问”，就是不仅向老师、长辈求教，而且还求教于看起来学识不如自己的人，而不以这样做为耻。孔子“不耻下问”的表现：一是就近学习自己的学生们，即边教边学，这在《论语》书中有多处记载。二是学于百姓，在他看来，群众中可以学的东西很多，这同样可从《论语》书中找到许多根据。孔子提倡的“不耻下问”的学习态度对后世文人学士产生了深远影响。

16. 子谓子产：“有君子之道四焉：其行己也恭，其事上也敬，其养民也惠，其使民也义。”

【译文】

孔子评论子产说："他有君子的四种道德：他自己行为庄重，他侍奉君主恭敬，他养护百姓有恩惠，他役使百姓有法度。"

【评析】

本章孔子讲的君子之道，就是为政之道。子产在郑简公、郑定公之时执政22年。其时，于晋国当悼公、平公、昭公、顷公、定公五世，于楚国当共王、康王、郏敖、灵王、平王五世，正是两国争强、战乱不息的时候。郑国地处要冲，而周旋于这两大国之间，子产却能不低声下气，也不妄自尊大，维护了国家的尊严和安全，的确是中国古代一位杰出的政治家和外交家。孔子对子产的评价甚高，认为治国安邦就应当具有子产的这四种道德。

17. 子曰："晏平仲善与人交，久而敬之。"

【译文】

孔子说："晏平仲善于与人交朋友，相识久了，别人仍然尊敬他。"

【评析】

孔子在这里称赞齐国大夫晏婴，认为他与人为善，能够获得别人的尊敬，这是很不容易的。孔子这里一方面是对晏婴的称赞；另一方面则是希望他的学生向晏婴学习，做到"善与人交"，互敬互爱，成为有道德的人。

18. 子曰："臧文仲居蔡，山节藻棁，何如其知也！"

【译文】

孔子说："臧文仲藏了一只叫'蔡'的大龟，藏龟的屋子斗拱雕成山的形状，短柱上画以水草花纹，他这个人怎么能算是有智慧呢？”

【评析】

臧文仲在当时被人们称为“智者”，但他对礼则并不在意。他不顾周礼的规定，竟然修建了藏龟的大屋子，装饰成天子宗庙的式样，这在孔子看来就是“越礼”之举了。所以，孔子指责他“不仁”“不智”。

19. 子张问曰：“令尹子文三仕为令尹，无喜色；三已之，无愠色。旧令尹之政，必以告新令尹。何如？”子曰：“忠矣。”曰：“仁矣乎？”曰：“未知。焉得仁？”“崔子弑齐君，陈文子有马十乘，弃而违之，至于他邦，则曰：‘犹吾大夫崔子也。’违之。之一邦，则又曰：‘犹吾大夫崔子也。’违之，何如？”子曰：“清矣。”曰：“仁矣乎？”曰：“未知，焉得仁？”

【译文】

子张问孔子说：“令尹子文几次做楚国宰相，没有显出高兴的样子，几次被免职，也没有显出怨恨的样子。（他每一次被免职）一定把自己的政令全部告诉来接任的新宰相。你看这个人怎么样？”孔子说：“可算得是忠于国家了。”子张问：“算得上仁了吗？”孔子说：“不知道。这怎么能算得上仁呢？”（子张又问：）“崔杼杀了他的君主齐庄公，陈文子家有四十匹马，都舍弃不要了，离开了齐国。到了另一个国家，他说：‘这里的执政者也和我们齐国的大夫崔子差不多。’就离开了。到了另一个国家，又说：‘这里的执政者也和我们的大夫崔子差不多。’又离开了。这个人怎么样呢？”孔子说：“可算得上清高了。”子张说：“可说是仁了吗？”孔子说：“不知道。这怎么能算得上仁呢？”

【评析】

孔子认为，令尹子文和陈文子，一个忠于君主，算是尽忠了；一个不与逆臣共事，算是清高了，但他们两人都还算不上仁。因为在孔子看来，“忠”只是仁的一个方面，“清”则是为维护礼而献身的殉道精神。所以，仅有忠和清高还是远远不够的。

20. 季文子三思而后行。子闻之，曰：“再，斯可矣。”

【译文】

季文子每做一件事都要考虑多次。孔子知道了，说：“考虑两次也就行了。”

【评析】

凡事三思，一般总是利多弊少，为什么孔子听说以后，并不同意季文子的这种做法呢？有人说：“文子生平盖祸福利害之计太明，故其美恶两不相掩，皆三思之病也。其思之至三者，特以世故太深，过为谨慎；然其流弊将至利害徇一己之私矣。”（宦懋庸：《论语稽》）当时季文子做事过于谨慎，顾虑太多，所以就会发生各种弊端，从某个角度看，孔子的话也不无道理。

21. 子曰：“宁武子，邦有道则知，邦无道则愚，其知可及也，其愚不可及也。”

【译文】

孔子说：“宁武子这个人，当国家有道时，他就显得聪明，当国家无道时，他就装傻。他的那种聪明别人可以做得到，他的那种装傻别人就做不到了。”

【评析】

宁武子是一个处世有方的大夫。当形势好转，对他有利时，他就充分发挥自己的聪明智慧，为卫国的政治竭力尽忠。当形势恶化，对他不利时，他就退居幕后或处处装傻，以便等待时机。孔子对宁武子的这种做法，基本取赞许的态度。

22. 子在陈曰："归与！归与！吾党之小子狂简，斐然成章，不知所以裁之。"

【译文】

孔子在陈国说："回去吧！回去吧！家乡的学生有远大志向，有文采，但我还不知道怎样指导他们。"

【评析】

孔子说这段话时，正当鲁国季康子执政，欲召冉求回去，协助办理政务。所以，孔子说回去吧，去为官从政，实现他们的抱负。但同时又指出他在鲁国的学生尚存在的问题：行为粗率简单，还不知道怎样节制自己，这些还有待于他的教养。

23. 子曰："伯夷叔齐不念旧恶，怨是用希。"

【译文】

孔子说："伯夷、叔齐两个人不计过去的仇恨，（因此，别人对他们的）怨恨也就少了。"

【评析】

这一章里，孔子主要称赞的是伯夷、叔齐的"不念旧恶"。伯夷、叔齐认为周武王伐纣是"以暴易暴"，既反对周武王，又反对殷纣王，但为了维护君臣之礼，他们还是阻拦武王伐纣，最后因不食周粟而饿死在首阳山上。孔子则从伯夷、叔齐不计旧怨的角度，对他们加以称赞，因此别人也就不念他们的旧怨了。孔子用这样一个故事讲述了为人处世应有的态度。

24. 子曰:“孰谓微生高直?或乞醯焉,乞诸其邻而与之。”

【译文】

孔子说:“谁说微生高这个人直率?有人向他讨点醋,他(不直说没有,却暗地)到他邻居家里讨了点给人家。”

【评析】

微生高从邻居家讨醋给来向他讨醋的人,并不直说自己没有,对此,孔子认为他并不直率。但在另外的篇章里孔子却提出“父为子隐,子为父隐”,而且加以提倡,这在他看来,就不是什么“不直”了。对于这种“不直”,孔子只能用父慈子孝来加以解释了。

25. 子曰:“巧言、令色、足恭,左丘明耻之,丘亦耻之。匿怨而友其人,左丘明耻之,丘亦耻之。”

【译文】

孔子说:“花言巧语,装出好看的脸色,摆出逢迎的姿势,十足恭敬,左丘明认为这种人可耻,我也认为可耻。把怨恨装在心里,表面上却装出友好的样子,左丘明认为这种人可耻,我也认为可耻。”

【评析】

孔子反感“巧言令色”的做法,这在《学而》篇中已经提及。他提倡人们正直、坦率、诚实,不要口是心非、表里不一。这符合孔子培养健康人格的基本要求。

26. 颜渊、季路侍。子曰："盍各言尔志。"子路曰："愿车马衣裘与朋友共，敝之而无憾。"颜渊曰："愿无伐善，无施劳。"子路曰："愿闻子之志。"子曰："老者安之，朋友信之，少者怀之。"

【译文】

颜渊、子路两人侍立在孔子身边。孔子说："你们何不各自说说自己的志向呢？"子路说："愿意拿出自己的车马、衣服、皮袍，同我的朋友共同使用，用坏了也不抱怨。"颜渊说："我愿意不夸耀自己的长处，不表白自己的功劳。"子路向孔子说："愿意听听您的志向。"孔子说："（我的志向是）让年老者安心，让朋友们信任我，让年轻的子弟们得到关怀。"

【评析】

在这一章里，孔子及其弟子们自述志向，主要谈的还是个人道德修养及为人处世的态度。孔子重视培养"仁"的道德情操，从各方面严格要求自己和学生。从本段可以看出，只有孔子的志向最接近于"仁德"。

27. 子曰："已矣乎！吾未见能见其过而内自讼者也。"

【译文】

孔子说："算了吧，我还没有见过能够看到自己的错误而又能从内心责备自己的人。"

【评析】

古往今来，人们往往能够一眼看到别人的错误，却看不到自己的错误。即使有人明知自己有错，也因顾及面子或其他原因而拒绝承认，更谈不上从内心去责备自己了。孔子说他没有见过有自知之明、有错即改的人。其实，在现实社会生活当中，我们见到的这种人并不少。

28. 子曰："十室之邑，必有忠信如丘者焉，不如丘之好学也。"

【译文】

孔子说："即使只有十户人家的小村子，也一定有像我这样讲忠信的人，只是赶不上我热爱学问罢了。"

【评析】

孔子是一个十分坦率直爽的人，他认为自己的忠信并不是最突出的，因为在只有十户人家的小村子里，就有像他那样讲求忠信的人。但他坦言自己非常好学，表明他承认自己的德性和才能都是学习而来的，并不是"生而知之"。这就从一个角度了解了孔子的基本精神。

雍也篇

本篇共包括30章。其中著名文句有："贤哉回也，一箪食，一瓢饮，在陋巷"；"质胜文则野，文胜质则史，文质彬彬，然后君子"；"知之者不如好之者，好之者不如乐之者"；"敬鬼神而远之"；"己欲立而立人，己欲达而达人。"本篇里有数章谈到颜回，孔子对他的评价甚高。此外，本篇还涉及"中庸之道""文质"思想，同时，还包括如何培养"仁德"的一些主张。

1. 子曰："雍也可使南面。"

【译文】

孔子说："冉雍这个人，可以让他去做官。"

【评析】

古代以面向南为尊位，天子、诸侯和官员听政都是面向南面而坐。所以这里孔子是说可以让冉雍去从政做官治理国家。在《先进》篇里，孔子将冉雍列在他的第一等学科“德行”之内，认为他已经具备为官的基本条件。这是孔子实行他的“学而优则仕”这一教育方针的典型事例。

2. 仲弓问子桑伯子。子曰：“可也，简。”仲弓曰：“居敬而行简，以临其民，不亦可乎？居简而行简，无乃大简乎？”子曰：“雍之言然。”

【译文】

仲弓问孔子子桑伯子这个人怎么样。孔子说：“此人还可以，办事简要而不烦琐。”仲弓说：“若存心恭敬严肃而行事简要，抓大体、不烦琐，像这样来治理百姓，不是也可以吗？（但是）自己马马虎虎，又以简要的方法办事，这岂不是太简单了吗？”孔子说：“冉雍，这话你说得对。”

【评析】

孔子主张办事简明扼要，不烦琐，不拖拉，果断利落。不过，任何事情都不可太过分。如果在办事时，一味追求简要，却马马虎虎，就有些不够妥当了。所以，孔子听完仲弓的话以后，认为仲弓说得很有道理。

3. 哀公问：“弟子孰为好学？”孔子对曰：“有颜回者好学，不迁怒，不贰过，不幸短命死矣。今也则亡，未闻好学者也。”

【译文】

鲁哀公问孔子：“你的学生中谁是最好学的呢？”孔子回答说：“有一个叫颜回的学生好学，他从不迁怒于别人，也从不重犯同样的过错，不幸短命死了。现在没有那样的人了，没有听说谁是好学的。”

【评析】

这里，孔子极为称赞他的得意门生颜回，认为他好学上进，自颜回死后，已经没有如此好学的人了。在孔子对颜回的评价中，他特别谈到不迁怒、不贰过这两点，也从中可以看出孔子教育学生，重在培养他们的道德情操。这其中包含有深刻的哲理。

4. 子华使于齐，冉子为其母请粟。子曰："与之釜。"请益。曰："与之庾。"冉子与之粟五秉。子曰："赤之适齐也，乘肥马，衣轻裘。吾闻之也：君子周急不继富。"

【译文】

子华出使齐国，冉求替他的母亲向孔子请求补助一些谷米。孔子说："给她六斗四升。"冉求请求再增加一些。孔子说："再给她二斗四升。"冉求却给她八十斛。孔子说："公西赤到齐国去，乘坐着肥马驾的车子，穿着又暖和又轻便的皮袍。我听说过，君子只是周济急困的人，而不周济富有的人。"

【评析】

孔子主张"君子周急不继富"，这是从儒家的"仁爱"思想出发的。孔子的"爱人"学说，并不是狭隘的爱自己的家人和朋友，而带有一定的普遍性。但他又认为，周济的只是穷人而不是富人，应当"雪中送炭"，而不是"锦上添花"，这种思想符合于人道主义。

5. 原思为之宰，与之粟九百，辞。子曰："毋，以与尔邻里乡党乎！"

【译文】

原思给孔子家当总管，孔子给他俸米九百，原思推辞不要。孔子说：

"不要推辞，给你的乡亲们吧。"（旧以五家为邻、二十五家为里。）

【评析】

以"仁爱"之心待人，这是儒家的传统。孔子提倡周济贫困者，是极富同情心的做法。这与上一章的内容可以联系起来思考。

6. 子谓仲弓，曰："犁牛之子骍且角。虽欲勿用，山川其舍诸？"

【译文】

孔子在评论仲弓的时候说："耕牛产下的牛犊长着红色的毛，角也长得周正，人们虽不想用它做祭品，但山川之神难道会舍弃它吗？"

【评析】

孔子认为，人的出身并不是最重要的，重要的在于自己应有高尚的道德和突出的才干。只要具备了这样的条件，就会受到重用。这从另一方面也说明，作为统治者来讲，选拔重用人才，不能只看出身而抛弃贤才，反映了推举贤才的思想和反对任人唯亲的主张。

7. 子曰："回也，其心三月不违仁，其余则日月至焉而已矣。"

【译文】

孔子说："颜回这个人，他的心可以在长时间内不抛开仁德，其余的学生则只能在短时间内做到仁德而已。"

【评析】

颜回是孔子的得意门生，他对孔子以"仁"为核心的思想有深入的理解，而且将"仁"贯穿于自己的行动与言论当中。所以，孔子赞扬他"三月不违仁"，而别的学生"则日月至焉而已"。

8. 季康子问:“仲由可使从政也与?”子曰:“由也果,于从政乎何有?”曰:“赐也可使从政也与?”曰:“赐也达,于从政乎何有?”曰:“求也可使从政也与?”曰:“求也艺,于从政乎何有?”

【译文】

季康子问孔子:“仲由这个人,可以让他管理政事吗?”孔子说:“仲由做事果断,对于管理政事有什么困难呢?”季康子又问:“端木赐这个人,可以让他管理国家政事吗?”孔子说:“端木赐通达事理,对于管理政事有什么困难呢?”季康子再问:“冉求这个人,可以让他管理政事吗?”孔子说:“冉求多才多艺,对于管理政事有什么困难呢?”

【评析】

仲由、端木赐和冉求都是孔子的学生,他们在从事国务活动和行政事务方面,都各有其特长。孔子所培养的人才,就是要能够辅佐君主或大臣从事政治活动。在本章里,孔子对他的三个学生都给予较高评价,认为他们已经具备了担任重要职务的能力。

9. 季氏使闵子骞为费宰,闵子骞曰:“善为我辞焉!如有复我者,则吾必在汶上矣。”

【译文】

季氏派人请闵子骞去做费邑的长官,闵子骞说:“请你好好替我推辞吧!如果再来召我,那我一定跑到汶水之北去了。”

【评析】

宋代儒人朱熹对闵子骞的这一做法极表赞赏,他说:处乱世,遇恶人当政,“刚则必取祸,柔则必取辱”。即硬碰或者屈从都要受害,刚柔相济，才能应付自如，保存实力。这种态度才能处乱世而不惊，遇恶人而不辱，是极富智慧的处世哲学。

10. 伯牛有疾，子问之，自牖执其手，曰："亡之，命矣夫！斯人也而有斯疾也！斯人也而有斯疾也！"

【译文】

伯牛病了，孔子前去探望他，从窗户外面握着他的手说："丧失了这个人，这是命里注定的吧！这样的人竟会得这样的病啊，这样的人竟会得这样的病啊！"

11. 子曰："贤哉，回也！一箪食，一瓢饮，在陋巷，人不堪其忧，回也不改其乐。贤哉，回也！"

【译文】

孔子说："颜回的品质是多么高尚啊！一竹筐饭，一瓢水，住在简陋的小屋里，别人都忍受不了这种穷困清苦，颜回却没有改变他好学的乐趣。颜回的品质是多么高尚啊！"

【评析】

本章中，孔子又一次称赞颜回，对他作了高度评价。这里讲颜回"不改其乐"，也就是贫贱不能移的精神，包含了一个具有普遍意义的道理，即人总是要有一点精神的，为了自己的理想不断追求，即使生活清苦困顿也自得其乐。

12. 冉求曰："非不说子之道，力不足也。"子曰："力不足者，中道而废。今女画。"

【译文】

冉求说："我不是不喜欢老师您所讲的道，而是我的能力不够呀。"孔子说："能力不够是到半路才停下来，现在你是自己给自己划了界限不想前进。"

【评析】

从本章里孔子与冉求师生二人的对话来看，冉求对于学习孔子所讲授的理论产生了畏难情绪，认为自己的能力不够，在学习过程中感到非常吃力。但孔子认为，冉求并非能力的问题，而是他思想上的畏难情绪作怪，所以对他提出批评。

13. 子谓子夏曰："女为君子儒，无为小人儒。"

【译文】

孔子对子夏说："你要做君子式的儒，不要做小人式的儒。"

【评析】

在本章中，孔子提出了"君子儒"和"小人儒"，要求子夏做君子儒，不要做小人儒。"君子儒"通晓礼法、具有理想人格，"小人儒"不通礼仪、品格平庸。

14. 子游为武城宰。子曰："女得人焉尔乎？"曰："有澹台灭明者，行不由径，非公事，未尝至于偃之室也。"

【译文】

子游做了武城县令。孔子说："你在那里得到人才了吗？"子游回答说："有一个叫澹台灭明的人，从来不走小道，没有公事从不到我屋子里来。"

【评析】

孔子极为重视发现人才、使用人才。他问子游的这段话，反映出他对推举贤才的重视。当时社会处于大动荡、大变革时期，各诸侯国都重视接纳人才，尤其是能够帮助他们治国安邦的有用之才，这是出于政治和国务活动的需要。

15. 子曰："孟之反不伐，奔而殿，将入门，策其马，曰：'非敢后也，马不进也。'"

【译文】

孔子说："孟之反不喜欢夸耀自己。败退的时候，他留在最后掩护全军。快进城门的时候，他鞭打着自己的马说：'不是我敢于殿后，是马跑得不快。'"

【评析】

公元前484年，鲁国与齐国打仗。鲁国右翼军败退的时候，孟之反在最后掩护败退的鲁军。对此，孔子给予了高度评价，宣扬他提出的"功不独居，过不推诿"的学说，认为这是人的美德之一。

16. 子曰："不有祝鮀之佞，而有宋朝之美，难乎免于今之世矣。"

【译文】

孔子说："如果没有祝鮀那样的口才，而仅有宋朝的美貌，那在今天的社会上免于祸害就比较艰难了。"

17. 子曰："谁能出不由户，何莫由斯道也？"

【译文】

孔子说："谁能不经过屋门而走出去呢？为什么没有人走（我所指出

的）这条道路呢？”

【评析】

孔子这里所说的，其实仅是一个比喻。他所宣扬的“德治”“礼制”，在当时有许多人不予重视，他内心感到很不理解。所以，他发出了这样的疑问。

18. 子曰：“质胜文则野，文胜质则史。文质彬彬，然后君子。”

【译文】

孔子说：“质朴多于文采，就未免粗野：文采多于质朴，就流于虚浮。只有质朴和文采配合恰当，才是个君子。”

【评析】

这段话言简意赅，确切地说明了文与质的正确关系和君子的人格模式，高度概括了孔子的文质思想。文与质是对立的统一，互相依存，不可分离。质朴与文采是同样重要的。孔子的文质思想经过两千多年的实践，不断得到丰富和发展，极大地影响了人们的思想和行为。

19. 子曰：“人之生也直，罔之生也幸而免。”

【译文】

孔子说：“一个人的生存是由于正直，而不正直的人也能生存，那只是他侥幸地避免了灾祸。”

【评析】

“直”，是儒家的道德规范。直即耿直、坦率、正直、正派，同虚伪、奸诈是对立的，符合仁的品德。与此相对，一些不正直的人也能生存，甚至活得更好，这只是他们侥幸地避免了灾祸，并不说明他们的不正直值得效法。

20. 子曰："知之者不如好之者，好之者不如乐之者。"

【译文】

孔子说："（对于任何学问和事业，）懂得它的人，不如爱好它的人；爱好它的人，又不如以它为乐的人。"

【评析】

孔子这句话泛指学问、技艺等。

21. 子曰："中人以上，可以语上也；中人以下，不可以语上也。"

【译文】

孔子说："具有中等以上才智的人，可以给他讲授高深的学问；才智在中等水平以下的人，不可以给他讲授高深的学问。"

【评析】

孔子认为，人的智力有聪明和愚笨的差别，即上智、下愚与中人，因为人与人有这么大的差距，所以孔子在教学过程中提出"因材施教"的原则。这是孔子教育思想的一个重要内容，即根据学生智力水平的高低来决定教学内容和教学方式，这对我国教育学的形成和发展有着积极的贡献。

22. 樊迟问知，子曰："务民之义，敬鬼神而远之，可谓知矣。"问仁，曰："仁者先难而后获，可谓仁矣。"

【译文】

樊迟问孔子怎样才是智，孔子说："专心致力于（提倡）老百姓应该遵从的道德，尊敬鬼神但要远离它，就可以说是智了。"樊迟又问怎样才是仁，孔子说："仁德的人付出一定的力量，然后收获果实，可以说是仁德了。"

【评析】

本章提出了"智""仁"等重大问题。面对现实，以回答现实的社会问题、人生问题为中心，这是孔子思想的一个突出特点。他还提出了"敬鬼神而远之"的主张，否定了宗法传统的神权观念，他不迷信鬼神，自然也不主张以卜筮向鬼神问吉凶。所以，孔子是力求以实事求是的态度否定鬼神作用的。

23. 子曰："知者乐水，仁者乐山；知者动，仁者静；知者乐，仁者寿。"

【译文】

孔子说："聪明人喜爱水，有仁德者喜爱山；聪明人是活动的，仁德者是沉静的；聪明人快乐，有仁德者长寿。"

【评析】

孔子这里所说的"智者"和"仁者"不是一般的人，而是那些有修养的"君子"。他希望人们都能做到"智"和"仁"，只要具备了这些品德，就能向君子不断靠近。

24. 子曰："齐一变，至于鲁；鲁一变，至于道。"

【译文】

孔子说："齐国（的政治和教育）一改变，可以达到鲁国这个样子；鲁国（的政治和教育）一改变，就可以达到先王之道了。"

【评析】

本章中，孔子提出了"道"的范畴。此处所讲的"道"是治国安邦的最高原则。在春秋时期，齐国的封建经济发展较早，而且实行了一些改革，成为当时最富强的诸侯国。与齐国相比，鲁国经济的发展比较缓慢，但意识形态和上层建筑保存得比较完备。所以孔子说，齐国改变就能达到鲁国的样子，而鲁国再一改变，就能达到先王之道。这反映了孔子对周礼的无限眷恋之情。

25. 子曰："觚不觚，觚哉！觚哉！"

【译文】

孔子说："觚不像个觚了，这也算是觚吗！这也算是觚吗！"

【评析】

孔子的思想中，从井田到刑罚，从音乐到酒具，周礼规定的一切都是尽善尽美的，甚至是神圣不可侵犯的。在这里，孔子慨叹当时事物名不符实，主张"正名"。尤其是孔子所讲，当时社会"君不君，臣不臣，父不父，子不子"的这种状况，是不能让人容忍的。

26. 宰我问曰："仁者，虽告之曰'井有仁焉'，其从之也？"子曰："何为其然也？君子可逝也，不可陷也；可欺也，不可罔也。"

【译文】

宰我问道："对于有仁德的人，别人告诉他'井里掉下去了一位仁人'，他会跟着下去吗？”孔子说：“为什么要这样做呢？对于君子，可以叫他远远走开不再回来，却不可以陷害他；可以欺骗他，但不可以愚弄他。”

【评析】

君子杀身成仁则有之矣，故可得而摧折，然不可以非理陷害之，故可逝而不可陷。

27. 子曰：“君子博学于文，约之以礼，亦可以弗畔矣夫。”

【译文】

孔子说：“君子广泛地学习古代的文化典籍，又以礼来约束自己，也就可以不离经叛道了。”

【评析】

本章清楚地说明了孔子的教育目的。他当然不主张离经叛道，那么怎么做呢？他认为应当广泛学习古代典籍，而且要用“礼”来约束自己。说到底，他是要培养懂得“礼”的君子。

28. 子见南子，子路不说。夫子矢之曰：“予所否者，天厌之！天厌之！”

【译文】

孔子去见南子，子路不高兴。孔子发誓说：“如果我做什么不正当的事，就让上天厌弃我吧！让上天厌弃我吧！”

【评析】

本章对孔子去见南子做什么，没有讲明。据后代儒家讲，孔子见南子是“欲行霸道”。所以，孔子在这里发誓赌咒，说如果做了什么不正当的事的话，就让上天厌弃他。此外，孔子在这里又提到了“天”这个概念，恐怕不能简单地说，孔子的观念上还有宗教意识，这只是他为了说服子路而发的誓。

29. 子曰：“中庸之为德也，其至矣乎！民鲜久矣。”

【译文】

孔子说：“中庸这种道德，应该是最高的了！人们缺少这种道德已经很久了。”

【评析】

中庸是孔子和儒家的重要思想，尤其作为一种道德观念，这是孔子和儒家尤为提倡的。《论语》中提及“中庸”一词，仅此一章。中庸属于道德行为的评价问题，也是一种德行，而且是最高的德行。宋儒说，不偏不倚谓之中，平常谓庸。中庸就是不偏不倚的平常的道理。中庸又被理解为中道，中道就是不偏于对立双方的任何一方，使双方保持平衡状态。中庸又称为“中行”，中行是说，人的气质、作风、德行都不偏于一个方面，对立的双方互相牵制，互相补充。中庸是一种折中调和的思想。调和与均衡是事物发展过程中的一种状态，这种状态是相对的、暂时的。孔子揭示了事物发展过程的这一状态，并概括为“中庸”，这在古代认识史上是有贡献的。

30. 子贡曰：“如有博施于民而能济众，何如？可谓仁乎？”子曰：“何事于仁？必也圣乎！尧舜其犹病诸。夫仁者，己欲立而立人，己欲达而达人。能近取譬，可谓仁之方也已。”

【译文】

子贡说：“假若有一个人，他能给老百姓很多好处又能周济大众，怎么样？可以算是仁人了吗？”孔子说：“岂止是仁人，简直是圣人了！尧、舜尚且难以做到。至于仁人，就是自己想要立足，也帮助别人立足；自己事事通达，也帮助大家通达。凡事能就近以自己做比，而推己及人，就可以说是实行仁的方法了。”

【评析】

“己欲立而立人，己欲达而达人”是实行“仁”的重要原则。“推己及人”就做到了“仁”。在后面的章节中，孔子还说“己所不欲，勿施于人”等。这些都说明了孔子关于“仁”的基本主张，这是孔子思想的一个重要方面，是社会基本伦理准则，在今天同样具有重要价值。

述而篇

本篇共38章，是学者们在研究孔子和儒家思想时引述较多的篇章。本章主要内容包括以下几个方面：“学而不厌，诲人不倦”；“饭疏食饮水，曲肱而枕之，乐亦在其中矣”；“发愤忘食，乐以忘忧，不知老之将至”；“三人行必有我师”；“君子坦荡荡，小人长戚戚”；“温而厉，威而不猛，恭而安”。本章提出了孔子的教育思想和学习态度，孔子对仁德等重要道德范畴的进一步阐释，以及孔子的其他思想主张。

1. 子曰：“述而不作，信而好古，窃比于我老彭。”

【译文】

孔子说：“只阐述而不创作，信服而且喜好古代的东西，我私下把自己比作李耳和彭祖。”

【评析】

在这一章里，孔子提出了“述而不作”的原则，这反映了孔子思想上保守的一面。完全遵从“述而不作”的原则，那么对古代的东西只能陈陈相因，就不再会有思想的创新和发展。这种思想在汉代以后开始形成古文经学派，“述而不作”的治学方式，对于中国人的思想有一定程度的局限作用。

2. 子曰：“默而识之，学而不厌，诲人不倦，何有于我哉？”

【译文】

孔子说：“（把所见所闻，）默默地记在心里，努力学习而不觉得厌烦，教导别人而不疲倦，这些事情我做到了哪些呢？”

【评析】

这一章紧接前一章的内容，继续谈论治学的方法问题。“学而不厌，诲人不倦”反映了孔子教育方法的一个侧面，对中国教育思想的形成与发展产生了很大的影响，以至于在今天，我们仍在宣传孔子的这一教育学说。

3. 子曰：“德之不修，学之不讲，闻义不能徙，不善不能改，是吾忧也。”

【译文】

孔子说：“对品德不去修养，学问不去讲求，听到道义不能亲身赴之，做了不好的事不能改正，这些都是我所忧虑的事情。”

【评析】

春秋末年，天下大乱。孔子慨叹世人不能自见其过而自责，对此，他万分忧虑。他把道德修养、读书学习和知错即改三个方面的问题相提并论，在他看来，三者之间有内在联系，因为进行道德修养和学习各种知识，最重要的就是要能够及时改正自己的过失或“不善”，只有这样，修养才可以完善，知识才可以丰富。

4. 子之燕居，申申如也；夭夭如也。

【译文】

孔子闲居在家里的时候，衣冠楚楚，仪态温和舒畅，悠闲自在。

5. 子曰：“甚矣吾衰也！久矣吾不复梦见周公。”

【译文】

孔子说：“我衰老得很厉害了，我好久没有梦见周公了。”

【评析】

周公是中国古代的“圣人”之一，鲁国之始祖，孔子自称他继承了自尧、舜、禹、汤、文、武、周公以来的道统，肩负着光大古代文化的重任。这句话表明了孔子对周公的崇敬和思念，也反映了他对周礼的崇拜和拥护。

6. 子曰：“志于道，据于德，依于仁，游于艺。”

【译文】

孔子说：“以道为志向，以德为根据，以仁为凭借，活动于（礼、乐、射、御、书、数等）六艺的范围之中。”

【评析】

《礼记·学记》曾说：“不兴其艺，不能乐学。故君子之于学也，藏焉，修焉，息焉，游焉。夫然，故安其学而亲其师，乐其友而信其道，是以虽离师辅而不反也。”这个解释阐明了这里所谓的“游于艺”的意思。孔子培养学生，就是以仁、德为纲领，以六艺为基本，使学生能够得到全面均衡的发展。

7. 子曰：“自行束脩以上，吾未尝无诲焉。”

【译文】

孔子说：“只要是自愿拿着十条肉脯为礼来见我的人，我从来没有不给他教诲的。”

【评析】

这一章表明了孔子诲人不倦的精神，也反映了他“有教无类”的教育思想。过去有人说，既然要交十条肉脯做学费，那必定是家庭条件中等以上的子弟才有入学的可能，所以孔子的“有教无类”只停留在口头上，在社会实践中根本不可能推行。用这种推论否定孔子的“有教无类”的教育思想，过于理想化和幼稚。在任何社会里，要做到完全彻底的有教无类，恐怕都有相当的难度，这要归因于社会经济的发展程度。

8. 子曰：“不愤不启，不悱不发。举一隅不以三隅反，则不复也。”

【译文】

孔子说：“教导学生，不到他想弄明白而不得的时候，不去开导他；不到他想出来却说不出来的时候，不去启发他。教给他一个方面的东西，他却不能由此而推知其他三个方面的东西，那就不再教他了。”

【评析】

在《雍也》篇第 21 章中，孔子说：“中人以上，可以语上也；中人以下，不可以语上也。”这一章继续谈他的教育方法问题。在这里，他提出了“启发式”教学的思想。从教学方面而言，他反对“填鸭式”“满堂灌”的做法。要求学生能够“举一反三”，在学生充分进行独立思考的基础上，再对他们进行启发、开导，这是符合教学基本规律的，而且具有深远的影响，在今天教学过程中仍可以加以借鉴。

9. 子食于有丧者之侧，未尝饱也。

【译文】

孔子在家中有丧事的人旁边吃饭，不曾吃饱过。

10. 子于是日哭，则不歌。

【译文】

孔子在这一天为吊丧而哭泣，就不再唱歌。

11. 子谓颜渊曰：“用之则行，舍之则藏，惟我与尔有是夫！”子路曰：“子行三军，则谁与？”子曰：“暴虎冯河，死而无悔者，吾不与也。必也临事而惧，好谋而成者也。”

【译文】

孔子对颜渊说：“任用我，我就行动；不任用我，我就隐藏起来，只有我和你才能做到这样吧！”子路问孔子：“老师您如果统帅三军，那么您会和谁共事呢？”孔子说：“赤手空拳和老虎搏斗，徒步涉水过河，死了都不会后悔的人，我是不会和他共事的。（我要找的人，）一定要是遇事小心谨慎，善于谋划而能完成任务的人。”

【评析】

孔子在本章提出不与“暴虎冯河，死而无悔”的人一起统帅军队。

因为在他看来，这种人虽然视死如归，但有勇无谋，是不能成就大事的。“勇”是孔子道德范畴中的内容，但勇不是蛮干，而是“临事而惧，好谋而成”，这种人智勇兼有，符合“勇”的规定。

12. 子曰：“富而可求也，虽执鞭之士，吾亦为之。如不可求，从吾所好。”

【译文】

孔子说：“如果富贵合乎于道就可以去追求，做市场的守门卒我也肯干。如果富贵不合于道就不必去追求，那就还是按我的爱好去做事。”

【评析】

孔子在这里又提到富贵与道的关系问题。只要合乎于道，就可以去追求富贵；不合乎于道，就不能去追，就去做自己喜欢做的事情。从此处可以看到，孔子不反对做官，不反对发财，但必须符合于道，这是原则问题，孔子表明自己不会违背原则去追求富贵荣华。

13. 子之所慎：斋、战、疾。

【译文】

孔子谨慎小心对待的是斋戒、战争和疾病这三件事。

【评析】

古代祭礼之前，身心需要整洁；战争和疾病关系到人的生死，都是孔子所慎重的事情。

14. 子在齐闻《韶》，三月不知肉味，曰：“不图为乐之至于斯也。”

【译文】

孔子在齐国听到了《韶》乐，有很长时间尝不出肉的滋味，他说："想不到《韶》乐的美达到了这样迷人的地步。"

【评析】

《韶》乐是当时流行于贵族当中的古乐。孔子对音乐很有研究，音乐鉴赏能力也很强，他听了《韶》乐以后，在很长时间内品尝不出肉的滋味，这当然是一种夸张的形容，但他欣赏古乐已经到了痴迷的程度，也说明了他在音乐方面的高深造诣。

15. 冉有曰："夫子为卫君乎？"子贡曰："诺，吾将问之。"入，曰："伯夷、叔齐何人也？"曰："古之贤人也。"曰："怨乎？"曰："求仁而得仁，又何怨。"出，曰："夫子不为也。"

【译文】

冉有说："老师会帮助卫国的国君吗？"子贡说："好，我去问问他。"于是就进去问孔子："伯夷、叔齐是什么样的人呢？"孔子说："他们是古代的贤人。"子贡又问："他们有怨恨吗？"孔子说："他们求仁而得到了仁，又有什么怨恨的呢？"子贡出来说："老师不会赞同卫君。"

【评析】

卫国国君辄即位后，其父与其争夺王位，这件事恰好与伯夷、叔齐两兄弟互相让位形成鲜明对照。这里，孔子赞扬伯夷、叔齐，而对卫出公父子违反等级名分极为不满。孔子对这两件事给予评价的标准就是是否符合礼。

16. 子曰："饭疏食饮水，曲肱而枕之，乐亦在其中矣。不义而富且贵，于我如浮云。"

【译文】

孔子说:“吃粗粮,喝白水,弯着胳膊当枕头,乐趣也就在这中间了。用不正当的手段得来的富贵,对于我来讲就像是天上的浮云一样。”

【评析】

孔子极力提倡“安贫乐道”,认为有理想、有志向的君子,不会总是为自己的吃、穿、住而奔波的,“饭疏食饮水,曲肱而枕之”,对于有理想的人来讲,可以说是乐在其中。同时,他还提出,不符合于道的富贵荣华,他是坚决不予接受的,对待这些东西,如天上的浮云一般。这种思想深深影响了古代的知识分子,也为一般老百姓所接受。

17. 子曰:“加我数年,五十以学《易》,可以无大过矣。”

【译文】

孔子说:“再给我几年时间,到五十岁时学习《易》,我便可以没有大的过错了。”

【评析】

孔子自己说,“五十而知天命”,可见他把学《易》和“知天命”联系在一起。他主张认真研究《易》,是为了使自己的言行符合于“天命”。《史记·孔子世家》中说,孔子“读《易》,韦编三绝”。孔子非常喜欢读《周易》,曾把穿竹简的皮条翻断了很多次。这表明了孔子活到老、学到老的刻苦钻研精神,值得后人学习。

18. 子所雅言,《诗》《书》、执礼,皆雅言也。

【译文】

孔子有时讲雅言,读《诗》、念《书》、赞礼时,用的都是雅言。(春秋时期，当时较为通行的语文称为雅言。）

19. 叶公问孔子于子路，子路不对。子曰："女奚不曰，其为人也，发愤忘食，乐以忘忧，不知老之将至云尔。"

【译文】

叶公向子路问孔子是个什么样的人，子路不答。孔子（对子路）说："你为什么不这样说，他这个人，发愤用功，连吃饭都忘了，快乐得忘了一切忧虑，连自己快要老了都不知道，如此而已。"

【评析】

这一章里孔子自述其心态，"发愤忘食，乐以忘忧"，连自己老了都觉察不出来。孔子从读书学习和各种活动中体味到无穷乐趣，是典型的现实主义和乐观主义者，他不为身旁的小事而烦恼，表现出积极向上的精神面貌。

20. 子曰："我非生而知之者，好古，敏以求之者也。"

【译文】

孔子说："我不是生来就有知识的人，而是爱好古代的东西，勤勉地去求得知识的人。"

【评析】

在孔子的观念当中，"上智"就是"生而知之者"，但他却否认自己是生而知之者。他之所以成为学识渊博的人，在于爱好古代的典章制度和文献图书，而且勤奋刻苦，思维敏捷。这是他总结自己学习与修养的主要特点。孔子这么说，是为了鼓励学生发愤努力，成为各方面的有用人才。

21. 子不语怪、力、乱、神。

【译文】

孔子不谈论怪异、暴力、变乱、鬼神。

【评析】

孔子大力提倡“仁德”“礼治”等道德观念，从《论语》书中，很少见到孔子谈论怪异、暴力、变乱、鬼神，如他“敬鬼神而远之”等。孔子偶尔谈及这些问题时，都是有条件的，有特定环境的。

22. 子曰：“三人行，必有我师焉。择其善者而从之，其不善者而改之。”

【译文】

孔子说：“三个人一起走路，其中必定有人可以做我的老师。我选择他好的品德向他学习，看到他不好的地方（如果自己也有）就改掉。”

【评析】

孔子的“三人行，必有我师焉”这句话，受到后代知识分子的极力赞赏。他虚心向别人学习的精神十分可贵，但更可贵的是，他不仅要以善者为师，而且以不善者为鉴，这其中包含深刻的哲理。孔子的这段话，对于指导我们待人处世、修身养性、增长知识，都是有益的。

23. 子曰：“天生德于予，桓魋其如予何？”

【译文】

孔子说：“上天把德赋予了我，桓魋能把我怎么样呢？”

【评析】

孔子认为自己是有仁德的人，而且是上天把仁德赋予了他，所以桓魋对他是无可奈何的。

24. 子曰："二三子以我为隐乎？吾无隐乎尔。吾无行而不与二三子者，是丘也。"

【译文】

孔子说："学生们，你们以为我对你们有什么隐瞒的吗？我是丝毫没有隐瞒的。我没有什么事不是和你们一起干的。我孔丘就是这样的人。"

25. 子以四教：文、行、忠、信。

【译文】

孔子以文、行、忠、信四项内容教授学生。

【评析】

本章主要讲孔子教学的内容。当然，这仅是他教学内容的一部分，并不包括全部内容。孔子注重对历代古籍、文献资料的学习，但仅有书本知识还不够，还要重视社会实践活动。所以，从《论语》书中，我们可以看到孔子经常带领他的学生周游列国，一方面对各国统治者进行游说，一方面让学生在实践中增长知识和才干。但书本知识和实践活动仍不够，还要养成忠、信的德行，即对待别人的忠心和与人交际的守信。概括起来讲，就是书本知识、社会实践和道德修养三个方面。

26. 子曰："圣人，吾不得而见之矣！得见君子者，斯可矣。"子曰："善人，吾不得而见之矣！得见有恒者，斯可矣。亡而为有，虚而为盈，约而为泰，难乎有恒矣。"

【译文】

孔子说："我是不可能见到圣人了，能见到君子，这就可以了。"孔子又说："我不可能见到善人了，能见到有节操的人，这也就可以了。没有却装作有，空虚却装作充实，穷困却装作富足，这样的人是难以有节操了。"

【评析】

对于春秋末期"礼崩乐坏"的社会状况，孔子似乎感到一种绝望，因为他认为在那样的社会环境中，难以找到"圣人""善人"，而那些"虚而为盈，约而为泰"的人却比比皆是。在这样的情况下，能看到"君子""有恒者"，也就心满意足了。

27. 子钓而不纲，弋不射宿。

【译文】

孔子钓鱼只用（有一个鱼钩的）钓竿，而不用（带有许多鱼钩的）网绳。射箭（只射飞鸟，）不射归巢的鸟。

【评析】

其实，用只有一个鱼钩的钓竿钓鱼和用网捕鱼，只用箭射飞行中的鸟和射巢中之鸟从实质上并无区别。孔子的这种做法，只不过表明他自己的仁德之心罢了。

28. 子曰："盖有不知而作之者，我无是也。多闻，择其善者而从之，多见而识之，知之次也。"

【译文】

孔子说："有这样一种人，可能他什么都不懂却凭空创造，我却没有这样做过。多听，选择其中好的来学习；多看，然后记在心里。这样的智仅次于‘生而知之’。”

【评析】

本章里，孔子提出对自己所不知的东西，应该多听、多看，努力学习，反对那种本来什么都不懂，却凭空创造的做法。这是他对自己的要求，也是对学生们的要求。

29. 互乡难与言，童子见，门人惑。子曰：“与其进也，不与其退也，唯何甚？人洁己以进，与其洁也，不保其往也。”

【译文】

（孔子认为）很难与互乡那个地方的人谈话，但互乡的一个童子却受到了孔子的接见，学生们都感到迷惑。孔子说：“我是肯定他的进步，不是肯定他的倒退。何必做得太过分呢？人家改正了错误以求进步，我们肯定他改正错误，不要抓住他的过去不放。”

【评析】

孔子时常向各地的人们宣传他的思想主张。但在互乡这个地方，就有些行不通了。所以他说：“与其进也，不与其退也”；“人洁己以进，与其洁也，不保其往也”，这从一个侧面体现出孔子“诲人不倦”的态度，而且他认为不应抓着过去的错误不放。

30. 子曰：“仁远乎哉？我欲仁，斯仁至矣。”

【译文】

孔子说：“仁难道离我们很远吗？只要我想达到仁，仁就来了。”

【评析】

从本章孔子的言论来看，仁是人的本性，因此为仁就全靠自身的努力，不能依靠外界的力量。“我欲仁，斯仁至矣”这种认识的基础，仍然是靠道德的自觉，要经过不懈的努力，就有可能达到仁。这里，孔子强调了人进行道德修养的主观能动性，有其重要意义。

31. 陈司败问：“昭公知礼乎？”孔子曰：“知礼。”孔子退，揖巫马期而进之曰：“吾闻君子不党，君子亦党乎？君取于吴，为同姓，谓之吴孟子。君而知礼，孰不知礼？”巫马期以告。子曰：“丘也幸，苟有过，人必知之。”

【译文】

陈司败问：“鲁昭公懂得礼吗？”孔子说：“懂得礼。”孔子出来后，陈司败向巫马期作了个揖，请他走近自己，对他说：“我听说，君子是没有偏私的，难道君子还包庇别人吗？鲁君在吴国娶了一个同姓的女子为夫人，是国君的同姓，称她为吴孟子。如果鲁君算是知礼，还有谁不知礼呢？”巫马期把这句话告诉了孔子。孔子说：“我真是幸运。如果有错，人家一定会知道。”

【评析】

鲁昭公娶同姓女为夫人，违反了周礼的规定，而孔子却说他懂礼。这表明孔子的确在袒护鲁昭公，即“为尊者讳”。孔子以维护当时的宗法等级制度为最高原则，所以他自身出现了矛盾。在这种情况下，孔子又不得不自嘲：“丘也幸，苟有过，人必知之。”事实上，他已经承认偏袒鲁昭公是自己的过错，只是无法解决这个矛盾而已。

32. 子与人歌而善，必使反之，而后和之。

【译文】

孔子与别人一起唱歌，如果唱得好，一定要请他再唱一遍，然后和他一起唱。

33. 子曰："文，莫吾犹人也。躬行君子，则吾未之有得。"

【译文】

孔子说："就书本知识来说，大约我和别人差不多，做一个身体力行的君子，那我还没有做到。"

【评析】

对于"文，莫吾犹人也"一句，在学术界还有不同解释。我们采用了"大约我和别人差不多"的解释。孔子从事教育，既给学生传授书本知识，也注重培养学生的实际能力。他说自己在身体力行方面，还没有达到君子的要求，希望自己和学生们尽可能地从这个方面再努力。

34. 子曰："若圣与仁，则吾岂敢？抑为之不厌，诲人不倦，则可谓云尔已矣。"公西华曰："正唯弟子不能学也。"

【译文】

孔子说："如果说到圣与仁，那我怎么敢当！不过（向圣与仁的方向）努力而不感厌烦，教诲别人也从不感觉疲倦，则可以这样说。"公西华说："这正是我们学不到的。"

【评析】

本篇第 2 章里，孔子已经谈到"学而不厌，诲人不倦"，本章又说到"为之不厌，诲人不倦"。说起圣与仁，孔子还不敢当，但朝这个方向努力，他会不厌其烦地去做。同时，他也不感疲倦地教诲别人。这是孔子的由衷之言。仁与不仁，其基础在于好学不好学，而学又不能停留在口头上，重在能行。所以学而不厌，诲人不倦，是相互关联、基本一致的。《孟子·公孙丑上》：“学不厌，智也！教不倦，仁也。仁且智，夫子既圣矣！”

35. 子疾病，子路请祷。子曰：“有诸？”子路对曰：“有之。《诔》曰：‘祷尔于上下神祇。’”子曰：“丘之祷久矣。”

【译文】

孔子病情严重，子路向鬼神祈祷。孔子说：“有这回事吗？”子路说：“有的。《诔》文上说：‘为你向天地神灵祈祷。’”孔子说：“我很久以来就在祈祷了。”

【评析】

孔子患了重病，子路为他祈祷，孔子对此举并不加以反对，而且说自己已经祈祷很久了。表明他对鬼神抱有怀疑态度，说自己平素言行并无过错，所以祈祷对他无所谓。

36. 子曰：“奢则不孙，俭则固。与其不孙也，宁固。”

【译文】

孔子说：“奢侈了就会越礼，节俭了就会寒酸。与其越礼，宁可寒酸。”

【评析】

春秋时代各诸侯、大夫等都极为奢侈豪华，他们的生活享乐标准和礼仪规模都与周天子没有区别，这在孔子看来，都是越礼、违礼的行为。尽管节俭就会让人感到寒酸，但与其越礼，则宁可寒酸，以维护礼的尊严。

37. 子曰："君子坦荡荡，小人长戚戚。"

【译文】

孔子说："君子心胸宽广，小人经常忧愁。"

【评析】

"君子坦荡荡，小人长戚戚"是人们所熟知的一句名言。许多人常常将此写成条幅，悬于室中，以激励自己。孔子认为，作为君子，应当有宽广的胸怀，可以容忍别人，容纳各种事件，不计个人利害得失。心胸狭窄，与人为难、与己为难，时常忧愁，局促不安，就不可能成为君子。

38. 子温而厉，威而不猛，恭而安。

【译文】

孔子温和而又严厉，威严而不凶猛，庄重而又安详。

【评析】

这是孔子的学生对孔子的赞扬。孔子认为人有各种欲与情，这是顺应自然的，但人所有的情感与欲求，都必须合乎"中和"的原则。"厉""猛"等都有些"过"，而"不及"同样是不可取的。孔子的这些情感与实际表现，可以说正是符合中庸原则的。

泰伯篇

本篇共21章，其中著名的文句有："鸟之将死，其鸣也哀；人之将死，其言也善"；"任重而道远"；"死而后已"；"民可使由之，不可使知之"；"不在其位，不谋其政"等。本篇的基本内容，涉及孔子及其学生对尧舜禹等古代先王的评价；孔子教学方法和教育思想的进一步发挥；孔子道德思想的具体内容以及曾子在若干问题上的见解。

1. 子曰："泰伯，其可谓至德也已矣。三以天下让，民无得而称焉。"

【译文】

孔子说："泰伯可以说是品德最高尚的人了，几次把王位让给季历，老百姓都找不到合适的词句来称赞他。"

【评析】

传说古公亶父知道三子季历的儿子姬昌有圣德，想传位给季历，泰伯知道后便与二弟仲雍一起避居到吴。古公亶父死，泰伯不回来奔丧，后来又断发文身，表示终身不返，把君位让给了季历，季历传给姬昌，即周文王。武王时，灭了殷商，统一了天下。这一历史事件在孔子看来，是值得津津乐道的，三让天下的泰伯是道德最高尚的人。只有天下让给贤者、圣者，才有可能得到治理，而让位者则显示出高尚的品格，老百姓对他们是称赞无比的。

2. 子曰："恭而无礼则劳，慎而无礼则葸，勇而无礼则乱，直而无礼则绞。君子笃于亲，则民兴于仁，故旧不遗，则民不偷。"

【译文】

孔子说："只是恭敬而不以礼来指导，就会徒劳无功；只是谨慎而不以礼来指导，就会畏葸懦弱；只是勇猛而不以礼来指导，就会盲动闯祸；心直口快却不以礼来指导，就会说话尖刻。君子如果厚待自己的亲属，老百姓当中就会兴起仁的风气；君子如果不遗弃老朋友，老百姓就不会对人冷漠无情了。"

【评析】

“恭”“慎”“勇”“直”等德目不是孤立存在的，必须以“礼”作为指导，只有在“礼”的指导下，这些德目的实施才能符合中庸的准则，否则就会出现“劳”“葸”“乱”“绞”，就不能达到修身养性的目的。

3. 曾子有疾，召门弟子曰：“启予足！启予手！《诗》云：‘战战兢兢，如临深渊，如履薄冰。’而今而后，吾知免夫！小子！”

【译文】

曾子患了重病，召唤门下的弟子说：“看看我的脚，看看我的手。正如《诗经》里说的：‘小心谨慎，如同面临深渊，如同践履薄冰。’从今以后，我才知道能免于祸难了，学生们！”

【评析】

曾子借用《诗经》里的三句，来说明自己一生谨慎小心，避免损伤身体，能够对父母尽孝。据《孝经》记载，孔子曾对曾参说过：“身体发肤，受之父母，不敢毁伤，孝之始也。”就是说，一个孝子，应当极其爱护父母给予自己的身体，包括头发和皮肤都不能有所损伤，这就是孝的开始。曾子在临死前要他的学生们看看自己的手脚，以表明自己的身体完整无损，是一生遵守孝道的。可见，孝在儒家的道德规范当中是多么重要。

4. 曾子有疾，孟敬子问之。曾子言曰：“鸟之将死，其鸣也哀；人之将死，其言也善。君子所贵乎道者三：动容貌，斯远暴慢矣；正颜色，斯近信矣；出辞气，斯远鄙倍（通‘背’）矣。笾豆之事，则有司存。”

【译文】

曾子病了，孟敬子去看望他。曾子对他说："鸟快死了，它的鸣叫声是悲哀的；人快死了，他说的话是善意的。君子所应当重视的道有三个方面：使自己的容貌庄重严肃，这样可以避免粗暴、懈怠；使自己的脸色一本正经，这样就接近于诚信；使自己的言辞和语气谨慎小心，这样就可以避免粗野和悖理。至于祭祀和礼节仪式，自有主管其事的小吏。"

【评析】

曾子与孟敬子在政治立场上是对立的。曾子在临死前，还在试图改变孟敬子的态度，所以他说："人之将死，其言也善。"这一方面表明他自己对孟敬子没有恶意，同时也告诉孟敬子，作为君子应当重视的三个方面。这些道理现在看起来，还是很有意义的，对于个人的道德修养与和谐的人际关系有重要的借鉴价值。

5. 曾子曰："以能问于不能，以多问于寡；有若无，实若虚；犯而不校——昔者吾友尝从事于斯矣。"

【译文】

曾子说："自己有才能却向没有才能的人请教，自己知识多却向知识少的人请教；有学问却像没学问一样；知识很充实却好像很空虚；被人侵犯却也不计较——从前我的朋友就这样做过了。"（历来注释家将朋友解为颜回。）

【评析】

曾子在这里所说的话，完全秉承了孔子的思想学说。"问于不能""问于寡"等都表明在学习上的谦逊态度。没有知识、没有才能的人并不是一钱不值的，在他们身上总有值得学习的地方。所以，既要向有知识、有才能的人学习，又要向少知识、少才能的人学习。其次，曾子还提出“有若无”“实若虚”的说法，希望人们始终保持谦虚不自满的态度。曾子说“犯而不校”，表现了一种宽广的胸怀和忍让精神，这也是值得学习的。

6. 曾子曰：“可以托六尺之孤，可以寄百里之命，临大节而不可夺也。君子人与？君子人也。”

【译文】

曾子说：“可以把年幼的君主托付给他，可以把国家的政权托付给他，在生死存亡的紧要关头而不动摇屈服。这样的人是君子吗？是君子啊！”

【评析】

孔子所培养的就是有道德、有知识、有才干的人，他可以受命辅佐幼君，可以执掌国家政权，这样的人在生死关头决不动摇，决不屈服，这就是具有君子品格的人。

7. 曾子曰：“士不可以不弘毅，任重而道远。仁以为己任，不亦重乎？死而后已，不亦远乎？”

【译文】

曾子说：“士不可以不刚强而有毅力，因为他责任重大，路途遥远。把实现仁作为自己的责任，难道还不重大吗？奋斗终生，死而后已，难道路途还不遥远吗？”

8. 子曰：“兴于诗，立于礼，成于乐。”

【译文】

孔子说："（人的修养）开始于学《诗》，树立于学礼，完成于学音乐。"

【评析】

本章里孔子提出了他从事教育的三方面内容：诗、礼、乐，而且指出了这三者的不同作用。孔子要求学生不仅要讲个人的修养，而且要有全面、广泛的知识和技能。

9. 子曰："民可使由之，不可使知之。"

【译文】

孔子说："对于老百姓，只能使他们按照我们的道路去做，不能使他们懂得为什么要这样做。"

【评析】

孔子思想上有"爱民"的内容，但这是有前提的。他爱的是"顺民"，不是"乱民"。本章里他提出的观点，就表明了他的"愚民"思想，当然，愚民与爱民并不是互相矛盾的。另有人认为，对此句应做如下解释："民可，使由之；不可，使知之。"即百姓认可，就让他们照着去做；百姓不认可，就给他们说明道理。持这种观点的人认为这是孔子倡行朴素民主政治的尝试。但大多数学者认为，这样断句不符合古汉语的语法；这样理解，拔高了孔子的思想水平，使古人现代化了，也与《论语》一书所反映的孔子思想不符。

10. 子曰："好勇疾贫，乱也。人而不仁，疾之已甚，乱也。"

【译文】

孔子说："喜好勇敢而又厌恶贫困，就会犯上作乱。对于不仁德的人或事逼迫得太厉害，也会出乱子。”

【评析】

本章与上一章有关联。在孔子看来，老百姓如果不甘心居于自己穷困的地位就会起来造反，这就不利于社会的安定。而对那些不仁的人逼迫得太厉害，也会惹出祸端。所以，最好的办法就是“民可使由之，不可使知之”，培养人们的“仁德”。

11. 子曰：“如有周公之才之美，使骄且吝，其余不足观也已。”

【译文】

孔子说：“（一个在上位的君主）即使有周公那样美好的才能，如果骄傲自大而又吝啬小气，那其他方面也就不值得一看了。”

12. 子曰：“三年学，不至于谷，不易得也。”

【译文】

孔子说：“学习了三年，还得不到做官的俸禄，是不易找到的。”

【评析】

古代以谷米作为俸禄，所以以“谷”指代做官。孔子办教育的主要目的，是培养治国安邦的人才，古时学习一般以三年为一个阶段，此后便可做官。

13. 子曰：“笃信好学，守死善道，危邦不入，乱邦不居。天下有道则见，无道则隐。邦有道，贫且贱焉，耻也；邦无道，富且贵焉，耻也。”

【译文】

孔子说："坚定信念并努力学习，誓死守护并完善治国与为人的大道。不进入政局不稳的国家，不居住在动乱的国家。天下有道就出来做官，天下无道就隐居不出。国家有道而自己贫贱，是耻辱；国家无道而自己富贵，也是耻辱。"

【评析】

这是孔子传授给弟子们的为官之道。"天下有道则见，无道则隐"，"用之则行，舍之则藏"，这是孔子为官处世的一条重要原则。此外，他还提出应当把个人的贫贱荣辱与国家的兴衰存亡联系在一起，这才是为官的基点。

14. 子曰："不在其位，不谋其政。"

【译文】

孔子说："不在那个职位上，就不考虑那个职位上的事。"

【评析】

"不在其位，不谋其政"涉及儒家所谓的"名分"问题。不在其位而谋其政，则有僭越之嫌，就被人认为是"违礼"之举。"不在其位，不谋其政"也就是要"安分守己"。

15. 子曰："师挚之始，《关雎》之乱（合奏乐，终曲），洋洋乎盈耳哉！"

【译文】

孔子说："从太师挚演奏的序曲开始，到最后演奏《关雎》的结尾，丰富而优美的音乐在我耳边回荡。"

16. 子曰："狂而不直，侗而不愿，悾悾而不信，吾不知之矣。"

【译文】

孔子说："狂妄而不正直，无知而不谨慎，表面上诚恳而不守信用，我真不知道有的人会是这个样子。"

【评析】

"狂而不直，侗而不愿，悾悾而不信"都不是好的道德品质，孔子对此十分反感。这是因为，这几种品质不符合中庸的基本原则，也不符合儒家一贯倡导的"温、良、恭、俭、让"和"仁、义、礼、智、信"的要求。

17. 子曰："学如不及，犹恐失之。"

【译文】

孔子说："学习知识就像追赶前方似的，（追上了）又会担心丢掉什么。"

【评析】

本章是讲学习态度的问题。孔子自己对学习知识的要求十分强烈，他也同时这样要求他的学生。"学如不及，犹恐失之"就是对"学而不厌"最好的注脚。

18. 子曰："巍巍乎，舜禹之有天下也而不与（yù）焉！"

【译文】

孔子说："多么崇高啊！舜和禹得到天下却一点儿也不为自己占有。"

【评析】

这里孔子所讲的话，应该有所指。当时社会混乱，政局动荡，弑君、篡位者屡见不鲜。孔子赞颂传说时代的“舜、禹”，表明对古时禅让制的认同，他借称颂舜禹，抨击现实中的问题。

19. 子曰：“大哉尧之为君也！巍巍乎，唯天为大，唯尧则之。荡荡乎，民无能名焉。巍巍乎其有成功也，焕乎其有文章！”

【译文】

孔子说：“尧这样的君主真伟大啊！多么崇高啊！只有天最高大，只有尧才能效法天的高大。（他的恩德）多么广大啊，百姓们真不知道用什么来称赞他。他的功绩多么崇高，他制定的礼仪制度多么美好啊！”

【评析】

尧是中国传说时代的圣君。孔子在这里用极美好的语言称赞尧，尤其对他的礼仪制度大加赞美，表达了他对古代先王的崇敬心情。

20. 舜有臣五人而天下治。武王曰：“予有乱（治）臣十人。”孔子曰：“才难，不其然乎？唐虞之际，于斯为盛，有妇人焉，九人而已。三分天下有其二，以服事殷。周之德，其可谓至德也已矣。”

【译文】

舜有五位贤臣，就能治理好天下。周武王也说过：“我有十个帮助我治理国家的臣子。”孔子说：“人才难得，难道不是这样吗？唐尧和虞舜之间及周武王这个时期，人才是最盛了。但十个大臣当中有一个是妇女，实际上只有九个人而已。周文王得了天下的三分之二，仍然向殷称臣，周朝的德，可以说是最高的了。”

【评析】

本章孔子提出了一个重要问题，就是治理天下，必须有人才，而人才是十分难得的。有了人才，国家就可以得到治理，天下就可以太平。当然，这并不能证明孔子的“英雄史观”，因为在历史发展过程中，杰出人物的确发挥了不可低估的巨大作用，但人民群众的作用是不可忽视的。

21. 子曰：“禹，吾无间然矣。菲饮食而致孝乎鬼神，恶衣服而致美乎黻（fú，祭祀礼服）冕；卑宫室而尽力乎沟洫。禹，吾无间然矣。”

【译文】

孔子说：“对于禹，我没有什么可以点评的了。他的饮食很简单而尽力去祭祀鬼神；他平时穿着很简朴，而祭祀时尽量穿得华美；他自己住的宫室很差，而致力于修治水利事宜。对于禹，我确实没有什么点评的了。”

【评析】

以上这几章，孔子对尧、舜、禹给予高度评价，认为在他们的时代，一切都很完善，为君者生活简朴，敬畏鬼神，是执政者的榜样，而当今（指孔子所处的时代）不少人拼命追逐权力、地位和财富，而把人民的生活和国家的富强放在了次要的位置，以古喻今，孔子是在向统治者提出警告。

子罕篇

本篇共包括31章。其中著名的文句有：“出则事公卿，入则事父兄”；“后生可畏，焉知来者之不如今也”；“三军可夺帅也，匹夫不可夺志也”；“岁寒，然后知松柏之后彫也”；“知者不惑，仁者不忧，勇者不惧”。本篇涉及孔子的道德教育思想；孔子弟子对其师的议论；此外，还记述了孔子的一些活动。

1. 子罕言利，与命与仁。

【译文】

孔子很少谈到利益，却赞成天命和仁德。

【评析】

“子罕言利”，说明孔子对“利”的轻视。在《论语》书中，我们也多处见到他谈“利”的问题，但基本上主张“先义后利”“重义轻利”，但孔子重视“命”和“仁”。孔子讲“命”，常将“命”与“天”相连，即“天命”。孔子还讲“仁”，“仁”是其思想的核心。

2. 达巷党人曰：“大哉孔子！博学而无所成名。”子闻之，谓门弟子曰：“吾何执？执御乎？执射乎？吾执御矣。”

【译文】

达巷党这个地方有人说：“孔子真伟大啊！他学问渊博，因而不能以某一方面的专长来称赞他。”孔子听说了，对他的学生说：“我要专长于哪个方面呢？驾车呢？还是射箭呢？我还是驾车吧。”

【评析】

对于本章里“博学而无所成名”一句的解释还有一种，即“学问广博，却没有一艺之长以成名。”持此说的人认为，孔子表面上伟大，但实际上算不上博学多识，他什么都懂，却什么都不精。对此说，我们觉得似乎有些求全责备了。

3. 子曰：“麻冕，礼也；今也纯，俭，吾从众。拜下，礼也；今拜乎上，泰也。虽违众，吾从下。”

【译文】

孔子说：“用麻布制成的礼帽，符合于礼的规定。现在大家都用黑丝绸制作，这样比过去节省了，我赞成大家的做法。（臣见国君）首先要在堂下跪拜，这也是符合于礼的。现在大家都只到堂上跪拜，这是倨傲的表现。虽然与大家的做法不一样，我还是主张先在堂下跪拜。”

【评析】

孔子赞同用比较俭省的黑绸帽代替用麻织的帽子这样一种做法，但反对在面君时只在堂上跪拜的做法，表明孔子不是顽固地坚持一切都要合乎于周礼的规定，而是在他认为的原则问题上坚持己见，不愿做出让步，因跪拜涉及“君主之防”的大问题，与戴帽子有根本的区别。

4. 子绝四——毋意，毋必，毋固，毋我。

【译文】

孔子杜绝了四种弊病：不主观猜疑，不绝对肯定，不固执己见，不唯我独是。

【评析】

“绝四”是孔子的一大特点，这涉及人的道德观念和价值观念。人只有首先做到这几点才可以完善道德，修养高尚的人格。

5. 子畏于匡，曰：“文王既没，文不在兹乎？天之将丧斯文也，后死者不得与（yù）于斯文也；天之未丧斯文也，匡人其如予何？”

【译文】

孔子被匡地的人们所围困时，他说：“周文王死了以后，周代的礼乐文化不都体现在我的身上吗？上天如果想要消灭这种文化，那我就不可能掌握这种文化了；上天如果不消灭这种文化，那么匡人又能把我怎么样呢？”

【评析】

孔子从卫国到陈国去，经过匡国，被人误认。对此困境，孔子有自己坚定的信念，他认为自己是周文化的继承者和传播者。不过，当孔子屡遭困厄时，他也感到人力的局限性，而把决定作用归之于天，表明他对“天命”的认可。

6. 太宰问于子贡曰：“夫子圣者与？何其多能也？”子贡曰：“固天纵之将圣，又多能也。”子闻之，曰：“太宰知我乎？吾少也贱，故多能鄙事。君子多乎哉？不多也。”

【译文】

太宰问子贡：“孔夫子是位圣人吧？为什么这样多才多艺呢？”子贡说：“这本是上天让他成为圣人，而且使他多才多艺。”孔子听到后说：“太宰怎么会了解我呢？我因为少年时地位低贱，所以会许多卑贱的技艺。君子会有这么多的技艺吗？不会的。”

【评析】

作为孔子的学生，子贡认为自己的老师是天才，是上天赋予他各种才艺的。

7. 牢曰：“子云，‘吾不试，故艺’。”

【译文】

子牢说：“孔子说过，‘我（年轻时）没有被国家选用做官，所以学会诸多技艺’。”

【评析】

这一章与上一章的内容相关联，同样用来说明孔子“我非生而知之”的思想。孔子不认为自己是“圣人”，也不承认自己是“天才”，他说他的多才多艺是由于年轻时没有去做官，生活比较清贫，所以掌握了这许多的谋生技艺。

8. 子曰：“吾有知乎哉？无知也。有鄙夫问于我，空空如也。我叩其两端而竭焉。”

【译文】

孔子说：“我有知识吗？其实我没有知识。有一个乡下人问我，我对他谈的问题本来一点也不知道。我只是从问题的两端去了解盘问，这样对此问题就了解清楚，然后再告诉他。”

【评析】

孔子本人并不是高傲自大的人。事实也是如此，一个人不可能对世间所有事情都十分精通。但孔子有一个分析问题、解决问题的基本方法，这就是“叩其两端而竭”，只要抓住问题的两个极端，就能求得问题的解决。这种方法，体现了儒家的中庸思想，是一种十分有意义的思想方法。

9. 子曰：“凤鸟不至，河不出图，吾已矣夫！”

【译文】

孔子说：“凤鸟不来了，黄河中也不出现八卦图了。我这一生也就完了吧！”

【评析】

孔子为了恢复礼制而辛苦奔波了一生。到了晚年，他看到周礼的恢复似乎已经成为泡影，于是发出了这样的哀叹。

10. 子见齐衰者，冕衣裳者与瞽者，见之，虽少，必作；过之，必趋。

【译文】

孔子遇见穿丧服的人、穿礼服的人和盲人时，即使他们年轻，也一定要站起来；从他们面前经过时，一定要快步走过。

【评析】

孔子对于周礼十分熟悉，知道遇到什么人该行什么礼，对于尊贵者、家有丧事者和盲者，都应礼貌待之。孔子之所以这样做，说明他极其尊崇“礼”，并尽量身体力行，以恢复礼治的理想社会。

11. 颜渊喟然叹曰：“仰之弥高，钻之弥坚，瞻之在前，忽焉在后。夫子循循然善诱人，博我以文，约我以礼，欲罢不能。即竭吾才，如有所立卓尔。虽欲从之，末由也已。”

【译文】

颜渊感叹地说：“抬头仰望，越望越觉得高；努力钻研，越钻研越觉得深，看着它好像在前面，忽然又像在后面。老师善于一步一步地诱导我，用各种典籍来丰富我的知识，又用各种礼节来约束我的言行，使我想停止学习都不可能，直到我用尽了我的全力。好像有一个十分高大的东西立在我前面，虽然我想要追随上去，却没有前进的路径了。”

【评析】

颜渊在本章里极力推崇自己的老师，把孔子的学问与道德说成是高不可攀的。此外，他还谈到孔子对学生的教育方法，“循循善诱”成为日后为人师者所遵循的原则之一。

12. 子疾病，子路使门人为臣。病间，曰："久矣哉，由之行诈也。无臣而为有臣。吾谁欺？欺天乎？且予与其死于臣之手也，无宁死于二三子之手乎？且予纵不得大葬，予死于道路乎？"

【译文】

孔子患了重病，子路派了（孔子的）门徒去做孔子的家臣（负责料理后事）。后来，孔子的病好了一些，他说："仲由干这种弄虚作假的事情很久了。我明明不该有治丧组织，却偏偏要使人组织治丧之事，我骗谁呢？骗上天吗？与其在治丧形式下死去，我宁可在你们这些学生的侍候下死去，这样不是更好吗？而且即使我不能以大夫之礼来安葬，难道就会被丢在路边没有人埋葬吗？"

【评析】

儒家对于葬礼十分重视，尤其重视葬礼的等级规定。对于死去的人，要严格地按照周礼的有关规定加以埋葬。不同等级的人有不同的安葬仪式，违反了这种规定，就是大逆不道。孔子反对学生们按大夫之礼为他办理丧事，是为了恪守周礼的规定。

13. 子贡曰："有美玉于斯，韫椟而藏诸？求善贾而沽诸？"子曰："沽之哉，沽之哉！我待贾者也。"

【译文】

子贡说："这里有一块美玉，是把它收藏在柜子里呢，还是找一个识货的商人卖掉呢？"孔子说："卖掉吧，卖掉吧！我正在等着识货的人呢。"

【评析】

“待贾而沽”说明了这样一个问题，孔子自称是“待贾者”，他一方面四处游说，以宣传礼治天下为己任，期待着各国统治者能够行其道于天下；另一方面，他也随时准备把自己推上治国之位，依靠政权的力量去推行礼。因此，本章反映了孔子求仕的心理。

14. 子欲居九夷。或曰：“陋，如之何？”子曰：“君子居之，何陋之有？”

【译文】

孔子想要搬到九夷去居住。有人说：“那里非常落后闭塞，不开化，怎么能住呢？”孔子说：“有君子去住，就不闭塞落后了。”

【评析】

中国古代，中原地区的人把居住在东面的人们称为夷人，认为当地闭塞落后，民众愚昧不开化。孔子在回答某人的问题时说，只要有君子去这些地方住，传播文化知识，开化人们的愚蒙，那么这些地方就不会闭塞落后了。

15. 子曰：“吾自卫反鲁，然后乐正，雅颂各得其所。”

【译文】

孔子说：“我从卫国返回到鲁国以后，才把乐章整理出来，使雅乐和颂乐各有适当的安排。”

16. 子曰：“出则事公卿，入则事父兄，丧事不敢不勉。不为酒困，何有于我哉？”

【译文】

孔子说："在外侍奉公卿，在家孝敬父兄，有丧事不敢不尽礼，不被酒所困，这些事对我来说有什么困难呢？"

【评析】

"出则事公卿"，是为国尽忠；"入则事父兄"，是为长辈尽孝。忠与孝是孔子特别强调的两个道德规范，是对所有人的要求，而孔子本人就是这方面的身体力行者。在这里，孔子说自己已经基本上做到了这两点。

17. 子在川上曰："逝者如斯夫，不舍昼夜。"

【译文】

孔子在河边说："消逝的时光就像这河水一样啊，不分昼夜地向前流去。"

18. 子曰："吾未见好德如好色者也。"

【译文】

孔子说："我没有见过像喜爱美貌那样喜爱美德的人。"

19. 子曰："譬如为山，未成一篑，止，吾止也；譬如平地，虽覆一篑，进，吾往也。"

【译文】

孔子说：好比用土堆山，只差一筐土就完成了，这时如果暂时需要停下来，那我便停下来；好比在平地上堆山，虽然只倒下一筐，这时如果需要继续前进，那我便要前进的。"

【评析】

孔子在这里用堆土成山这一比喻，说明功亏一篑和持之以恒的深刻道理，他鼓励自己和学生们无论在学问和道德上，都应该坚持不懈，自觉自愿。这对于立志有所作为的人来说，是十分重要的，也是对人的道德品质的塑造。

20. 子曰："语之而不惰者，其回也与！"

【译文】

孔子说："听我说话而能毫不懈怠的，大概只有颜回一个人吧！"

21. 子谓颜渊曰："惜乎！吾见其进也，未见其止也。"

【译文】

孔子谈及颜渊时说："可惜呀！我只见他不断前进，从来没有看见他停止过。"

【评析】

孔子的学生颜渊是一个十分勤奋刻苦的人，他在生活方面几乎没有什么要求，而是专注在学问和道德修养方面，但却不幸早逝。对于他的死，孔子自然十分悲痛，他经常以颜渊为榜样要求其他学生。

22. 子曰："苗而不秀者有矣夫，秀而不实者有矣夫！"

【译文】

孔子说："庄稼出了苗而不能吐穗扬花的情况是有的，吐穗扬花而不结果实的情况也是有的。"

【评析】

这是孔子以庄稼的生长、开花、结果来比喻一个人从求学到做官的过程。有的人很有才华，但不能持之以恒，最终达不到目的。在这里，孔子还是希望他的学生既能勤奋学习，最终又能做官出仕。

23. 子曰："后生可畏，焉知来者之不如今也？四十、五十而无闻焉，斯亦不足畏也已。"

【译文】

孔子说："年轻人是值得敬畏的，怎么就知道后一代不如前一代呢？如果一个人到了四五十岁时还默默无闻，那他就没有什么可敬畏的了。"

【评析】

这就是说"青出于蓝而胜于蓝"，"长江后浪推前浪，一代更比一代强"。社会在发展，人类在前进，后代一定会超过前人，这种今胜于昔的观念是正确的，说明孔子的思想并不完全是顽固守旧的。

24. 子曰："法语之言，能无从乎？改之为贵。巽与之言，能无说乎？绎之为贵。说而不绎，从而不改，吾末如之何也已矣。"

【译文】

孔子说："符合礼法的话，谁能不听从呢？但改正自己的错误才是可贵的。恭顺赞许的话，谁能听了不高兴呢？但只有认真推究它的真伪，才是可贵的。只是高兴而不去分析，只是表示听从而不改正错误，对这样的人我实在是拿他没有办法了。"

【评析】

本章讲的第一层意见是言行一致的问题。听从那些符合礼法的话只是问题的一方面，而真正依照礼法的规定去改正自己的错误，才是问题的实质。第二层的意思是忠言逆耳，而顺耳之言的是非真伪，则应加以仔细辨别。对于孔子所讲的这两点，我们今天还应借鉴，按照这样的原则去办事。

25. 子曰："主忠信，毋友不如己者，过则勿惮改。"

【译文】

孔子说："一个人要保持忠诚和信誉，结交的朋友没有不如自己的，犯了过错也不担忧去改正。"

26. 子曰："三军可夺帅也，匹夫不可夺志也。"

【译文】

孔子说："一国军队，可以夺去它的主帅；但一个男子汉，他的志向是不能被强迫改变的。"

【评析】

"理想"这个词，在孔子时代称为"志"，就是人的志向、志气。"匹夫不可夺志也"，反映出孔子对于"志"的高度重视，甚至将它与三军之帅相比。对于一个人来讲，他有自己的独立人格，任何人都无权侵犯。作为个人，他应维护自己的尊严，不受威胁利诱，始终保持自己的"志向"。这就是中国人"人格"观念的形成及确定。

27. 子曰："衣敝缊袍，与衣狐貉者立而不耻者，其由也与？'不忮不求，何用不臧？'"子路终身诵之。子曰："是道也，何足以臧？"

【译文】

孔子说："穿着破旧的丝棉袍子，与穿着狐貉皮袍的人站在一起而不认为是可耻的，大概只有仲由吧。(《诗经》上说：)'不嫉妒，不贪求，为什么说不好呢？'"子路听后，反复背诵这句诗。孔子又说："只做到这样，怎么能说够好了呢？"

【评析】

这一章记述了孔子对弟子子路先夸奖又批评的两段话。他希望子路不要满足于目前已经达到的水平，因为仅是不贪求、不嫉妒是不够的，还要有更高的更远的志向，成就一番大事业。

28. 子曰："岁寒，然后知松柏之后彫也。"

【译文】

孔子说："到了寒冷的季节，才知道松柏是最后凋谢的。"

【评析】

孔子认为，人是要有骨气的。作为有远大志向的君子，就像松柏那样，不随波逐流，能够经受各种各样的严峻考验。孔子的话，语言简洁，寓意深刻，值得我们深入思考。

29. 子曰："知者不惑，仁者不忧，勇者不惧。"

【译文】

孔子说："聪明人不会迷惑，有仁德的人不会忧愁，勇敢的人不会畏惧。"

【评析】

在儒家传统道德中，智、仁、勇是重要的三个范畴。《礼记·中庸》说："知、仁、勇，三者天下之达德也。"孔子希望自己的学生能具备这三德，成为真正的君子。

30. 子曰："可与共学，未可与适道；可与适道，未可与立；可与立，未可与权。"

【译文】

孔子说："可以一起学习的人，未必能一起取得成就；能够一起取得成就的人，未必能够事事坚守道；能够事事坚守道的人，未必能够通权达变。"

31. "唐棣之华，偏其反而。岂不尔思，室是远而。"子曰："未之思也，夫何远之有？"

【译文】

古代有一首诗这样写道："唐棣树的花朵啊，翩翩地摇摆。我岂能不想念你吗？只是由于家住的地方太远了。"孔子说："他还是没有真的想念，如果真的想念，有什么遥远的呢？"

乡党篇

本篇共27章，集中记载了孔子的容色言动、衣食住行，颂扬孔子是个一举一动都符合"礼"的正人君子。例如，孔子在面见国君、大夫时的态度，出入公门和出使别国时的表现，都显示出正直、仁德的品格。本篇还记载了孔子日常生活的一些侧面，为人们全面了解孔子、研究孔子，提供了生动的素材。

1. 孔子于乡党，恂（xún）恂如也，似不能言者。其在宗庙、朝廷，便（pián）便言，唯谨尔。

【译文】

孔子在本乡的地方上显得很温和恭敬，像是不会说话的样子。但他在宗庙里、朝廷上，却很善于言辞，只是说得比较谨慎而已。

2. 朝，与下大夫言，侃侃如也；与上大夫言，訚（yín）訚如也。君在，踧踖如也，与与如也。

孔子在上朝的时候，（君主还没有到达，）同下大夫说话，温和而快乐的样子；同上大夫说话，正直而公正的样子；国君已经来了，恭敬而心中不安的样子，但又仪态适中。

3. 君召使摈，色勃如也；足躩（jué）如也。揖所与立，左右手，衣前后，襜（chān）如也。趋进，翼如也。宾退，必复命曰："宾不顾矣。"

【译文】

国君召孔子去接待宾客，孔子脸色立即庄重起来，脚步也快起来，他向和他站在一起的人作揖，手向左或向右作揖，衣服前后摆动，却整齐不乱。快步走的时候，像鸟儿展开双翅一样。宾客走后，必定向君主回报说："客人已经不回头张望了。"

4. 入公门，鞠躬如也，如不容。立不中门，行不履阈。过位，色勃如也，足躩如也，其言似不足者。摄齐升堂，鞠躬如也，屏气似不息者。出，降一等，逞颜色，怡怡如也。没阶，趋进，翼如也。复其位，踧踖如也。

【译文】

孔子走进朝廷的大门，谨慎而恭敬的样子，好像没有他的容身之地。他不站立在门的中间，走路也不踩门槛。经过国君的座位时，他脸色立刻庄重起来，脚步也加快起来，说话也好像中气不足一样。提起衣服下摆向堂上走的时候，恭敬谨慎的样子，憋住气好像不呼吸一样。退出来，走下台阶，脸色便舒展开了，怡然自得的样子。走完了台阶，快速地向前走几步，姿态像鸟儿展翅一样。回到自己的位置，是恭敬而不安的样子。

5. 执圭，鞠躬如也，如不胜（shēng）。上如揖，下如授。勃如战色，足蹜蹜，如有循。享礼，有容色。私觌（dí），愉愉如也。

【译文】

（孔子出使别的诸侯国，）拿着圭，恭敬谨慎，像是举不起来的样子。向上举时好像在作揖，放在下面时好像是给人递东西。脸色庄重得像战栗的样子，步子很小，好像沿着一条直线往前走。在举行赠送礼物的仪式时，显得和颜悦色。和国君举行私下会见的时候，更轻松愉快了。

【评析】

以上五章，集中记载了孔子在朝、在乡的言谈举止、音容笑貌，给人留下十分深刻的印象。孔子在不同的场合，对待不同的人，往往容貌、神态、言行都不同。他在家乡时，给人的印象是谦逊、和善的老实人；他在朝廷上，则态度恭敬而有威仪，不卑不亢，敢于讲话；他在国君面前，温和恭顺，局促不安，庄重严肃又诚惶诚恐。所有这些，为人们深入研究孔子，提供了具体的资料。

6. 君子不以绀（gàn）緅饰，红紫不以为亵服。当暑，袗絺（chī）绤（xì），必表而出之。缁衣，羔裘；素衣，麑（ní）裘；黄衣，狐裘。

亵裘长，短右袂。必有寝衣，长一身有半。狐貉之厚以居。去丧，无所不佩。非帷裳，必杀(shài)之。羔裘玄冠不以吊。吉月，必朝服而朝。

【译文】

君子不用深青透红或黑中透红的布镶边，不用红色或紫色的布做平常在家穿的衣服。夏天穿粗的或细的葛布单衣，但一定要套在内衣外面。黑色的羔羊皮袍，配黑色的罩衣；白色的鹿皮袍，配白色的罩衣；黄色的狐皮袍，配黄色的罩衣。平常在家穿的皮袍做得长一些，右边的袖子短一些。睡觉一定要有睡衣，要有一身半长。用狐貉的厚毛皮做坐垫。丧服期满，脱下丧服后，便佩戴上各种各样的装饰品。如果不是礼服，一定要加以剪裁。不穿着黑色的羔羊皮袍和戴着黑色的帽子去吊丧。每月初一,一定要穿着礼服去朝拜君主。

7. 斋，必有明衣，布。斋必变食，居必迁坐。

【译文】

斋戒沐浴的时候，一定要有浴衣，用布做的。斋戒的时候，一定要改变平常的饮食，住所也一定搬移地方，夫妇不能同房。

8. 食不厌精，脍不厌细。食饐(yì)而餲(aì)，鱼馁而肉败，不食。色恶，不食。臭恶，不食。失饪，不食。不时，不食。割不正，不食。不得其酱，不食。肉虽多，不使胜食气。唯酒无量，不及乱。沽酒市脯，不食。不撤姜食，不多食。

【译文】

粮食不嫌舂得精，鱼和肉不嫌切得细。粮食陈旧和变味了，鱼和肉腐烂了，都不吃。食物的颜色变了，不吃。气味变了，不吃。烹调不当，不吃。不当时的东西，不吃。肉切得不方正，不吃。佐料放得不适当，不吃。席上的肉虽多，但吃的量不超过米面的量。只有酒没有限制，但不喝醉。从市上买来的肉干和酒，不吃。每餐必须有姜，但也不多吃。

9. 祭于公，不宿肉，祭肉不出三日。出三日，不食之矣。

【译文】

孔子参加国君祭祀典礼时分到的肉，不能留到第二天。祭祀用过的肉不超过三天。超过三天，就不吃了。

【评析】

以上四章里，记述了孔子的衣着和饮食习惯。孔子对“礼”的遵循，不仅表现在与国君和大夫们见面时的言谈举止和仪式，而且表现在衣着方面。他对祭祀时、服丧时和平时所穿的衣服都有不同的要求，如单衣、罩衣、麻衣、皮袍、睡衣、浴衣、礼服、便服等，都有不同的规定。在吃的方面，“食不厌精，脍不厌细”，而且对于食物，有八种他不吃。吃了，就有害于健康。

10. 食不语，寝不言。

【译文】

吃饭的时候不交谈，睡觉的时候也不说话。

11. 虽疏食菜羹，必祭，必斋如也。

【译文】

即使是粗米饭蔬菜汤，吃饭前也要把它们取出少量来祭祀，而且表情要像斋戒时那样严肃恭敬。

12. 席不正，不坐。

【译文】

席子放得不合乎礼仪，不坐。

13. 乡人饮酒，杖者出，斯出矣。

【译文】

行乡饮酒的礼仪结束后，（孔子）一定要等老年人先出去，然后自己才出去。

14. 乡人傩，朝服而立于阼（zuò）阶。

【译文】

乡里人举行迎神驱鬼的宗教仪式时，孔子总是穿着朝服站在东边的台阶上。

15. 问人于他邦，再拜而送之。

【译文】

（孔子）托人向在其他诸侯国的朋友问候送礼，便向受托者拜两次送行。

【评析】

以上六章中，记载了孔子举止言谈的某些规矩或者习惯。他时时处处以正人君子的标准要求自己，使自己的言行尽量符合"礼"的规定。他认为，"礼"是至高无上的，是神圣不可侵犯的，那么，一举手、一投足都必须依照"礼"的原则。这一方面是孔子个人修养的具体反映，另一方面也是他向学生们传授知识和仁德时所身体力行的。

16. 康子馈药，拜而受之，曰：“丘未达，不敢尝。”

【译文】

季康子给孔子赠送药品，孔子拜谢之后接受了，说：“我对药性不了解，不敢尝。”

17. 厩焚。子退朝，曰：“伤人乎？”不问马。

【译文】

孔子的马棚失火了。孔子下朝回来，说：“伤人了吗？”并不问马的情况怎么样。

【评析】

孔子家里的马棚失火被烧掉了。当他听到这个消息后，首先问人有没有受伤。有人说，儒家学说是“人学”，这一条可以做佐证材料。他只问人，不问马，表明他重人不重财，十分关心下面的人。事实上，这是中国人道主义思想的发端。

18. 君赐食，必正席先尝之。君赐腥，必熟而荐之。君赐生，必畜之。侍食于君，君祭，先饭。

【译文】

国君赐给熟食，孔子一定摆正座席先尝一尝。国君赐给生肉，一定煮熟了，先（给祖宗）上供。国君赐给活物，一定要饲养起来。同国君一道吃饭，在国君举行饭前祭礼的时候，一定要先尝一尝。

【评析】

古时候君主吃饭前，要有人先尝一尝，君主才吃。孔子对国君十分尊重。他在与国君吃饭时，都主动尝一下，表明他对“礼”的遵从。

19. 疾，君视之，东首，加朝服，拖绅。

【译文】

孔子病了，国君来探视，他便头朝东躺着，身上盖上朝服，拖着大带子。

【评析】

孔子患了病，躺在床上，国君来探视他，他无法起身穿朝服，这似乎对国君不尊重，有违于礼，于是他就把朝服盖在身上。这反映出孔子即使在病榻上，也不会失礼于国君。

20. 君命召，不俟驾行矣。

【译文】

国君召见，孔子不等车马驾好就先步行走去了。

21. 入太庙，每事问。

【译文】【评析】

参见《八佾篇》第 15 章。

22. 朋友死，无所归，曰：“于我殡。”

【译文】

（孔子的）朋友死了，没有亲属负责敛埋，孔子说：“丧事由我来办吧。”

23. 朋友之馈，虽车马，非祭肉，不拜。

【译文】

朋友馈赠物品，即使是车马，不是祭肉，（孔子在接受时）也是不行礼的。

【评析】

孔子把祭肉看得比车马还重要，这是为什么呢？因为祭肉关系到“孝”的问题。用肉祭祀祖先之后，这块肉就不仅仅是一块可以食用的东西了，而是对祖先尽孝的一个载体。

24. 寝不尸，居不客。

【译文】

（孔子）睡觉不像死尸一样挺着，平日家居也不像做客或接待客人时那样（跪着两膝盖在席上）。

25. 见齐衰者，虽狎，必变。见冕者与瞽者，虽亵，必以貌。凶服者式之。式负版者。有盛馔，必变色而作。迅雷风烈必变。

【译文】

（孔子）看见穿丧服的人，即使是关系很亲密的，也一定要把态度变得严肃起来（表示同情）。看见官员和盲人，即使是常在一起的，也一定要有礼貌。在乘车时遇见穿丧服的人，便俯伏在车前横木上（以示同情）。遇见背负国家图籍的人，也这样做（以示敬意）。如果有丰盛的筵席，就神色一变，并站起来致谢。遇见迅雷大风，一定要改变神色（以示对上天的敬畏）。

26. 升车，必正立，执绥。车中，不内顾，不疾言，不亲指。

【译文】

上车时，一定先直立站好，然后拉着扶手带上车。在车上，不回头，不快速说话，不用自己的手指指点点。

【评析】

以上三章，讲的都是孔子如何遵从周礼的。在许多举动上，他都能按礼行事，对不同的人、不同的事、不同的环境，应该有什么表情、什么动作、什么语言，他都一丝不苟，准确而妥帖。所以，孔子的学生们在谈起这些时，津津乐道，极其佩服。

27. 色斯举矣，翔而后集。曰："山梁雌雉，时哉时哉！"子路共之，三嗅（jù）而作。

【译文】

（孔子在山谷中行走，看见一群野鸡在飞，）孔子神色动了一下，野鸡飞翔了一阵落在树上。孔子说："这些山梁上的母野鸡，得其时呀！得其时呀！"子路向它们拱拱手，野鸡便叫了几声飞走了。

【评析】

这里似乎是在游山观景，其实孔子是有感而发。他感到山谷里的野鸡能够自由飞翔，自由落下，这是"得其时"，而自己却"不得其时"，东奔西走，没有获得普遍响应。因此，他看到野鸡时，神色动了一下，随之发出了这样的感叹。

先进篇

本篇共有26章，其中著名的文句有："未能事人，焉能事鬼？""未知生，焉知死""过犹不及"等。这一篇中包含孔子对弟子们的评价，并以此为例说明“过犹不及”的中庸思想；学习各种知识与日后做官的关系；孔子对待鬼神、生死问题的态度。最后一章里，孔子和他的学生们各述其志向，反映出孔子政治思想上的倾向。

1. 子曰：“先进于礼乐，野人也；后进于礼乐，君子也。如用之，则吾从先进。”

【译文】

孔子说：“先学习礼乐而后再做官的人，是（原来没有爵禄的）平民；先当了官然后再学习礼乐的人，是卿大夫的子弟。如果要选用人才，那我主张选用先学习礼乐的人。”

【评析】

在西周时期，人们因社会地位和居住地的不同，就有了贵族、平民和乡野之人的区分。孔子这里认为，那些先当官，即原来就有爵禄的人，在为官以前，没有接受礼乐知识的系统教育，还不知道怎样为官，便当上了官。这样的人是不可选用的。而那些本来没有爵禄的平民，他们在当官以前已经全面系统地学习了礼乐知识，然后就知道怎样为官，怎样当一个好官。

2. 子曰：“从（zòng）我于陈、蔡者，皆不及门也。”

【译文】

孔子说：“曾跟随我从陈国到蔡地去的学生，现在都不在我身边受教了。”

【评析】

公元前489年，孔子和他的学生从陈国到蔡地去。途中，他们被陈国的人所包围，绝粮七天，许多学生饿得不能行走，楚昭王兴师迎孔子，然后得免。当时跟随他的学生有子路、子贡、颜渊等人。公元前484年，孔子回鲁国以后，子路、子贡等先后离开了他，颜回也死了。所以，孔子时常想念他们。这句话，就反映了孔子的这种心情。

3. 德行：颜渊、闵子骞、冉伯牛、仲弓。言语：宰我、子贡。政事：冉有、季路。文学：子游、子夏。

【译文】

德行好的有：颜渊、闵子骞、冉伯牛、仲弓。善于辞令的有：宰我、子贡。擅长政事的有：冉有、季路。通晓文献知识的有：子游、子夏。

4. 子曰："回也非助我者也，于吾言无所不说。"

【译文】

孔子说："颜回不是对我有帮助的人，他对我说的话没有不心悦诚服的。"

【评析】

颜回是孔子得意门生之一，在孔子面前始终是服服帖帖、毕恭毕敬的，对于孔子的学说深信不疑、全面接受。所以，孔子多次赞扬颜回。这里，孔子说颜回"非助我者"，并不是责备颜回，而是在得意地赞许他。

5. 子曰："孝哉闵子骞！人不间于其父母昆弟之言。"

【译文】

孔子说："闵子骞真是孝顺呀！人们对于他的父母兄弟称赞他的话，没有什么异议。"

6. 南容三复白圭，孔子以其兄之子妻之。

【译文】

南容反复诵读“白圭之玷，尚可磨也；斯言之玷，不可为也”的诗句。孔子把侄女嫁给了他。

【评析】

儒家从孔子开始，极力提倡“慎言”，不该说的话绝对不说。因为，白玉被玷污了，还可以把它磨去，而说错了的话，则无法挽回。希望人们言语要谨慎。这里，孔子把自己的侄女嫁给了南容，表明他很欣赏南容的慎言。

7. 季康子问：“弟子孰为好学？”孔子对曰：“有颜回者好学，不幸短命死矣，今也则亡。”

【译文】

季康子问孔子：“你的学生中谁是好学的？”孔子回答说：“有一个叫颜回的学生很好学，不幸短命死了。现在再也没有像他那样的了。”

8. 颜渊死，颜路请子之车以为之椁。子曰：“才不才，亦各言其子也。鲤也死，有棺而无椁。吾不徒行以为之椁。以吾从大夫之后，不可徒行也。”

【译文】

颜渊死了，（他的父亲）颜路请求孔子卖掉车子，给颜渊买个外椁。孔子说：“不管有才或者没才，但都是自己的儿子。孔鲤死的时候，也是有棺无椁。我没有卖掉自己的车子步行而给他买椁。因为我还跟随在大夫之后，是不可以步行的。”

【评析】

颜渊是孔子的得意门生。孔子多次高度称赞颜渊，认为他有很好的品德，又好学上进。颜渊死了，他的父亲颜路请孔子卖掉自己的车子，给颜渊买椁。尽管孔子十分悲痛，但他却不愿意卖掉车子。因为他曾经担任过大夫一级的官员，而大夫必须有自己的车子，不能步行，否则就违背了礼的规定。这一章反映了孔子对礼的严谨态度。

9. 颜渊死，子曰："噫！天丧予！天丧予！"

【译文】

颜渊死了，孔子说："唉！老天爷要我的命呀！老天爷要我的命呀！"

10. 颜渊死，子哭之恸。从者曰："子恸矣。"曰："有恸乎？非夫人之为恸而谁为？"

【译文】

颜渊死了，孔子哭得极其悲痛。跟随孔子的人说："您悲痛过度了！"孔子说："是太悲痛过度了吗？我不为这个人悲痛过度，又为谁呢？"

11. 颜渊死，门人欲厚葬之，子曰："不可。"门人厚葬之。子曰："回也视予犹父也，予不得视犹子也。非我也，夫二三子也。"

【译文】

颜渊死了，孔子的学生们想要隆重地安葬他。孔子说："不能这样做。"学生们仍然隆重地安葬了他。孔子说："颜回把我当父亲一样看待，我却不能把他当亲生儿子一样看待。这不是我的过错，是那些学生们干的呀。"

【评析】

孔子说“予不得视犹子也”，这句话的意思是，不能像对待自己亲生的儿子那样，按照礼的规定，对他予以安葬。他的学生仍隆重地埋葬了颜渊，孔子说，这不是自己的过错，而是学生们做的。这仍是表明孔子遵从礼的原则，即使是在厚葬颜渊的问题上，仍是如此。

12. 季路问事鬼神。子曰：“未能事人，焉能事鬼？”曰：“敢问死。”曰：“未知生，焉知死？”

【译文】

季路问怎样去侍奉鬼神。孔子说：“没能侍奉好人，怎么能侍奉鬼呢？”季路又问：“请问死是怎么回事？”孔子说：“还不知道活着的道理，怎么能知道死呢？”

【评析】

孔子这里讲的“事人”，指侍奉君父。在君父活着的时候，如果不能尽忠尽孝，君父死后也就谈不上孝敬鬼神，他希望人们能够忠君孝父。本章表明了孔子在鬼神、生死问题上的基本态度，他不信鬼神，也不把注意力放在来世或死后的情形上，在君父生前要尽忠尽孝，至于对待鬼神就不必多提了。这一章为他所说的“敬鬼神而远之”做了注脚。

13. 闵子侍侧，訚（yín）訚如也；子路，行（hàng）行如也；冉有、子贡，侃侃如也。子乐。“若由也，不得其死然。”

【译文】

闵子骞侍立在孔子身旁，一派和悦而温顺的样子；子路是一副刚强的样子；冉有、子贡是温和快乐的样子。孔子高兴了。但孔子又说：“像仲由这样，只怕不得好死吧！”

【评析】

子路这个人有勇无谋，尽管他非常刚强。孔子一方面为他的这些学生各有特长而高兴，但又担心子路，唯恐他不会有好的结果。师之爱生，人之常情。孔子的这种担心，就说明了这一点。

14. 鲁人为长府。闵子骞曰："仍旧贯，如之何？何必改作？"子曰："夫人不言，言必有中。"

【译文】

鲁国翻修长府的国库。闵子骞道："照老样子下去，怎么样？何必改建呢？"孔子道："这个人平日不大开口，一开口就说到要害上。"

15. 子曰："由之瑟奚为于丘之门？"门人不敬子路。子曰："由也升堂矣，未入于室也。"

【译文】

孔子说："仲由弹瑟，为什么在我这里弹呢？"孔子的学生们因此都不尊敬子路。孔子便说："仲由嘛，他在学习上已经达到一定的程度了，只是还没有精深。"

【评析】

这一段文字记载了孔子对子路的评价。他先是用责备的口气批评子路，当其他门人都不尊敬子路时，他便改口说子路已经升堂尚未入室。这是就演奏乐器而言的。孔子对学生的态度应该讲是比较客观的，有成绩就表扬，有过错就反对，让学生认识到自己的不足，同时又树立起信心，争取更大的成绩。

16. 子贡问："师与商也孰贤？"子曰："师也过，商也不及。"曰："然则师愈与？"子曰："过犹不及。"

【译文】

子贡问孔子："子张和子夏二人谁更好一些呢？"孔子回答说："子张过分，子夏不足。"子贡说："那么是子张好一些吗？"孔子说："过分和不足是一样的。"

【评析】

"过犹不及"即中庸思想的具体说明。《中庸》说，过犹不及为中。"道之不行也，我知之矣。知者过之，愚者不及也。道之不明也，我知之矣。贤者过之，不肖者不及也。""执其两端，用其中于民，其斯以为舜乎？"这是说，舜于两端取其中，既非过，也非不及，以中道教化百姓，所以为大圣。这就是对本章孔子"过犹不及"的具体解释。既然子张做得过分、子夏做得不足，那么两人都不好，所以孔子对此二人的评价就是"过犹不及"。

17. 季氏富于周公，而求也为之聚敛而附益之。子曰："非吾徒也。小子鸣鼓而攻之可也。"

【译文】

季氏比周朝的公侯还要富有，而冉求还帮他搜刮百姓来增加他的财富。孔子说："他不是我的学生了，你们可以大张旗鼓地去攻击他了！"

【评析】

鲁国的三家曾于公元前562年将公室，即鲁国国君直辖的土地和附属于土地上的奴隶瓜分，季氏分得三分之一，并用封建的剥削方式取代了奴隶制的剥削方式。公元前537年，三家第二次瓜分公室，季氏分得二分之一。由于季氏推行了新的政治和经济措施，所以很快富了起来。孔子的学生冉求帮助季氏积敛钱财，搜刮人民，所以孔子很生气，表示不承认冉求是自己的学生，而且让其他学生打着鼓去声讨冉求。

18. 柴也愚，参也鲁，师也辟，由也喭（yàn）。

【译文】

高柴愚直，曾参鲁钝，颛孙师偏激，仲由粗鲁。

【评析】

孔子认为，他的这些学生各有所偏，不合中行，对他们的品质和德行必须加以纠正。这一段同样表达了孔子的中庸思想。中庸是一种折中调和思想，调和与折中是事物发展过程中的一种状态，这种状态是相对的、暂时的。孔子揭示了事物发展过程的这一状态，并概括为“中庸”，这在中国古代认识史上是有贡献的。

19. 子曰：“回也其庶乎，屡空。赐不受命，而货殖焉，亿则屡中。”

【译文】

孔子说：“颜回的学问道德接近于完善了吧，可是他常常穷困潦倒。端木赐不听命运的安排，去做买卖，猜测行情，往往能猜中。”

【评析】

这一章，孔子对颜回学问道德接近于完善却在生活上常常贫困深感遗憾。同时，他对子贡不听命运的安排去经商致富反而感到不满，这在孔子看来，是极其不公正的。

20. 子张问善人之道，子曰：“不践迹，亦不入于室。”

【译文】

子张问做善人的方法。孔子说：“如果不沿着前人的脚印走，其学问和修养就不到家。

21. 子曰："论笃是与，君子者乎？色庄者乎？"

【译文】

孔子说："听到人议论笃实诚恳就表示赞许，但还应看他是真君子，还是神情上伪装庄重的人呢？"

【评析】

孔子希望他的学生们不但要说话笃实诚恳，而且要言行一致。在第五篇第10章中曾有"听其言而观其行"的说法，表明孔子在观察别人的时候，不仅要看他说话时诚恳的态度，而且要看他的行动。言行一致才是真君子。

22. 子路问："闻斯行诸？"子曰："有父兄在，如之何其闻斯行之？"冉有问："闻斯行诸？"子曰："闻斯行之。"公西华曰："由也问闻斯行诸，子曰，'有父兄在'；求也问闻斯行诸，子曰，'闻斯行之'。赤也惑，敢问。"子曰："求也退，故进之；由也兼人，故退之。"

【译文】

子路问："听到了就行动起来吗？"孔子说："有父兄在，怎么能听到就行动起来呢？"冉有问："听到了就行动起来吗？"孔子说："听到了就行动起来。"公西华说："仲由问'听到了就行动起来吗？'您回答说'有父兄健在，不能这样做'；冉求问'听到了就行动起来吗？'您回答'听到了就行动起来'。我被弄糊涂了，希望再问个明白。"孔子说："冉求总是退缩，所以我鼓励他；仲由好勇过人，所以我约束他。"

【评析】

这是孔子把中庸思想贯穿于教育实践中的一个具体事例。在这里，他要自己的学生不要退缩，也不要过头冒进，要进退适中。所以，对于同一个问题，孔子针对子路与冉求的不同情况做了不同回答。同时也生动地反映了孔子教育方法的一个特点，即因材施教。

23. 子畏于匡，颜渊后。子曰："吾以女为死矣。"曰："子在，回何敢死？"

【译文】

孔子在匡地受到当地人围困，颜渊最后才逃出来。孔子说："我以为你已经死了呢。"颜渊说："夫子还活着，我怎么敢死呢？"

24. 季子然问："仲由、冉求可谓大臣与？"子曰："吾以子为异之问，曾由与求之问。所谓大臣者，以道事君，不可则止。今由与求也，可谓具臣矣。"曰："然则从之者与？"子曰："弑父与君，亦不从也。"

【译文】

季子然问："仲由和冉求可以算是大臣吗？"孔子说："我以为你是问别人，原来是问由和求呀。所谓大臣是能够用周公之道来侍奉君主，如果这样不行，他宁肯辞职不干。现在由和求这两个人，只能算是充数的臣子罢了。"季子然说："那么他们会一切都追随季氏？"孔子说："杀害父亲、君主的事，他们不会跟着干的。"

【评析】

孔子这里指出"以道事君"的原则，他告诫冉求和子路应当用周公之道去规劝季氏，不要犯上作乱，如果季氏不听，就辞职不干。由此可见，孔子对待君臣关系以道和礼为准绳。这里，他既要求臣，也要求君，双方都应遵循道和礼。如果季氏做杀父杀君的事，冉求和子路就要加以反对。

25. 子路使子羔为费宰。子曰:“贼夫人之子。”子路曰:“有民人焉,有社稷焉,何必读书,然后为学?”子曰:“是故恶夫佞者。”

【译文】

子路让子羔去做费地的长官。孔子说:“这简直是害人子弟。”子路说:“那个地方有老百姓,有土地和五谷种植,治理百姓和祭祀神灵都是学习,难道一定要读书才算学习吗?”孔子说:“所以我讨厌那种花言巧语狡辩的人。”

26. 子路、曾皙、冉有、公西华侍坐。子曰:“以吾一日长乎尔,毋吾以也。居则曰:‘不吾知也!’如或知尔,则何以哉?”子路率尔而对曰:“千乘之国,摄乎大国之间,加之以师旅,因之以饥馑,由也为之,比及三年,可使有勇,且知方也。”夫子哂之。“求,尔何如?”对曰:“方六七十,如五六十,求也为之,比及三年,可使足民。如其礼乐,以俟君子。”“赤,尔何如?”对曰:“非曰能之,愿学焉。宗庙之事,如会同,端章甫,愿为小相焉。”“点,尔何如?”鼓瑟希,铿尔,舍瑟而作,对曰:“异乎三子者之撰。”子曰:“何伤乎?亦各言其志也。”曰:“莫春者,春服既成,冠者五六人,童子六七人,浴乎沂(yí),风乎舞雩,咏而归。”夫子喟然叹曰:“吾与点也!”三子者出,曾皙后。曾皙曰:“夫三子者之言何如?”子曰:“亦各言其志也已矣。”曰:“夫子何哂由也?”曰:“为国以礼。其言不让,是故哂之。”“唯求则非邦也与?”“安见方六七十如五六十而非邦也者?”“唯赤则非邦也与?”“宗庙会同,非诸侯而何?赤也为之小,孰能为之大?”

【译文】

子路、曾皙、冉有、公西华四个人陪孔子坐着。孔子说:“我年龄比你们大一些,现在年纪大了不受聘用。你们平时总说:‘没有人了解我呀！’假如有人了解你们，那你们要怎样去做呢？”子路不假思索地回答：“一个拥有一千辆兵车的国家，夹在大国中间，常常受到别的国家侵犯，加上国内又闹饥荒，让我去治理，只要三年，就可以使人们勇敢善战，而且懂得礼仪。”孔子听了，微微一笑。孔子又问：“冉求，你怎么样呢？”冉求答道：方圆六七十里或五六十里的小国家，让我去治理，三年以后，就可以使百姓饱暖。至于这个国家的礼乐教化，就要等贤者君子来施行了。”孔子又问：“公西赤，你怎么样？”公西赤答道：“我不敢说能做到，但愿意学习。在宗庙祭祀的活动中，或者在同别国的盟会中，我愿意穿着礼服，戴着礼帽，做一个小小的司仪。”孔子又问：“曾点，你怎么样呢？”这时曾点弹瑟的声音逐渐消散，接着“铿”的一声，放下瑟站起来，回答说：“我想的和他们三位不一样。”孔子说：“那有什么关系呢？也就是各人讲讲自己的志向而已。”曾皙说：“暮春三月，已经穿上了春天的衣服，我和五六位成年人，六七个少年，去沂河里洗洗澡，在舞雩台上吹吹风，一路唱着歌走回来。”孔子长叹一声说：“我是赞成曾皙的想法的。”子路、冉有、公西华三个人都出去了，曾皙后走。他问孔子说：“他们三人的话怎么样呢？”孔子说：“也就是各自谈谈自己的志向罢了。”曾皙说：“夫子为什么要笑仲由呢？”孔子说：“治理国家要讲礼让，可是他说话一点也不谦让，所以我笑他。”曾皙又问：“那么冉求讲的不是治理国家吗？”孔子说：“哪里见得方圆六七十里或五六十里的地方就不是国家呢？”曾皙又问：“公西赤讲的不是治理国家吗？”孔子说：“宗庙祭祀和诸侯会盟，这不是诸侯的事又是什么？像赤这样的人如果只能做一个小司仪，那谁又能做大司仪呢？”

【评析】

孔子认为，前三个人的治国方法，都没有谈到根本上。他之所以只赞赏曾点的主张，就是因为曾点用形象的方法描绘了礼乐之治下的景象，体现了“仁”和“礼”的治国原则，这就谈到了根本上。这一章，孔子和他的学生们自述其政治上的抱负，从中可以看出孔子的政治理想。

颜渊篇

本篇共计24章，其中著名的文句有：“克己复礼为仁，一日克己复礼，天下归仁焉”；“非礼勿视，非礼勿听，非礼勿言，非礼勿动”；“己所不欲，勿施于人”；“死生有命，富贵在天”；“四海之内，皆兄弟也”；“君子成人之美，不成人之恶”；“君子以文会友，以友辅仁”。本篇中，孔子的几位弟子向他询问怎样才是“仁”。这几句，是研究者们经常引用的。孔子还谈到怎样算是君子等问题。

1. 颜渊问仁。子曰：“克己复礼为仁。一日克己复礼，天下归仁焉。为仁由己，而由人乎哉？”颜渊曰：“请问其目。”子曰：“非礼勿视，非礼勿听，非礼勿言，非礼勿动。”颜渊曰：“回虽不敏，请事斯语矣。”

【译文】

颜渊问怎样做才是仁。孔子说：“克制自己，一切都照着礼的要求去做，这就是仁。一旦这样做了，天下的一切就都归于仁了。实行仁德，完全在于自己，难道还在于别人吗？”颜渊说：“请问实行仁有什么条目？”孔子说：“不合于礼的不要看，不合于礼的不要听，不合于礼的不要说，不合于礼的不要做。”颜渊说：“我虽然愚笨，也要照您的这些话去做。”

【评析】

“克己复礼为仁”，这是孔子关于什么是“仁”的主要解释。在这里，孔子以礼来规定仁，依礼而行就是仁的根本要求。所以，礼以仁为基础，以仁来维护。仁是内在的，礼是外在的，二者紧密结合。这里实际上包括两个方面的内容，一是克己，二是复礼。克己复礼就是人们凭借道德修养自觉地遵守礼的规定。这是孔子思想的核心内容，贯穿于《论语》

一书的始终。

2. 仲弓问仁。子曰："出门如见大宾，使民如承大祭；己所不欲，勿施于人；在邦无怨，在家无怨。"仲弓曰："雍虽不敏，请事斯语矣。"

【译文】

仲弓问怎样做才是仁。孔子说："出门办事如同去接待贵宾，使役百姓如同去进行重大的祭祀，（都要认真严肃）；自己不愿意要的，不要强加于别人；在朝廷上不对工作职责产生怨恨，在家赋闲时也不抱怨。"仲弓说："我虽然愚钝，也要照您的话去做。"

【评析】

这里是孔子对他的学生仲弓论说"仁"的一段话。他谈到了"仁"的两个内容。一是要他的学生事君使民都要严肃认真，二是要宽以待人，"己所不欲，勿施于人"。只有做到了这两点，就向仁德迈进了一大步。"己所不欲，勿施于人"，这句话成为后世遵奉的信条。

3. 司马牛问仁。子曰："仁者，其言也讱（rèn）。"曰："其言也讱，斯谓之仁已乎？"子曰："为之难，言之得无讱乎？"

【译文】

司马牛问怎样做才是仁。孔子说："仁人说话是慎重的。"司马牛说："说话慎重，这就叫作仁了吗？"孔子说："做起来很困难，说起来能不慎重吗？"

【评析】

"其言也讱"是孔子对于那些希望成为仁人的人所提要求之一。"仁者"，其言行必须慎重，行动必须认真，一言一行都符合周礼。所以，这里的“讱”是为“仁”服务的，为了“仁”，就必须“讱”。这种思想与本篇第1章中所说的“克己复礼为仁”基本上是一贯的。

4. 司马牛问君子。子曰：“君子不忧不惧。”曰：“不忧不惧，斯谓之君子已乎？”子曰：“内省不疚，夫何忧何惧？”

【译文】

司马牛问怎样做一个君子。孔子说：“君子不忧愁，不恐惧。”司马牛说：“不忧愁，不恐惧，这样就可以叫作君子了吗？”孔子说：“自己问心无愧，那还有什么忧愁和恐惧呢？”

【评析】

据说司马牛是宋国大夫桓魋的弟弟。桓魋在宋国“犯上作乱”，遭到宋国当权者的打击，全家被迫出逃。司马牛逃到鲁国，拜孔子为师，并声称桓魋不是他的哥哥。所以这一章里，孔子回答司马牛问怎样做才是君子的问题，是有针对性的，即不忧不惧、问心无愧。

5. 司马牛忧曰：“人皆有兄弟，我独亡。”子夏曰：“商闻之矣：死生有命，富贵在天。君子敬而无失，与人恭而有礼，四海之内，皆兄弟也。君子何患乎无兄弟也？”

【译文】

司马牛忧愁地说：“别人都有兄弟，唯独我没有。”子夏说：“我听说过：‘死生有命，富贵在天。’君子只要对待所做的事情严肃认真，不出差错，对人恭敬而合乎于礼的规定，那么，天下人就都是自己的兄弟了。君子何愁没有兄弟呢？”

【评析】

如上章所说，司马牛宣布他不承认桓魋是他的哥哥，这与儒家一贯倡导的“悌”的观念是相违背的。但由于他的哥哥“犯上作乱”，因而孔子没有责备他，反而劝他不要忧愁，不要恐惧，只要内心无愧就是做到了“仁”。这一章，子夏同样劝慰司马牛，说只要自己的言行符合于“礼”，那就会赢得天下人的称赞，就不必发愁自己没有兄弟，“四海之内，皆兄弟也”。

6. 子张问明。子曰：“浸润之谮（zèn），肤受之愬（shuò），不行焉，可谓明也已矣。浸润之谮，肤受之愬，不行焉，可谓远也已矣。”

【译文】

子张问怎样做才算是明智的。孔子说：“像水滴浸润那样暗中挑拨的谗言，像切肤之痛那样直接的诽谤，在你那里都行不通，那你可以算是明智的了。像水滴浸润那样暗中挑拨的谗言，像切肤之痛那样的直接诽谤，在你那里都行不通，那你可以算是有远见的了。”

7. 子贡问政。子曰：“足食，足兵，民信之矣。”子贡曰：“必不得已而去，于斯三者何先？”曰：“去兵。”子贡曰：“必不得已而去，于斯二者何先？”曰：“去食。自古皆有死，民无信不立。”

【译文】

子贡问怎样治理国家。孔子说：“粮食充足，军备充足，老百姓信任统治者。”子贡说：“如果不得不去掉一项，那么在三项中先去掉哪一项呢？”孔子说：“去掉军备。”子贡说：“如果不得不再去掉一项，那么这两项中去掉哪一项呢？”孔子说：“去掉粮食。自古以来人总是要死的，如果老百姓对统治者不信任，那么国家就不能存在了。”

【评析】

本章里孔子回答了子贡问政中所连续提出的三个问题。孔子认为，治理一个国家，应当具备三个起码条件：食、兵、信。但这三者当中，信是最重要的。这体现了儒家的人学思想。只有兵和食，而百姓对统治者不信任，那这样的国家也就不能存在下去了。

8. 棘子成曰："君子质而已矣，何以文为？"子贡曰："惜乎夫子之说君子也！驷不及舌。文犹质也，质犹文也，虎豹之鞟（kuò）犹犬羊之鞟。"

【译文】

棘子成说："君子只要具有好的品质就行了，要那些表面的仪式干什么呢？"子贡说："真遗憾，夫子您这样谈论君子。一言既出，驷马难追。本质就像文采，文采就像本质，都是同等重要的。去掉了文彩的虎豹兽皮，就和去掉了毛的犬羊皮一样了。"

【评析】

这里是讲表里一致的问题。棘子成认为作为君子只要有好的品质就可以了，不需外表的文采。但子贡反对这种说法。他的意思是，良好的本质应当有适当的表现形式，否则，本质再好，也无法显现出来。

9. 哀公问于有若曰："年饥，用不足，如之何？"有若对曰："盍彻乎？"曰："二，吾犹不足，如之何其彻也？"对曰："百姓足，君孰与不足？百姓不足，君孰与足？"

【译文】

鲁哀公问有若说："遭了饥荒，国家用度困难，怎么办？"有若回答说："为什么不实行彻法，只抽十分之一的田税呢？"哀公说："现在抽十分之二，我还不够，怎么能实行彻法呢？”有若说：“如果百姓的用度够，您怎么会不够呢？如果百姓的用度不够，您怎么又会够呢？”

【评析】

这一章反映了儒家学派的经济思想，其核心是“富民”。鲁国所征的田税是十分之二的税率，即使如此，国家的财政仍然是十分紧张的。这里，有若的观点是，削减田税的税率，改行“彻税”即什一税率，使百姓减轻经济负担。只要百姓富足了，国家就不可能贫穷。反之，如果对百姓征收过甚，这种短期行为必将导致民不聊生，国家经济也就随之衰退了。这种以“富民”为核心的经济思想有其值得借鉴的价值。

10. 子张问崇德辨惑。子曰：“主忠信，徙义，崇德也。爱之欲其生，恶之欲其死，既欲其生，又欲其死，是惑也。‘诚不以富，亦祇以异。’”

【译文】

子张问怎样提高道德修养水平和辨别是非迷惑的能力。孔子说：“以忠信为主，唯义是从，这就是提高道德修养水平了。爱一个人，就希望他活下去，厌恶起来就恨不得他立刻死去，既要他活，又要他死，这就是迷惑。（正如《诗》所说的：）‘不能嫌贫爱富、见异思迁。’”

【评析】

本章里，孔子谈的主要是个人的道德修养问题。他希望人们按照“忠信”“仁义”的原则去办事，否则，感情用事，就会陷于迷惑之中。

11. 齐景公问政于孔子。孔子对曰：“君君、臣臣、父父、子子。”公曰：“善哉！信如君不君，臣不臣，父不父，子不子，虽有粟，吾得而食诸？”

【译文】

齐景公问孔子如何治理国家。孔子说："做君主的要像君的样子，做臣子的要像臣的样子，做父亲的要像父亲的样子，做儿子的要像儿子的样子。"齐景公说："讲得好呀！如果君不像君，臣不像臣，父不像父，子不像子，虽然有粮食，我能吃得上吗？"

【评析】

春秋时期的社会变动，使当时的等级名分受到破坏，弑君父之事屡有发生，孔子认为这是国家动乱的主要原因。所以他告诉齐景公，"君君、臣臣、父父、子子"，恢复这样的等级秩序，国家就可以得到治理。

12. 子曰："片言可以折狱者，其由也与？"子路无宿诺。

【译文】

孔子说："只听了单方面的供词就可以判决案件的，大概只有仲由吧。"子路说话没有不算数的时候。

【评析】

仲由可以以"片言"而"折狱"，证明子路在刑狱方面是卓有才干的，也从另一方面证明了子路从政断案直率。

13. 子曰："听讼，吾犹人也。必也使无讼乎！"

【译文】

孔子说："审理诉讼案件，我同别人也是一样的。重要的是必须使诉讼的案件完全消失才好！"

14. 子张问政。子曰："居之无倦，行之以忠。"

【译文】

子张问如何治理政事。孔子说："居于官位不懈怠，执行君令要忠实。"

【评析】

以上两章谈的都是如何从政为官的问题。孔子借回答问题，指出各级统治者身居官位，就要勤政爱民，以仁德的规定要求自己，以礼的原则治理国家和百姓，通过教化的方式消除民间的诉讼纠纷，执行君主之令要切实努力，这样才能做一个好官。

15. 子曰："博学于文，约之以礼，亦可以弗畔矣夫！"

本章重出，见《雍也》篇第 27 章。

16. 子曰："君子成人之美，不成人之恶。小人反是。"

【译文】

孔子说："君子成全别人的好事，而不助长别人的恶行。小人则与此相反。"

【评析】

这一章所讲的"成人之美，不成人之恶"贯穿了儒家一贯的思想主张，即"己欲立而立人，己欲达而达人""己所不欲，勿施于人"的精神。

17. 季康子问政于孔子。孔子对曰："政者正也。子帅以正，孰敢不正？"

【译文】

季康子问孔子如何治理国家。孔子回答说："政就是正的意思。您本人带头走正路，那么还有谁敢不走正道呢？"

【评析】

无论为人还是为官，首先在一个"正"字。孔子的政治思想中，对为官者要求十分严格，正人先正己。只要身居高位的人能够正己，那么手下的臣子和百姓，就都会归于正道。

18. 季康子患盗，问于孔子。孔子对曰："苟子之不欲，虽赏之不窃。"

【译文】

季康子担忧盗窃，问孔子怎么办。孔子回答说："假如您自己不贪图财利，即使奖励偷窃，也没有人偷窃。"

【评析】

这一章同样是孔子谈论为官从政之道。他阐释的仍然是为政者要正人先正己的道理。他希望当政者以自己的德行感染百姓，这就表明了他主张政治道德化的倾向。具体到治理社会问题时也是如此。他没有让季康子用严刑峻法去制裁盗窃犯罪，而是主张用德治去教化百姓，以使人免于犯罪。

19. 季康子问政于孔子曰："如杀无道，以就有道，何如？"孔子对曰："子为政，焉用杀？子欲善而民善矣。君子之德风，小人之德草，草上之风，必偃。"

【译文】

季康子问孔子如何处理政事，说：“如果杀掉无道的人来成全有道的人，怎么样？”孔子说：“您处理政事，哪里用得着杀戮的手段呢？您只要想行善，老百姓也会跟着行善。上位者的品德好比风，老百姓的品德好比草，风往哪边吹，草就必定往哪边倒。”

【评析】

孔子反对杀人，主张“德政”。上位者只要善理政事，百姓就不会犯上作乱。这里讲的人治，是有仁德者的所为。那些暴虐的统治者滥行无道，必然会引起百姓的反对。

20. 子张问：“士何如斯可谓之达矣？”子曰：“何哉，尔所谓达者？”子张对曰：“在邦必闻，在家必闻。”子曰：“是闻也，非达也。夫达也者，质直而好义，察言而观色，虑以下人。在邦必达，在家必达。夫闻也者，色取仁而行违，居之不疑。在邦必闻，在家必闻。”

【译文】

子张问：“读书人怎样才可以叫作通达？”孔子说：“你说的通达是什么意思？”子张答道：“在朝廷为官必定有名望，在大夫的封地里也必定有名望。”孔子说：“这只是虚假的名声，不是通达。所谓达，那是要品质正直，遵从礼义，善于揣摩别人的言语，观察别人的脸色，经常想着谦恭待人。这样的人，就可以在国君的朝廷和大夫的封地里通达。至于有名声的人，只是外表上装出的‘仁’的样子，而行动上却违背了‘仁’，还以仁人自居而不惭愧。但他无论在朝廷上和大夫的封地里都必定会有名望。”

【评析】

本章中孔子提出了一对相互对立的名词，即“闻”与“达”。“闻”

是表面的名声，并不是显达；而“达”则要求士大夫必须从内心深处具备仁、义、礼的德性，注重自身的道德修养，而不仅是追求虚名。这里同样讲的是名实相副、表里如一的问题。

21. 樊迟从游于舞雩之下，曰：“敢问崇德、修慝（tè）、辨惑。”子曰：“善哉问！先事后得，非崇德与？攻其恶，无攻人之恶，非修慝与？一朝之忿，忘其身，以及其亲，非惑与？”

【译文】

樊迟陪着孔子在舞雩台下散步，说：“请问怎样提高品德修养？怎样改正自己的邪念？怎样分辨迷惑？”孔子说：“问得好！先努力做事，然后才有所收获，不就是提高品德了吗？批评自己的短处，不批评别人的短处，不就消除怨恨了吗？由于一时的气愤，就忘记了自身的安危，以至于牵连自己的亲人，这不就是迷惑吗？”

【评析】

这一章里孔子仍谈个人的修养问题。他认为，要提高道德修养水平，首先在于踏踏实实地做事，不要过多地考虑物质利益；然后严格要求自己，不要过多地去指责别人；还要注意克服感情冲动的毛病，不要以自身的安危作为代价，这就可以分辨迷惑。这样，人就可以提高道德水平，改正邪念，分辨迷惑了。

22. 樊迟问仁。子曰：“爱人。”问知。子曰：“知人。”樊迟未达。子曰：“举直错诸枉，能使枉者直。”樊迟退，见子夏曰：“乡（xiàng）也吾见于夫子而问知，子曰‘举直错诸枉，能使枉者直’，何谓也？”子夏曰：“富哉言乎！舜有天下，选于众，举皋陶，不仁者远矣。汤有天下，选于众，举伊尹，不仁者远矣。”

【译文】

樊迟问什么是“仁”。孔子说：“爱人。”樊迟问什么是智，孔子说：“知人善用。”樊迟不能明白透彻。孔子说：“选拔正直的人，位于邪恶人之上，这样就能使邪者归正。”樊迟退出来，见到子夏说：“刚才我见到老师，问他什么是智，他说：‘选拔正直的人，罢黜邪恶的人，这样就能使邪者归正。’这是什么意思？”子夏说：“这话说得多么深刻呀！舜有天下，在众人中挑选人才，把皋陶选拔出来，不仁的人就被疏远了。汤有了天下，在众人中挑选人才，把伊尹选拔出来，不仁的人就被疏远了。”

【评析】

本章谈了两个问题，一是仁，二是智。关于仁，孔子对樊迟的解释似乎与别处不同，说是“爱人”，实际上孔子在各处对仁的解释都有内在的联系。他所说的爱人，包含有古代的人文主义精神，把仁作为他全部学说的对象和中心。正如著名学者张岂之先生所说，儒学即仁学，仁是人的发现。关于智，孔子认为是要了解人，选拔贤才，罢黜邪才。但在历史上，许多贤能之才不但没有被选拔反而受到压抑，而一些奸佞之人却平步青云，这说明真正做到“智”并不容易。

23. 子贡问友。子曰：“忠告而善道之，不可则止，毋自辱也。”

【译文】

子贡问怎样对待朋友。孔子说：“忠诚地劝告他，恰当地引导他，如果不听也就罢了，不要自取其辱。”

【评析】

在人伦关系中，“朋友”一伦是最松弛的一种。朋友之间讲求一个“信”字，这是维系双方关系的纽带。但对待朋友的错误，要开诚布公地劝导他，推心置腹地讲明利害关系，若他坚持不听，也就作罢。如果别人不听，你一再地劝告，就会自取其辱。这是交友的一个基本准则。所以清末志士谭嗣同就认为朋友一伦最值得称赞，他甚至主张用朋友一伦改造其他四伦。其实，孔子这里所讲的，是对别人作为主体的一种承认和尊重。

24. 曾子曰："君子以文会友，以友辅仁。"

【译文】

曾子说："君子以文章学问来结交朋友，依靠朋友帮助自己培养仁德。"

【评析】

曾子继承了孔子的思想，主张以文章学问作为结交朋友的手段，以互相帮助培养仁德作为结交朋友的目的。这是君子之所为。以上这两章谈的都是交友的问题，事实上在五伦当中，儒家对于朋友这一伦还是比较重视的。

子路篇

本篇共有30章，其中著名的文句有："名不正则言不顺，言不顺则事不成"；"欲速则不达"；"父为子隐，子为父隐"；"居处恭、执事敬、与人忠"；"言必信，行必果"；"君子和而不同，小人同而不和"；"君子泰而不骄，小人骄而不泰"。本篇包含的内容比较广泛，其中有关于如何治理国家的政治主张、孔子的教育思想、个人的道德修养与品格完善，以及"和而不同"的思想。

1. 子路问政。子曰："先之劳之。"请益。曰："无倦。"

【译文】

子路问怎样管理政事。孔子说："自己率先工作垂范，再让老百姓勤劳工作。"子路请求多讲一点。孔子说："不要懈怠。"

2. 仲弓为季氏宰，问政。子曰："先有司，赦小过，举贤才。"曰："焉知贤才而举之？"曰："举尔所知。尔所不知，人其舍诸？"

【译文】

仲弓做了季氏的家臣，问怎样管理政事。孔子说："给专职工作人员带头示范，赦免他们的小过错，选拔贤才来任职。"仲弓又问："怎样知道是贤才而把他们选拔出来呢？"孔子说："选拔你所知道的，至于你不知道的贤才，别人难道还会埋没他们吗？"

3. 子路曰："卫君待子为政，子将奚先？"子曰："必也正名乎！"子路曰："有是哉，子之迂也！奚其正？"子曰："野哉，由也！君子于其所不知，盖阙如也。名不正则言不顺，言不顺则事不成，事不成则礼乐不兴，礼乐不兴则刑罚不中，刑罚不中，则民无所错（通'措'）手足。故君子名之必可言也，言之必可行也。君子于其言，无所苟而已矣。"

【译文】

子路（对孔子）说："卫国国君要您去治理国家，您打算先从哪些事情做起呢？"孔子说："首先必须正名分。"子路说："有这样做的吗？您想得太不合时宜了。这名怎么正呢？"孔子说："仲由真粗野啊。君子对于他所不知道的事情，总是采取存疑的态度。名分不正，说起话来就不能顺理成章，事情就办不成。事情办不成，礼乐制度就不能兴盛。礼乐制度不能兴盛，刑罚就不会得当。刑罚不得当，百姓就惶惶不安，不知如何安置自己才好。所以，君子一定要定下一个名分，必须能够说得明白，说出来一定能够行得通。君子对于自己的言行，是从不马马虎虎对待的。”

【评析】

以上三章所讲的中心问题都是如何从政。前两章讲当政者应当以身作则，要求百姓做的事情，当政者首先要告诉百姓，使百姓能够搞清楚国家的政策，即孔子所讲的引导百姓。但在这三章中讲得最重要的问题是“正名”。“正名”是孔子“礼”的思想的组成部分。正名的具体内容就是“君君、臣臣、父父、子子”，只有“名正”才可以做到“言顺”，接下来的事情就迎刃而解了。

4. 樊迟请学稼。子曰：“吾不如老农。”请学为圃。曰：“吾不如老圃。”樊迟出。子曰：“小人哉，樊须也！上好礼，则民莫敢不敬；上好义，则民莫敢不服；上好信，则民莫敢不用情。夫如是，则四方之民襁负其子而至矣，焉用稼？”

【译文】

樊迟向孔子请教如何种庄稼。孔子说：“我不如老农。”樊迟又请教如何种菜。孔子说：“我不如老菜农。”樊迟退出以后，孔子说：“樊迟真是小人！上位者只要重视礼，老百姓就不敢不敬畏；上位者只要重视义，老百姓就不敢不服从；上位者只要重视信，老百姓就不敢不用真心实意来对待你。要是做到这样，四面八方的老百姓就会背着自己的小孩来投奔，哪里用得着自己去种庄稼呢？”

【评析】

孔子毫不客气地指责想学种庄稼和种菜的樊迟是小人，可以清楚地看出他的教育思想。他认为上位者不需要学习种庄稼、种菜之类的知识，只要重视礼、义、信也就足够了。他培养学生，不是为了以后去种庄稼种菜，而是为了从政为官。在孔子时代，接受教育的人毕竟是少数，劳动者只要有充沛的体力就可以从事农业生产，而教育的目的，就是为了培养实行统治的知识分子。所以，孔子的教育目的并不是为了培养劳动者。这在当时的历史条件下有其相对的合理性。

5. 子曰："诵《诗》三百，授之以政，不达；使于四方，不能专对。虽多，亦奚以为？"

【译文】

孔子说："把《诗》三百篇背得很熟，让他处理政务，却不会办事；让他当外交使节，不能独立地交涉；纵然读得多，又有什么用呢？"

【评析】

《诗》是孔子教授学生的主要内容之一。他教学生诵诗，不单纯是为了诵诗，而是为了把诗的思想运用到指导政治活动之中。儒家不主张死背硬记，当书呆子，而是要学以致用，应用到社会实践中去。

6. 子曰："其身正，不令而行；其身不正，虽令不从。"

【译文】

孔子说："自身正了，即使不发布命令，老百姓也会去干；自身不正，即使发布命令，老百姓也不会服从。"

7. 子曰："鲁卫之政，兄弟也。"

【译文】

孔子说："鲁和卫两国的政事，就像兄弟（的政事）一样。"

【评析】

鲁国是周公旦的封地，卫国是康叔的封地，周公旦和康叔是兄弟，当时两国的政治情况有些相似。所以孔子说，鲁国的国事和卫国的国事，就像兄弟一样。

8. 子谓卫公子荆："善居室。始有，曰：'苟合矣。'少有，曰：'苟完矣。'富有，曰：'苟美矣。'"

【译文】

孔子谈到卫国的公子荆时说："他善于居家理财。刚开始有一点，他说：'差不多也就足够了。'稍为多一点时，他说：'差不多就算完备了。'更多一点时，他说：'差不多算是完美了。'"

9. 子适卫，冉有仆。子曰："庶矣哉！"冉有曰："既庶矣，又何加焉？"曰："富之。"曰："既富矣，又何加焉？"曰："教之。"

【译文】

孔子到卫国去，冉有为他驾车。孔子说："人口真多呀！"冉有说："人口已经够多了，还要再做什么呢？"孔子说："使他们富起来。"冉有说："富了以后又还要做些什么？"孔子说："对他们进行教化。"

【评析】

在本章里，孔子提出"富民"和"教民"的思想，而且是"先富后教"。在孔子的观念中，教化百姓始终是十分重要的问题。所以，在这里一定要注意深入理解孔子的原意。

10. 子曰："苟有用我者，期（jī）月而已可也，三年有成。"

【译文】

孔子说："如果有人用我治理国家，一年便可以搞出个样子，三年就一定很有成绩了。"

11. 子曰："善人为邦百年，亦可以胜残去杀矣。诚哉是言也！"

【译文】

孔子说："善人治理国家，经过一百年，也就可以消除残暴，废除刑罚杀戮了。这话真对呀！"

【评析】

孔子说，善人需要一百年的时间，可以"胜残去杀"，达到他理想中的境界。其实，从这句话的本意去理解，善人施行"德治"，但并不排除刑罚的必要手段。这在现实的政治活动中，并不是可有可无的。

12. 子曰："如有王者，必世而后仁。"

【译文】

孔子说："如果有王者兴起，也一定要三十年才能实现仁政。"

【评析】

上一章孔子讲，善人施行德治需要一百年的时间才可以到达理想境界，本章又说，王者治理国家也需要三十年的时间才能实现仁政。同样，王者在实现仁政之前的三十年间，也不能排除刑罚杀戮手段在社会政治生活中所起的重要作用。

13. 子曰："苟正其身矣，于从政乎何有？不能正其身，如正人何？"

【译文】

孔子说："如果端正了自身的行为，管理政事还有什么困难呢？如果不能端正自身的行为，怎能使别人端正呢？"

【评析】

俗话说："正人先正己。"本章里孔子所讲的就是这个道理。孔子把"正身"看作从政为官的重要方面，是有深刻的思想价值的。

14. 冉子退朝。子曰："何晏也？"对曰："有政。"子曰："其事也？如有政，虽不吾以，吾其与（yù）闻之。"

【译文】

冉求退朝回来，孔子说："为什么回来得这么晚呀？"冉求说："有政事。"孔子说："只是一般的事务吧？如果有政事，虽然国君不用我了，我也会知道的。"

15. 定公问："一言而可以兴邦，有诸？"孔子对曰："言不可以若是其几也。人之言曰：'为君难，为臣不易。'如知为君之难也，不几乎一言而兴邦乎？"曰："一言而丧邦，有诸？"孔子对曰："言不可以若是其几也。人之言曰：'予无乐乎为君，唯其言而莫予违也。'如其善而莫之违也，不亦善乎？如不善而莫之违也，不几乎一言而丧邦乎？"

【译文】

鲁定公问："一句话就可以使国家兴盛，有这样的话吗？"孔子答道：

“说话不可以这么简单。有人说：‘做君主难，做臣不易。’如果知道了做君主的难处，这不近乎一句话可以使国家兴盛吗？”鲁定公又问：“一句话可以亡国，有这样的话吗？”孔子回答说：“说话不可以这么简单。有人说过：‘我做君主并没有什么可高兴的，我所高兴的只在于我所说的话没有人敢于违抗。’如果说得对而没有人违抗，不也好吗？如果说得不对而没有人违抗，那不就近乎于一句话可以亡国吗？”

【评析】

对于鲁定公的提问，孔子实际上做了肯定性的回答。他劝告定公，应当行仁政、礼治，不应以国君所说的话无人敢于违抗而感到高兴，这是值得注意的。作为统治者，一个念头、一句话如果不当，就有可能导致亡国丧邦的结局。

16. 叶公问政。子曰：“近者悦，远者来。”

【译文】

叶公问孔子怎样管理政事。孔子说：“使近处的人高兴，使远处的人来归附。”

17. 子夏为莒父宰，问政。子曰：“无欲速，无见小利。欲速则不达，见小利则大事不成。”

【译文】

子夏做莒父的县令，问孔子怎样办理政事。孔子说：“不要求快，不要贪求小利。求快反而达不到目的，贪求小利就做不成大事。”

【评析】

“欲速则不达”，贯穿着辩证法思想，即对立着的事物可以互相转化。孔子要求子夏从政不要急功近利，否则就无法达到目的；不要贪求小利，否则就做不成大事。

18. 叶公语孔子曰："吾党有直躬者，其父攘羊，而子证之。"孔子曰："吾党之直者异于是：父为子隐，子为父隐，直在其中矣。"

【译文】

叶公告诉孔子说："我的家乡有个正直的人，他的父亲偷了人家的羊，他告发了父亲。"孔子说："我家乡的正直的人和你讲的正直的人不一样：父亲为儿子隐瞒，儿子为父亲隐瞒。正直就在其中了。"

【评析】

孔子认为"父为子隐，子为父隐"就是具有了"直"的品格。看来，他把正直的道德纳入"孝"与"慈"的范畴之中了，一切都要服从"礼"的规定。这在今天当然应予以扬弃。

19. 樊迟问仁。子曰："居处恭，执事敬，与人忠。虽之夷狄，不可弃也。"

【译文】

樊迟问怎样才是仁。孔子说："平常在家端庄，办事严肃认真，待人忠心诚意。即使到了夷狄之地，也不可废弃这种做法。"

【评析】

这里孔子对"仁"的解释，是以"恭""敬""忠"三个德目为基本内涵。在家恭敬有礼，就是要符合孝悌的道德要求；办事严肃谨慎，就是要符合"礼"的要求；待人忠厚诚实显示出仁德的本色。

20. 子贡问曰："何如斯可谓之士矣？" 子曰："行己有耻，使于四方，不辱君命，可谓士矣。" 曰："敢问其次。" 曰："宗族称孝焉，乡党称弟焉。" 曰："敢问其次。" 曰："言必信，行必果，硁（kēng）硁然小人哉！抑亦可以为次矣。" 曰："今之从政者何如？" 子曰："噫！斗筲之人，何足算也？"

【译文】

子贡问道："怎样才可以叫作士？" 孔子说："自己在做事时有知耻之心，出使外国各方，能够完成君主交付的使命，可以叫作士。" 子贡说："请问次一等的呢？" 孔子说："宗族中的人称赞他孝顺父母，乡党们称他尊敬兄长。" 子贡又问："请问再次一等的呢？" 孔子说："说到一定做到，做事一定坚持到底，不问是非地固执己见，那是小人啊。但也可以说是再次一等的士了。" 子贡说："现在的执政者，您看怎么样？" 孔子说："唉！这些器量狭小的人，哪里能数得上呢？"

【评析】

孔子观念中的"士"，首先是有知耻之心、不辱君命的人，能够担负一定的国家使命。其次是孝敬父母、顺从兄长的人。再次才是"言必信，行必果"的人。至于现在的当政者，他认为是器量狭小的人，根本算不得士。他所培养的就是具有前两种品德的"士"。

21. 子曰："不得中行而与之，必也狂狷乎！狂者进取，狷者有所不为也。"

【译文】

孔子说："我找不到奉行中庸之道的人和他交往，只能与狂者、狷者相交往了。狂者敢作敢为，狷者对有些事是不肯干的。"

【评析】

“狂”与“狷”是两种对立的品质。一是流于冒进，进取，敢作敢为；一是流于退缩，不敢作为。孔子认为，中行就是不偏于狂，也不偏于狷。人的气质、作风、德行都不偏于任何一个方面，对立的双方应互相牵制，互相补充，这样，才符合于中庸的思想。

22. 子曰：“南人有言曰：‘人而无恒，不可以作巫医。’善夫！”“不恒其德，或承之羞。”子曰：“不占而已矣。”

【译文】

孔子说：“南方人有句话说：‘人如果做事没有恒心，就连巫医也当不了。’这句话说得真好啊！”“人不能长久地保持自己的德行，免不了要遭受耻辱。”孔子说：“（没有恒心的人）用不着去占卦了。”

【评析】

本章中孔子讲了两层意思：一是人必须有恒心，这样才能成就事业。二是人必须恒久保持德行，否则就可能遭受耻辱。这是他对自己的要求，也是对学生们的告诫。

23. 子曰：“君子和而不同，小人同而不和。”

【译文】

孔子说：“君子讲求各抒己见并能和谐共处，坚持用正确的观念相互纠正对方；小人只委曲求全、曲意附和，却不发表自己的意见。”

【评析】

“和而不同”是孔子思想体系中的重要组成部分。君子可以与他周围的人保持和谐融洽的关系，但对待任何事情都必须经过自己的独立思考，从来不会人云亦云，盲目附和；但小人则没有自己独立的见解，只求与别人完全一致，而不讲求原则。这是在处事为人方面。其实，在所有的问题上，往往都能体现出“和而不同”和“同而不和”的区别。“和而不同”显示出孔子思想的深刻哲理和高度智慧。

24. 子贡问曰：“乡人皆好之，何如？”子曰：“未可也。”“乡人皆恶之，何如？”子曰：“未可也。不如乡人之善者好之，其不善者恶之。”

【译文】

子贡问孔子说：“全乡人都喜欢、赞扬他，这个人怎么样？”孔子说：“这还不能肯定。”子贡又问孔子说：“全乡人都厌恶、憎恨他，这个人怎么样？”孔子说：“这也是不能肯定的。最好的人是全乡的好人都喜欢他，全乡的坏人都厌恶他。”

【评析】

对于一个人的正确评价，其实并不容易。但在这里孔子把握住了一个原则，即不以众人的好恶为依据，而应以善恶为标准。听取众人的意见是应当的，也是判断一个人优劣的依据之一，但绝不是唯一的依据。这个思想对于我们今天识别好人与坏人有重要意义。

25. 子曰：“君子易事而难说也。说之不以道，不说也；及其使人也，器之。小人难事而易说也。说之虽不以道，说也；及其使人也，求备焉。”

【译文】

孔子说：“为君子办事很容易，但很难取悦他。不按正道去取悦他，他是不会喜欢的。但是，当他用人的时候，总是量才而用。为小人办事很难，但要取悦他则是很容易的。不按正道去取悦他，也会得到他的喜欢。但等到他用人的时候，却是百般挑剔、求全责备。”

【评析】

这一章里，孔子又提出了君子与小人之间的另一个区别。这一点也是十分重要的。君子并不对人百般挑剔，而且也不轻易表明自己的喜好，但在选用人才的时候，往往能够量才而用，不会求全责备。但小人就不同了。在现实社会中，君子并不多见，而此类小人则屡见不鲜。

26. 子曰：“君子泰而不骄，小人骄而不泰。”

【译文】

孔子说：“君子安静坦然而不傲慢无礼，小人傲慢无礼而不安静坦然。”

27. 子曰：“刚、毅、木、讷近仁。”

【译文】

孔子说：“刚强、果敢、朴实、笃厚，有这四种品德的人接近于仁。”

【评析】

孔子把“仁”和人的朴素气质归为一类。这里首先必须是刚毅果断，其次必须言行谨慎，这样就接近于“仁”的最高境界了。这一主张与孔子的一贯思想是完全一致的。

28. 子路问曰：“何如斯可谓之士矣？”子曰：“切切偲偲，怡怡如也，可谓士矣。朋友切切偲偲，兄弟怡怡。”

【译文】

子路问孔子道："怎样才可以称为士呢？" 孔子说："互相督促勉励，相处和和气气，可以算是士了。朋友之间互相督促勉励，兄弟之间相处和和气气。"

29. 子曰："善人教民七年，亦可以即戎矣。"

【译文】

孔子说："善人教导百姓达七年之久，也就可以叫他们去当兵打仗了。"

30. 子曰："以不教民战，是谓弃之。"

【译文】

孔子说："如果用未受训练的人民去作战，这就叫糟蹋人民。"

【评析】

本章和上一章都讲了教导百姓作战的问题，从中可以看出，孔子并不完全反对用军事手段解决某些问题。他主张训练百姓，以备战事，否则便是抛弃了他们。

宪问篇

本篇共计43篇，其中著名文句有："见利思义，见危授命"；"君子上达，小人下达"；"古之学者为己，今之学者为人"；"不在其位，不谋其政"；"君子思不出其位"；"君子耻其言而过其行"；"修己以安百姓"；"仁者不忧，知者不惑，勇者不惧"。这一篇中所包括的主要内容有：作为君子必须具备的一些品德；孔子对当时社会上的各种现象所发表的评论；孔子提出“见利思义”的义利观等。

1. 宪问耻。子曰：“邦有道，谷；邦无道，谷，耻也。”“克、伐、怨、欲不行焉，可以为仁矣？”子曰：“可以为难矣，仁则吾不知也。”

【译文】

原宪问孔子什么是耻辱的。孔子说：“国家有道，做官拿俸禄；国家无道，还做官拿俸禄，这就是耻辱。”原宪又问：“好胜、自夸、怨恨、贪欲都没有的人，可以算做到仁了吧？”孔子说：“这可以说是很难得的，但至于是不是做到了仁，那我就不知道了。”

【评析】

在《述而》篇第13章里，孔子谈到过有关“耻”的问题，本章又提到“耻”的问题。孔子认为，做官的人应当竭尽全力为国效忠，无论国家有道还是无道，都照样拿俸禄的人，就是无耻。在本章第二个层次中，孔子又谈到“仁”的问题。仁的标准很高，孔子在这里认为避免“好胜、自夸、怨恨、贪欲”的人难能可贵，但究竟合不合“仁”，他就不得而知。显然，“仁”是最高的道德标准。

2. 子曰：“士而怀居，不足以为士矣。”

【译文】

孔子说：“士如果留恋家庭的安逸生活，就不配做士了。”

3. 子曰：“邦有道，危言危行；邦无道，危行言孙。”

【译文】

孔子说："统治者有道，要正言正行；统治者无道，还要正直，但说话要随和谨慎。"

【评析】

孔子要求自己的学生，当统治者有道时，可以直述其言，但统治者无道时，就要注意说话的方式方法。只有这样，才可以避免祸端。这是一种为政之道。当然，今天持这种做法的也不乏其人，特别是在一些为官者那里，更是精于此道，这是应当给予批评的。

4. 子曰："有德者必有言，有言者不必有德。仁者必有勇，勇者不必有仁。"

【译文】

孔子说："有道德的人一定有名言，但有名言的人不一定有道德。仁德的人一定勇敢，勇敢的人不一定有仁德。"

【评析】

这一章解释的是言论与道德、勇敢与仁德之间的关系。这是孔子的道德哲学观，他认为勇敢只是仁德的一个方面，二者不能画等号，所以，人除了有勇以外，还要修养其他各种道德，从而成为有德之人。

5. 南宫适问于孔子曰："羿善射，奡（ào）荡舟，俱不得其死然。禹稷躬稼而有天下。"夫子不答。南宫适出。子曰："君子哉若人！尚德哉若人！"

【译文】

南宫适问孔子："羿善于射箭，奡善于水战，最后都不得好死。禹和稷都亲自种植庄稼，却得到了天下。”孔子没有回答，南宫适出去后，孔子说：“这个人真是个君子呀！这个人真尊重道德。”

【评析】

孔子是道德主义者，他鄙视武力和权术，崇尚朴素和道德。南宫适认为禹、稷以德而有天下，羿、奡以力而不得其终。孔子就说他很有道德，是个君子。后代儒家发展了这一思想，提出“恃德者昌，恃力者亡”的主张，要求统治者以德治天下，而不要以武力得天下，否则，最终是没有好下场的。

6. 子曰：“君子而不仁者有矣夫，未有小人而仁者也。”

【译文】

孔子说：“君子中没有仁德的人是有的，而小人中有仁德的人是没有的。”

7. 子曰：“爱之，能勿劳乎？忠焉，能勿诲乎？”

【译文】

孔子说：“爱他，能不为他操劳吗？忠于他，能不对他劝告吗？”

8. 子曰：“为命，裨（bì）谌（chén）草创之，世叔讨论之，行人子羽修饰之，东里子产润色之。”

【译文】

孔子说：“郑国外交辞令的创建，都是由裨谌起草的，世叔认真研究并提出意见，外交官子羽加以修饰，由子产做最后修改润色。”

9. 或问子产。子曰："惠人也。"问子西。曰："彼哉！彼哉！"问管仲。曰："人也。夺伯氏骈邑三百，饭疏食，没齿无怨言。"

【译文】

有人（向孔子）问子产是个怎样的人。孔子说："是个有恩惠于人的人。"又问子西。孔子说："他呀！他呀！"又问管仲。孔子说："他是个有才干的人，他把伯氏骈邑的三百户采地夺走，使伯氏终生吃粗茶淡饭，直到老死也没有怨言。"

10. 子曰："贫而无怨难，富而无骄易。"

【译文】

孔子说："贫穷而能够没有怨恨是很难做到的，富裕而不骄傲是容易做到的。"

11. 子曰："孟公绰为赵魏老则优，不可以为滕薛大夫。"

【译文】

孔子说："孟公绰做晋国赵氏、魏氏的家臣，是才力有余的，但不能做滕、薛这样小国的大夫。"

12. 子路问成人。子曰："若臧武仲之知，公绰之不欲，卞庄子之勇，冉求之艺，文之以礼乐，亦可以为成人矣。"曰："今之成人者何必然？见利思义，见危授命，久要不忘平生之言，亦可以为成人矣。"

【译文】

子路问怎样做才是一个完美的人。孔子说："如果具有臧武仲的智慧，孟公绰的克制，卞庄子的勇敢，冉求的多才多艺，再用礼乐加以修饰，也就可以算是一个完人了。”孔子又说：“现在的完人何必一定要这样呢？见到财利想到义的要求，遇到危险能献出生命，长久处于穷困还不忘平日的诺言，这样也可以成为一个完美的人。”

【评析】

本章谈人格完善的问题。孔子认为，具备完善人格的人，应当富有智慧、克制、勇敢、多才多艺和礼乐修饰等品质。谈到这里，孔子还认为，有完善人格的人，应当做到在见利见危和久居贫困的时候，能够思义、授命、不忘平生之言，这样做就符合于义。尤其是本章提出“见利思义”的主张，即遇到有利可图的事情，要考虑是否符合义，不义则不为。这句话对后世产生了极大影响。

13. 子问公叔文子于公明贾曰：“信乎，夫子不言，不笑，不取乎？”公明贾对曰：“以告者过也。夫子时然后言，人不厌其言；乐然后笑，人不厌其笑；义然后取，人不厌其取。”子曰：“其然？岂其然乎？”

【译文】

孔子向公明贾问到公叔文子，说：“先生他不说、不笑、不取钱财，是真的吗？”公明贾回答道：“这是告诉你话的那个人的过错。先生他到该说时才说，因此别人不厌恶他说话；快乐时才笑，因此别人不厌恶他笑；合于礼要求的财利他才获取，因此别人不厌恶他获取。”孔子说：“原来这样，难道真是这样吗？”

【评析】

孔子在这里通过评价公叔文子，进一步阐释“义然后取”的思想，只要合乎于义、礼，公叔文子并非不说、不笑、不取钱财。这就是有高尚人格者之所为。

14. 子曰："臧武仲以防求为后于鲁，虽曰不要（yāo）君，吾不信也。"

【译文】

孔子说："臧武仲凭借防邑请求鲁君在鲁国替臧氏立后代，虽然有人说他不是要挟君主，我不相信。"

【评析】

臧武仲因得罪孟孙氏逃离鲁国，后来回到防邑，向鲁君要求，以立臧氏之后为卿大夫作为条件，自己离开防邑。孔子认为他以自己的封地为据点，想要挟君主，犯上作乱，犯下了不忠的大罪。所以他说了上面这段话。此事在《春秋》中有记载。

15. 子曰："晋文公谲而不正，齐桓公正而不谲。"

【译文】

孔子说："晋文公诡诈而不正派，齐桓公正派而不诡诈。"

【评析】

为什么孔子对春秋时代两位著名政治家的评价截然相反呢？他主张"礼乐征伐自天子出"，对时人的违礼行为一概加以指责。晋文公称霸后召见周天子，这对孔子来说是不可接受的，所以他说晋文公诡诈。齐桓公打着"尊王"的旗号称霸，孔子认为他的做法符合于礼的规定。所以，他对晋文公、齐桓公做出上述评价。

16. 子路曰："桓公杀公子纠，召忽死之，管仲不死。"曰："未仁乎？”子曰：“桓公九合诸侯，不以兵车，管仲之力也。如其仁，如其仁。”

【译文】

子路说：“齐桓公杀了公子纠，召忽自杀以殉，但管仲却没有自杀。”接着又说：“管仲不能算是仁人吧？”孔子说：“桓公多次召集各诸侯国的盟会，不用武力，这都是管仲的力量啊。这就是他的仁德，这就是他的仁德。”

【评析】

孔子提出“事君以忠”。公子纠被杀了，（他的老师）召忽自杀以殉其主，而（另一个老师）管仲却没有死，不仅如此，他还归服了其主的政敌，担任了宰相，这样的行为应当属于对其主的不忠。但孔子这里却认为管仲帮助齐桓公召集诸侯会盟，而不依靠武力，是依靠仁德的力量，值得称赞。

17. 子贡曰：“管仲非仁者与？桓公杀公子纠，不能死，又相之。”子曰：“管仲相桓公，霸诸侯，一匡天下，民到于今受其赐。微管仲，吾其被（通‘披’）发左衽矣。岂若匹夫匹妇之为谅也，自经于沟渎而莫之知也。”

【译文】

子贡问：“管仲不能算是仁人了吧？桓公杀了公子纠，他不能为公子纠殉死，反而做了齐桓公的宰相。”孔子说：“管仲辅佐桓公，称霸诸侯，匡正了天下，老百姓到了今天还受到他的好处。如果没有管仲，恐怕我们也要披散着头发，衣襟向左开了（沦为落后民族）。哪能像普通百姓那样恪守小节，自杀在小山沟里，而谁也不知道呀。”

【评析】

本章和上一章都是评价管仲。孔子也曾在别的章节中说到管仲的不是之处，但总的来说，他肯定管仲是有仁德的。根本原因就在于管仲“尊王攘夷”，反对使用暴力，而且阻止了齐鲁之地被“夷化”的可能。孔子认为，像管仲这样有仁德的人，不必像匹夫匹妇那样，斤斤计较他的节操与信用。

18. 公叔文子之臣大夫僎与文子同升诸公。子闻之，曰：“可以为‘文’矣。”

【译文】

公叔文子的家臣僎和文子一同做了卫国的大夫。孔子知道了这件事以后说：“(他死后)可以给他‘文’的谥号了。”

19. 子言卫灵公之无道也，康子曰：“夫如是，奚而不丧？”孔子曰：“仲叔圉治宾客，祝鮀治宗庙，王孙贾治军旅，夫如是，奚其丧？”

【译文】

孔子讲到卫灵公的无道，季康子说：“既然如此，为什么他没有败亡呢？”孔子说：“因为他有仲叔圉接待宾客，祝鮀管理宗庙祭祀，王孙贾统率军队，像这样，怎么会败亡呢？”

20. 子曰：“其言之不怍，则为之也难。”

【译文】

孔子说：“说话如果大言不惭，那么实现这些话就是很困难的了。”

20. 陈成子弑简公。孔子沐浴而朝，告于哀公曰：“陈恒弑其君，请讨之。”公曰：“告夫三子。”孔子曰：“以吾从大夫之后，不敢不告也。

君曰‘告夫三子’者。”之三子告，不可。孔子曰：“以吾从大夫之后，不敢不告也。”

【译文】

陈成子杀了齐简公。孔子斋戒沐浴以后，随即上朝去见鲁哀公，报告说：“陈恒把他的君主杀了，请你出兵讨伐他。”哀公说：“你去报告季孙、仲孙、孟孙那三位大夫吧。”孔子退朝后说：“因为我曾经做过大夫，所以不敢不来报告，君主却说‘你去告诉那三位大夫吧’！”孔子去向那三位大夫报告，但三位大夫不愿派兵讨伐，孔子又说：“因为我曾经做过大夫，所以不敢不来报告呀！”

【评析】

陈成子杀死齐简公，这在孔子看来真是“不可忍”的事情。尽管他已经退官家居了，但他还是郑重其事地把此事告诉了鲁哀公，当然这违背了“不在其位，不谋其政”的戒律。他的请求遭到哀公的婉拒，所以孔子心里一定是很抱怨，但又无能为力。

21. 子路问事君。子曰：“勿欺也，而犯之。”

【译文】

子路问怎样侍奉君主。孔子说：“不能（阳奉阴违）欺骗他，但可以犯颜直谏。”

22. 子曰：“君子上达，小人下达。”

【译文】

孔子说：“君子向上通达仁义，小人向下通达财利。”

【评析】

对于“上达”“下达”的解释，在学术界有所不同。另有两种观点，一是上达于道，下达于器，即农工商各业；二是上达长进向上，日进乎高明；下达是沉沦向下，日究乎污下。可供读者分析判别。

23. 子曰：“古之学者为己，今之学者为人。”

【译文】

孔子说：“古代的人学习是为了提高自己，而现在的人学习是为了给别人看。”

24. 蘧伯玉使人于孔子，孔子与之坐而问焉。曰：“夫子何为？”对曰：“夫子欲寡其过而未能也。”使者出，子曰：“使乎！使乎！”

【译文】

蘧伯玉派使者去拜访孔子。孔子让使者坐下，然后问道：“先生最近在做什么？”使者回答说：“先生想要减少自己的错误，但未能做到。”使者走了以后，孔子说：“好一位使者啊，好一位使者啊！”

25. 子曰：“不在其位，不谋其政。”曾子曰：“君子思不出其位。”

【译文】

孔子说：“不在那个职位，就不要考虑那个职位上的事情。”曾子说：“君子考虑问题，从来不超出自己的职位范围。”

【评析】

“不在其位，不谋其政”，这是被人们广为传说的一句名言。这是孔子对于学生们今后为官从政的忠告。他要求为官者各负其责，各司其职，脚踏实地，做好本职分内的事情。“君子思不出其位”也同样是这个意思。这是孔子的一贯思想，与“正名分”的主张是完全一致的。

26. 子曰："君子耻其言而过其行。"

【译文】

孔子说:“君子认为说得多而做得少是可耻的。”

【评析】

这句话极为精炼，但含义深刻。孔子希望人们少说多做，而不要只说不做或多说少做。在社会生活中，总有一些夸夸其谈的人，他们口若悬河，滔滔不绝，说尽了大话、套话、虚话，但到头来，一件实事未做，给集体和他人造成极大的不良影响。因此，对照孔子所说的这句话，有此类习惯的人，似乎应当有所警戒了。

27. 子曰:“君子道者三，我无能焉：仁者不忧，知者不惑，勇者不惧。”子贡曰:“夫子自道也。”

【译文】

孔子说:“君子之道有三个方面，我都未能做到：仁德的人不忧愁，聪明的人不迷惑，勇敢的人不畏惧。”子贡说:“这正是老师的自我表述啊！”

【评析】

作为君子，孔子认为其必需的品格有许多，这里他强调指出了其中的三个方面：仁、智、勇。在《子罕》篇当中，孔子也讲到以上这三个方面。

28. 子贡方人。子曰："赐也贤乎哉？夫我则不暇。"

【译文】

子贡评论别人的短处。孔子说："赐啊，你真的就那么贤良吗？我可没有闲工夫去评论别人。"

29. 子曰："不患人之不己知，患其不能也。"

【译文】

孔子说："不忧虑别人不知道自己，只担心自己没有本事。"

30. 子曰："不逆诈，不億不信，抑亦先觉者，是贤乎！"

【译文】

孔子说："不预先怀疑别人欺诈，也不猜测别人不诚实，然而能事先觉察到别人的欺诈和不诚实，这就是贤人了。"

32. 微生亩谓孔子曰："丘，何为是栖栖者与？无乃为佞乎？"孔子曰："非敢为佞也，疾固也。"

【译文】

微生亩对孔子说："孔丘，你为什么这样四处奔波游说呢？你不就是要显示自己的口才和花言巧语吗？"孔子说："我不是敢于花言巧语，只是痛恨那些顽固不化的人。"

32. 子曰："骥不称其力，称其德也。"

【译文】

孔子说："千里马值得称赞的不是它的气力，而是它的品德。"

33. 或曰："以德报怨，何如？"子曰："何以报德？以直报怨，以德报德。"

【译文】

有人说："用恩德来报答怨恨怎么样？"孔子说："那用什么来报答恩德呢？应该是用正直来报答怨恨，用恩德来报答恩德。"

【评析】

孔子不同意"以德报怨"的做法，认为应当是"以直报怨"。这是说，不以有旧恶旧怨而改变自己的公平正直，也就是坚持了正直，"以直报怨"对于个人道德修养极为重要，但用在政治领域，有时就不那么适宜了。

34. 子曰："莫我知也夫！"子贡曰："何为其莫知子也？"子曰："不怨天，不尤人。下学而上达，知我者其天乎！"

【译文】

孔子说："没有人了解我啊！"子贡说："怎么能说没有人了解您呢？"孔子说："我不埋怨天，也不责备人，下学人事礼乐而上达天命，了解我的只有天吧！"

35. 公伯寮愬（同"诉"）子路于季孙。子服景伯以告，曰："夫子固有惑志于公伯寮，吾力犹能肆诸市朝。"子曰："道之将行也与，命也；道之将废也与，命也。公伯寮其如命何！"

【译文】

公伯寮向季孙告发子路。子服景伯把这件事告诉给孔子，并且说："季孙氏已经被公伯寮迷惑了，我的力量能够把公伯寮杀了，把他陈尸于市。"孔子说："道能够得到推行，是天命决定的；道不能得到推行，也是天命决定的。公伯寮能把天命怎么样呢？"

【评析】

在本章里，孔子又一次谈到自己的天命思想。"道"能否推行，在天命而不在人为，即所谓"谋事在人，成事在天"。

36. 子曰："贤者辟世，其次辟地，其次辟色，其次辟言。"子曰："作者七人矣。"

【译文】

孔子说："贤人逃避动荡的社会而隐居，次一等的逃避到另外一个地方去，再次一等的逃避别人难看的脸色，再次一等的回避别人难听的话。"孔子又说："这样做的已经有七个人了。"

【评析】

这一章里讲为人处世的道理。人不能总是处于一帆风顺的环境里，身处逆境，怎样做？这是孔子教授给弟子们的处世之道。

37. 子路宿于石门。晨门曰："奚自？"子路曰："自孔氏。"曰："是知其不可而为之者与？"

【译文】

子路夜里住在石门，（清晨进城之后，）看门的人问："从哪里来？"

子路说："从孔子那里来。"看门的人说："是那个明知做不到却还要去做的人吗？"

【评析】

"知其不可而为之"，这是做人的大道理。人要有一点锲而不舍的追求精神，许多事情都是经过艰苦努力和奋斗而得来的。孔子"知其不可而为之"，反映出他孜孜不倦的执着精神。从这位看门人的话中，我们也可以看出当时普通人对孔子的评论。

38. 子击磬于卫，有荷蒉而过孔氏之门者，曰："有心哉，击磬乎！"既而曰："鄙哉！硁硁乎！莫己知也，斯己而已矣。深则厉，浅则揭。"子曰："果哉！末之难矣。"

【译文】

孔子在卫国，一次正在敲击磬，有一位背扛草筐的人从门前走过说："这个击磬的人有心思啊！"一会儿又说："声音硁硁的，真可鄙呀，没有人了解自己，就只为自己就是了。（好像涉水一样）水深就穿着衣服蹚过去，水浅就撩起衣服蹚过去。"孔子说："说得真干脆，没有什么办法可以责问他了。"

39. 子张曰："书云：'高宗谅阴，三年不言。'何谓也？"子曰："何必高宗？古之人皆然。君薨，百官总己以听于冢宰三年。"

【译文】

子张说："《尚书》上说：'殷高宗守丧，三年不谈政事。'这是什么意思？"孔子说："不仅是高宗，古人都是这样。国君死了，朝廷百官都各管自己的职事，听命于冢宰三年。"

【评析】

子女为父母守丧三年的习惯在孔子以前就有，《尚书》中就有这样的记载。对此，孔子持肯定态度，即使国君，其父母去世了，也在继位后三年内不理政事，平民百姓更是如此了。

40. 子曰："上好礼，则民易使也。"

【译文】

孔子说："上位者喜好礼，那么百姓就容易指使了。"

41. 子路问君子。子曰："修己以敬。"曰："如斯而已乎？"曰："修己以安人。"曰："如斯而已乎？"曰："修己以安百姓。修己以安百姓，尧舜其犹病诸？"

【译文】

子路问什么叫君子。孔子说："修养自己，保持严肃恭敬的态度。"子路说："这样就够了吗？"孔子说："修养自己，使周围的人们安乐。"子路说："这样就够了吗？"孔子说："修养自己，使所有百姓都安乐。修养自己使所有百姓都安乐，尧舜还怕难以做到呢！"

【评析】

本章里孔子再谈君子的标准问题。他认为，修养自己是君子立身处世和管理政事的关键所在，只有这样做，才可以使上层人物和老百姓都得到安乐，所以孔子的修身，更重要的在于治国平天下。

42. 原壤夷俟。子曰："幼而不孙（通'逊'）弟（通'悌'），长而无述焉，老而不死，是为贼。"以杖叩其胫。

【译文】

原壤叉开双腿坐着等待孔子。孔子骂他说：“年幼的时候，你不讲孝悌，长大了又没有什么可说的成就，老而不死，真是害人虫。”说着，用手杖敲他的小腿。

43. 阙党童子将命。或问之曰：“益者与？”子曰：“吾见其居于位也，见其与先生并行也。非求益者也，欲速成者也。”

【译文】

阙里的一个童子，来向孔子传递信息。有人问孔子：“这是个求上进的孩子吗？”孔子说：“我看见他坐在成年人的位子上，又见他和长辈并肩而行，他不是要求上进的人，只是个急于求成的人。”

【评析】

孔子特别注重长幼有序，这是儒家的一贯主张。除了在家庭里讲孝、讲悌以外，年幼者在家庭以外的地方还必须尊敬长者。由此，发展为中华民族尊老敬老的传统美德，这在今天还有提倡的必要，但应当剔除其中的封建因素，赋予民主性内容。

卫灵公篇

本篇包括42章，其中著名文句有：“无为而治”；“志士仁人，无求生以害仁，有杀身以成仁”；“人无远虑，必有近忧”；“躬自厚而薄责于人”；“君子求诸己，小人求诸人”；“己所不欲，勿施于人”；“小不忍则乱大谋”；“人能弘道，非道弘人”；“当仁不让于师”；“有教无类”；“道不同，不相为谋”。本篇内容涉及孔子的“君子小人”观的若干方面、孔子的教育思想和政治思想，以及孔子在其他方面的言行。

1. 卫灵公问陈于孔子。孔子对曰："俎豆之事，则尝闻之矣；军旅之事，未之学也。"明日遂行。

【译文】

卫灵公向孔子问军队列阵之法。孔子回答说："祭祀礼仪方面的事情，我还听说过；用兵打仗的事，从来没有学过。"第二天，孔子便离开了卫国。

【评析】

卫灵公向孔子询问有关军事方面的问题，孔子对此很不感兴趣。从总体上讲，孔子反对用战争的方式解决国与国之间的争端，当然在具体问题上也有例外。孔子主张以礼治国，礼让为国，所以他以上面这段话回答了卫灵公，并于次日离开了卫国。

2. 在陈绝粮，从者病，莫能兴。子路愠见曰："君子亦有穷乎？"子曰："君子固穷，小人穷斯滥矣。"

【译文】

（孔子一行）在陈国断了粮，随从的人都饿病了，不能爬起来。子路很不高兴地来见孔子，说道："君子也有穷得毫无办法的时候吗？"孔子说："君子虽然穷困，但还是坚持着；小人一遇穷困就无所不为了。"

【评析】

从本章开始，以后又有若干章谈及君子与小人在某些方面的区别。这里，孔子说到面对穷困潦倒的局面，君子与小人就有了显而易见的不同。

3. 子曰："赐也！女以予为多学而识之者与？"对曰："然，非与？"曰："非也。予一以贯之。"

【译文】

孔子说：“赐啊！你以为我是学习得多了才一一记住的吗？”子贡答道：“是啊，难道不是这样吗？”孔子说：“不是的。我是用一个根本的东西（忠恕而已）把它们贯彻始终的。”

【评析】

这里，孔子讲到“一以贯之”，这是他学问渊博的根本所在。那么，这个“一”指什么？文中没有讲明。我们认为，“一以贯之”，就是在学习的基础上，认真思考，从而悟出其中内在的东西。孔子在这里告诉子贡和其他学生，要学与思相结合，认真学习，深切领悟。

4. 子曰：“由！知德者鲜矣。”

【译文】

孔子说：“由啊！懂得德的人太少了。”

5. 子曰：“无为而治者，其舜也与？夫何为哉？恭己正南面而已矣。”

【译文】

孔子说：“能够从容淡定而治理天下的人，大概只有舜吧？他做了些什么呢？只是庄严端正地坐在朝廷的王位上罢了。”

【评析】

“无为而治”是道家所称赞的治国方略，符合道家思想的一贯性。这里，孔子也赞赏无为而治并以舜为例加以说明，这表明，主张积极进取的儒家十分留恋三代的法度礼治，（《新序·杂事》刘向：舜举众贤在位，垂衣裳恭己无为而天下治。）但在当时的现实生活中并不一定要求统治者无为而治。在孔子的观念中，不是无为而治，而是礼治。

6. 子张问行。子曰："言忠信，行笃敬，虽蛮貊之邦，行矣。言不忠信，行不笃敬，虽州里，行乎哉？立则见其参于前也，在舆则见其倚于衡也，夫然后行。"子张书诸绅。

【译文】

子张问如何才能使自己的主张到处都能行得通。孔子说："说话要忠信，行事要笃敬，即使到了蛮貊地区，也可以行得通。说话不忠信，行事不笃敬，就是在本乡本土，能行得通吗？站着，就仿佛看到忠信笃敬这几个字显现在面前；坐车，就好像看到这几个字刻在车辕前的横木上，（时时刻刻记着，）这样才能使自己的主张到处行得通。"子张把这些话写在腰间的大带上。

7. 子曰："直哉史鱼！邦有道，如矢；邦无道，如矢。君子哉蘧伯玉！邦有道，则仕；邦无道，则可卷而怀之。"

【译文】

孔子说："史鱼真是正直啊！统治者有道，他的言行像箭一样直；统治者无道，他的言行也像箭一样直。蘧伯玉也真是一位君子啊！统治者有道就出来做官，统治者无道就（辞退官职）把自己的主张收藏在心里。"

【评析】

从文中所述内容看，史鱼与伯玉是有所不同的。史鱼在统治者有道或无道时，都同样直爽，而伯玉则只在统治者有道时出来做官。所以，孔子说史鱼是"直"，伯玉是"君子"。

8. 子曰："可与言而不与之言，失人；不可与言而与之言，失言。知者不失人，亦不失言。"

【译文】

孔子说："可以同他谈的话，却不同他谈，这就是失掉了朋友；不可以同他谈的话，却同他谈，这就是说错了话。有智慧的人既不失去朋友，又不说错话。"

9. 子曰："志士仁人，无求生以害仁，有杀身以成仁。"

【译文】

孔子说："志士仁人，没有贪生怕死而损害仁的，只有牺牲自己的性命来成全仁的。"

【评析】

"杀身成仁"被近现代以来某些人加以解释和利用后，似乎已经成了贬义词。其实，我们认真、深入地去理解孔子所说的这段话，可以发现他的生死观是以"仁"为最高原则的。生命对每个人来讲都是十分宝贵的，但还有比生命更可宝贵的，那就是"仁"。"杀身成仁"，就是要人们在生死关头宁可舍弃自己的生命也要保全"仁"。自古以来，它激励着多少仁人志士为国家和民族的生死存亡而抛头颅洒热血，谱写了一幅幅可歌可泣的壮丽篇章。

10. 子贡问为仁。子曰："工欲善其事，必先利其器。居是邦也，事其大夫之贤者，友其士之仁者。"

【译文】

子贡问怎么样才能做到仁。孔子说："工欲善其事，必先利其器。居住在一个国家，要敬重大夫中的贤者，结交有仁德的人。"

11. 颜渊问为邦。子曰："行夏之时，乘殷之辂（lù），服周之冕，乐则韶舞。放郑声，远佞人。郑声淫，佞人殆。"

【译文】

颜渊问怎样治理国家。孔子说："用夏代的历法，乘殷代的车子，戴周代的礼帽，奏《韶》乐与《武》乐。舍弃郑国的乐曲，疏远奸佞的人。郑国的乐曲浮靡淫秽，佞人太危险。"

【评析】

本章仍讲为人处世的道理。夏代的历法有利于农业生产，殷代的车子朴实适用，周代的礼帽华美，《韶》乐、《武》乐优美动听，这是孔子理想的生活方式。涉及礼的问题，他还是主张"复礼"，当然不是越古越好，而是有所选择。此外，还要禁绝靡靡之音，疏远佞人。

12. 子曰："人无远虑，必有近忧。"

【译文】

孔子说："人没有长远的考虑，一定会有眼前的忧患。"

13. 子曰："已矣乎！吾未见好德如好色者也。"

【译文】

孔子说："完了，我从来没有见像好色那样好德的人。"

14. 子曰："臧文仲其窃位者与！知柳下惠之贤而不与立也。"

【译文】

孔子说："臧文仲是一个做官不管事的人吧！他明知道柳下惠是个贤人，却不举荐他为官。"

15. 子曰："躬自厚而薄责于人，则远怨矣。"

【译文】

孔子说："多责备自己而少责备别人，那就可以避免别人的怨恨了。"

【评析】

人与人相处难免会有各种矛盾与纠纷，为人处世应该多替别人考虑，从别人的角度看待问题。所以，一旦发生了矛盾，人们应该多做自我批评，而不能一味指责别人的不是。责己严，待人宽，这是保持良好和谐的人际关系所不可缺少的原则。

16. 子曰："不曰'如之何，如之何'者，吾末如之何也已矣。"

【译文】

孔子说："遇事从来不说'怎么办，怎么办'的人，我对他也不知怎么办才好。"

17. 子曰："群居终日，言不及义，好行小慧，难矣哉！"

【译文】

孔子说："整天聚在一块，说的都达不到义的标准，专好卖弄小聪明，这种人真难教导。”

18. 子曰：“君子义以为质，礼以行之，孙以出（通‘言’）之，信以成之。君子哉！”

【译文】

孔子说：“君子以义作为根本，用礼加以推行，用谦逊语言来表达，用忠诚态度来完成，这就是君子了。”

19. 子曰：“君子病无能焉，不病人之不己知也。”

【译文】

孔子说：“君子只怕自己没有才能，不怕别人不知道自己。”

20. 子曰：“君子疾没世而名不称焉。”

【译文】

孔子说：“君子担心死后他的名声不为人们所称颂。”

21. 子曰：“君子求诸己，小人求诸人。”

【译文】

孔子说：“君子求之于自己，小人求之于别人。”

22. 子曰：“君子矜而不争，群而不党。”

【译文】

孔子说：“君子庄重而不与别人争执，合群而不结党营私。”

23. 子曰："君子不以言举人，不以人废言。"

【译文】

孔子说："君子不凭一个人说的话来举荐他，也不因为一个人不好而不采纳他的好话。"

【评析】

从18章到23章，这6章基本上都是讲君子的所作所为以及与小人的不同。什么是君子呢？孔子认为，他应当注重义、礼、逊、信的道德准则；他严格要求自己，尽可能做到立言立德立功的"三不朽"，传名于后世；他行为庄重，与人和谐，但不结党营私，不以言论重用人，也不以人废其言，等等。当然，这只是君子的一部分特征。

24. 子贡问曰："有一言而可以终身行之者乎？"子曰："其恕乎！己所不欲，勿施于人。"

【译文】

子贡问孔子："有没有一个字是可以终身奉行的呢？"孔子回答说："那就是恕吧！自己不愿意的，不要强加给别人。"

【评析】

"忠恕之道"可以说是孔子的发明。这个发明对后人影响很大。孔子把"忠恕之道"看成是处理人际关系的一条准则，这也是儒家伦理的一个特色。这样，可以消除别人对自己的怨恨，缓和人际关系，安定社会秩序。

25. 子曰："吾之于人也，谁毁谁誉？如有所誉者，其有所试矣。斯民也，三代之所以直道而行也。"

【译文】

孔子说："我对于别人，诋毁过谁？赞美过谁？如有所赞美的，必须是曾经考验过他的。夏商周三代的人都是这样做的，所以三代能直道而行。"

26. 子曰："吾犹及史之阙文也，有马者借人乘之，今亡矣夫。"

【译文】

孔子说："我还能够看到史书存疑的地方，有马的人（自己不会调教，）先给别人使用，这种精神，今天没有了罢。"

27. 子曰："巧言乱德。小不忍则乱大谋。"

【译文】

孔子说："花言巧语就败坏人的德行，小事情不忍耐，就会败坏大事情。"

【评析】

"小不忍则乱大谋"，这句话在民间极为流行，甚至成为一些人用以告诫自己的座右铭。的确，这句话包含有智慧的因素，尤其对于那些有志于修养大丈夫人格的人来说，此句话是至关重要的。有志向、有理想的人，不会斤斤计较个人得失，更不应在小事上纠缠不清，而有开阔的胸襟，远大的抱负，只有如此，才能成就大事，从而达到自己的目标。

28. 子曰："众恶之，必察焉；众好之，必察焉。"

【译文】

孔子说："大家都厌恶他，我必须考察一下；大家都喜欢他，我也一定要考察一下。"

【评析】

这一段讲了两个方面的意思。一是孔子决不人云亦云，不随波逐流，不以众人之标准决定自己的是非判断，而要经过自己的独立思考和理性判断，然后再做出结论。二是一个人的好与坏不是绝对的，在不同的地点，不同的人们心目中，往往有很大的差别。所以孔子必定用自己的标准去评判他。

29. 子曰："人能弘道，非道弘人。"

【译文】

孔子说："人能够使道发扬光大，不是道使人的才能扩大。"

【评析】

人必须首先修养自身、扩充自己、提高自己，才可以把道发扬光大，反过来，以道弘人，用来装点门面，哗众取宠，那就不是真正的君子之所为。这两者的关系是不可以颠倒的。

30. 子曰："过而不改，是谓过矣。"

【译文】

孔子说："有过错而不改正，这才真叫错了。"

【评析】

"人非圣贤，孰能无过？"但关键不在于过，而在于能否改过，保证今后不再犯同样的错误。也就是说，有了过错并不可怕，可怕的是坚持错误，不加改正。孔子以"过而不改，是谓过矣"的简练语言，向人们道出了这样一个真理，这是对待错误的唯一正确态度。

31. 子曰："吾尝终日不食，终夜不寝，以思，无益，不如学也。"

【译文】

孔子说："我曾经整天不吃饭，彻夜不睡觉，去左思右想，结果没有什么好处，还不如去学习为好。"

【评析】

这一章讲的是学与思的关系问题。在前面的一些章节中，孔子已经提到"学而不思则罔，思而不学则殆"的认识，这里又进一步加以发挥和深入阐述。思是理性活动，其作用有两方面：一方面是发觉言行不符合或者违背了道德，就要改正过来；另一方面是如果自己的言行符合道德标准，就要坚持下去。但学和思不可以偏废，只学不思不行，只思不学也是十分有害的。总之，思与学相结合才能使自己成为有德行、有学问的人。这是孔子教育思想的组成部分。

32. 子曰："君子谋道不谋食。耕也，馁在其中矣；学也，禄在其中矣。君子忧道不忧贫。"

【译文】

孔子说："君子只谋求行道，不谋求衣食。耕田，也常要饿肚子；学习，可以得到俸禄。君子只担心道不能行，不担心贫穷。"

33. 子曰："知及之，仁不能守之，虽得之，必失之。知及之，仁能守之，不庄以涖（同'莅'）之，则民不敬。知及之，仁能守之，庄以涖之，动之不以礼，未善也。"

【译文】

孔子说："凭借聪明才智足以得到它，但仁德不能保持它，即使得到，也一定会丧失。凭借聪明才智足以得到它，仁德可以保持它，不用严肃态度来治理百姓，那么百姓就会不敬。凭借聪明才智足以得到它，仁德可以保持它，能用严肃态度来治理百姓，但动员百姓时不照礼的要求，那也是不完善的。"

34. 子曰："君子不可小知而可大受也，小人不可大受而可小知也。"

【译文】

孔子说："不能让君子做那些小事考验他，但可以让他们承担重大的使命；不能让小人承担重大的使命，但可以让他们做那些小事来考验他。"

35. 子曰："民之于仁也，甚于水火。水火，吾见蹈而死者矣，未见蹈仁而死者也。"

【译文】

孔子说："百姓们对于仁（的需要），比对于水火（的需要）更迫切。我只见过人跳到水火中而死的，却没有见过实行仁而死的。"

36. 子曰："当仁，不让于师。"

【译文】

孔子说："面对着仁德，就是老师，也不同他谦让。"

【评析】

孔子和儒家特别重视师生关系的和谐，强调师道尊严，学生不可违背老师。这是在一般情况下。但是，在仁德面前，即使是老师，也不谦让。

这是把实现仁德摆在了第一位，“仁”是衡量一切是非善恶的最高准则。

37. 子曰：“君子贞而不谅。”

【译文】

孔子说：“君子固守正道，言行抱一，讲大信，而不拘泥于小信。”

【评析】

前面孔子曾说过“言必信，行必果”不是君子的作为，而是小人的举动。孔子注重“信”的道德准则，但它必须以“道”为前提，即服从于仁、礼的规定。离开了仁、礼这样的大原则而讲信，就不是真正的信。

38. 子曰：“事君，敬其事而后其食。”

【译文】

孔子说：“侍奉君主，要认真办事而把领取俸禄的事放在后面。”

39. 子曰：“有教无类。”

【译文】

孔子说：“人人都可以接受教育，不分族类。”

【评析】

孔子的教育对象、教学内容和培养目标都有自己的独特性。他办教育，反映了当时文化下移的现实，学在官府的局面得到改变，除了出身贵族的子弟可以受教育外，其他各阶级、阶层都有了受教育的可能性和机会。他广招门徒，不分种族、民族。所以，我们说孔子是中国古代伟大的教育家，开创了中国古代私学的先例，奠定了中国传统教育的基本思想。

40. 子曰："道不同，不相为谋。"

【译文】

孔子说："主张不同，不互相商议。"

41. 子曰："辞达而已矣。"

【译文】

孔子说："言辞只要能表达意思就行了。"

42. 师冕见，及阶，子曰："阶也。"及席，子曰："席也。"皆坐，子告之曰："某在斯，某在斯。"师冕出，子张问曰："与师言之道与？"子曰："然，固相师之道也。"

【译文】

乐师冕来见孔子，走到台阶沿，孔子说："这儿是台阶。"走到坐席旁，孔子说："这是坐席。"等大家都坐下来，孔子告诉他："某某在这里，某某在这里。"师冕走了以后，子张就问孔子："这就是与盲人谈话的道吗？"孔子说："对的，这就是帮助盲人的方式。"

季氏篇

本篇包括14章，其中著名的文句有："不患寡而患不均，不患贫而患不安"；"生而知之"；"君子有三戒：少之时，血气未定，戒之在色；及其壮也，血气方刚，戒之在斗；及其老也，血气既衰，戒之在得"；"君子有三畏：畏天命，畏大人，畏圣人之言”。本篇主要谈论的问题包括孔子及其学生的政治活动、与人相处和结交时注意的原则、君子的三戒、三畏和九思等。

1. 季氏将伐颛臾。冉有、季路见于孔子曰：“季氏将有事（国之大事，在祀与戎）于颛臾。”孔子曰：“求！无乃尔是过与？夫颛臾，昔者先王以为东蒙主，且在邦域之中矣，是社稷之臣也。何以伐为？”冉有曰：“夫子欲之，吾二臣者皆不欲也。”孔子曰：“求！周任有言曰：‘陈力就列，不能者止。’危而不持，颠而不扶，则将焉用彼相矣？且尔言过矣，虎兕出于柙，龟玉毁于椟中，是谁之过与？”冉有曰：“今夫颛臾，固而近于费。今不取，后世必为子孙忧。”孔子曰：“求！君子疾夫舍曰欲之而必为之辞。丘也闻有国有家者，不患寡而患不均，不患贫而患不安。盖均无贫，和无寡，安无倾。夫如是，故远人不服，则修文德以来之。既来之，则安之。今由与求也，相夫子，远人不服而不能来也，邦分崩离析而不能守也；而谋动干戈于邦内。吾恐季孙之忧，不在颛臾，而在萧墙之内也。”

【译文】

季氏将要讨伐颛臾。冉有、子路去见孔子说：“季氏快要攻打颛臾了。”孔子说：“冉求，这不就是你的过错吗？从前是周天子让颛臾主持东蒙的祭祀的，而且已经在鲁国的疆域之内，是国家的臣属啊，为什么要讨伐它呢？”冉有说：“季孙大夫想去攻打，我们两个人都不愿意。”孔子说：“冉求，周任有句话说：‘尽自己的力量去担负你的职务，实在做不好就辞职。’有了危险不去扶助，跌倒了不去搀扶，那还用辅助的人干什么呢？而且你说的话错了。老虎、犀牛从笼子里跑出来，龟甲、玉器在匣子里毁坏了，这是谁的过错呢？”冉有说：“现在颛臾城墙坚固，而且离费邑很近。现在不把它夺取过来，将来一定会成为子孙的忧患。”孔子说：“冉求，君子痛恨那种不肯实说自己想要那样做而又一定要找出理由来为之辩解的做法。我听说，对于诸侯和大夫，不担心分得少，而怕财富分配不均；不怕人民生活贫穷，而怕不安定。由于财富均了，也就没有所谓贫穷；大家和睦，就不会感到人少；安定了，也就没有倾覆的危险了。如果这样远方的人还不归服，就用仁、义、礼、乐招徕他们；已经来了，就让他们安心住下去。现在，仲由和冉求你们两个人辅助季氏，远方的人不归服，而不能招徕他们；国内民心离散，你们不能保全，反而策划在国内使用武力。我只怕季孙的忧患不在颛臾，而是在自己的鲁国内部呢！”

【评析】

这一章又反映出孔子的反战思想。他不主张通过军事手段解决国际、国内的问题，而希望采用礼、义、仁、乐的方式解决问题，这是孔子的一贯思想。此外，这一章里孔子还提出了“不患寡而患不均，不患贫而患不安”。朱熹对此句的解释是：“均，谓各得其分；安，谓上下相安。”这种思想对后代人的影响很大，甚至成为人们的社会心理。就今天而言，这种思想有消极的一面，基本不适宜现代社会，这是应该指出的。

2. 孔子曰：“天下有道，则礼乐征伐自天子出；天下无道，则礼乐征伐自诸侯出。自诸侯出，盖十世希不失矣；自大夫出，五世希不失矣；陪臣执国命，三世希不失矣。天下有道，则政不在大夫。天下有道，则庶人不议。”

【译文】

孔子说：“天下有道的时候，制作礼乐和出兵打仗都由天子做主决定；天下无道的时候，制作礼乐和出兵打仗，由诸侯做主决定。由诸侯做主决定，大概经过十代很少有不垮台的；由大夫决定，经过五代很少有不垮台的；由大夫的家臣把持国家政权传到三代很少有还能继续的。天下有道，国家政权就不会落在大夫手中。天下有道，老百姓也就不会议论国家政治了。”

【评析】

“天下无道”指什么？孔子这里讲，一是周天子的大权落入诸侯手中，二是诸侯国家的大权落入大夫和家臣手中，三是老百姓议论政事。对于这种情况，孔子极感不满，认为这种政权很快就会垮台。他希望回到“天下有道”的那种时代去，政权就会稳定，百姓也相安无事。

3. 孔子曰：“禄之去公室五世矣，政逮于大夫四世矣，故夫三桓之子孙微矣。”

【译文】

孔子说：“鲁国失去国家政权已经有五代了，政权落入季氏之手已经四代了，所以三桓（仲孙、叔孙、季孙）的子孙也衰微了。”

【评析】

三桓掌握了国家政权，这是春秋末期的一种政治变革，对此，孔子表示不满。本章里孔子对当时社会政治形势提出了自己的认识和态度。孔子的观点是，社会政治变革就是“天下无道”，这还是基于他的“礼治”的思想，希望变为“天下有道”的政治局面。

4. 孔子曰：“益者三友，损者三友。友直，友谅，友多闻，益矣。友便辟，友善柔，友便佞，损矣。”

【译文】

孔子说：“有益的交友有三种，有害的交友有三种。同正直的人交友，同诚信的人交友，同见闻广博的人交友，这是有益的。同惯于走邪道的人交朋友，同善于阿谀奉承的人交朋友，同惯于花言巧语的人交朋友，这是有害的。”

5. 孔子曰：“益者三乐，损者三乐。乐节礼乐，乐道人之善，乐多贤友，益矣。乐骄乐，乐佚游，乐晏乐，损矣。”

【译文】

孔子说：“有益的喜好有三种，有害的喜好有三种。以礼乐调节自己为喜好，以称道别人的好处为喜好，以有许多贤德之友为喜好，这是有益的。喜好骄傲，喜欢闲游，喜欢大吃大喝，这就是有害的。”

6. 孔子曰：“侍于君子有三愆：言未及之而言谓之躁，言及之而不言谓之隐，未见颜色而言谓之瞽。”

【译文】

孔子说：“侍奉在君子旁边陪他说话，要注意避免犯三种过失：还没有问到你的时候就说话，这是急躁；已经问到你的时候你却不说，这叫隐瞒；不看君子的脸色而贸然说话，这是瞎子。”

【评析】

以上这几章，主要讲的是社会交往过程中应当注意的问题。交朋友要结交正直、诚信、见闻广博的人，而不要结交逢迎谄媚、花言巧语的人，要用礼乐调节自己，多多地称道别人的好处，与君子交往要注意不急躁、不隐瞒，等等，这些对我们都有一定的参考价值。

7. 孔子曰：“君子有三戒：少之时，血气未定，戒之在色；及其壮也，血气方刚，戒之在斗；及其老也，血气既衰，戒之在得。”

【译文】

孔子说："君子有三种事情应引以为戒：年少的时候，血气还不成熟，要戒除对女色的迷恋；等到身体成熟了，血气正旺盛，要戒除与人争斗；等到老年，血气已经衰弱了，要戒除（对名誉、地位、财货等）贪得无厌。"

【评析】

这是孔子对人从少年到老年这一生中需要注意的问题做出的忠告，今天的人们也是很有必要注意的。

8. 孔子曰："君子有三畏：畏天命，畏大人，畏圣人之言。小人不知天命而不畏也，狎大人，侮圣人之言。"

【译文】

孔子说："君子有三件敬畏的事情：敬畏天命，敬畏地位高贵的人，敬畏有道德的圣人的话。小人不懂得天命，因而也不敬畏天命，不尊重地位高贵的人，轻侮圣人之言。"

9. 孔子曰："生而知之者，上也；学而知之者，次也；困而学之，又其次也；困而不学，民斯为下矣。"

【译文】

孔子说："生来就知道的人，是上等人；经过学习以后才知道的，是次一等的人；遇到困难再去学习的，是又次一等的人；遇到困难还不学习的人，这种人就是下等的人了。"

【评析】

孔子虽说有"生而知之者"，但他不承认自己是这种人，也没有见到这种。他说自己是经过学习之后才知道的。他希望人们勤奋好学，不要等遇到困难再去学习。俗话说：书到用时方恨少，就是讲的这个道理。至于遇到困难还不去学习，就不足为训了。

10. 孔子曰：“君子有九思：视思明，听思聪，色思温，貌思恭，言思忠，事思敬，疑思问，忿思难，见得思义。”

【译文】

孔子说：“君子有九种要思考的事：看的时候，要思考是否看明白了；听的时候，要思考是否听清楚了；自己的脸色，要思考是否温和；自己的容貌，要思考是否谦恭；言谈的时候，要思考是否忠诚；办事的时候，要思考是否谨慎严肃；遇到疑问，要思考是否应该向别人询问；愤怒时，要思考是否有后患；获取财利时，考虑是否符合道义。”

【评析】

本章通过孔子所谈的“君子有九思”，把人的言行举止的各个方面都考虑到了，他要求自己和学生们一言一行都要认真思考和自我反省，这里包括个人道德修养的各种规范，如温、良、恭、俭、让、忠、孝、仁、义、礼、智、信等，这些都是孔子关于道德修养学说的组成部分。

11. 孔子曰：“见善如不及，见不善如探汤。吾见其人矣，吾闻其语矣。隐居以求其志，行义以达其道。吾闻其语矣，未见其人也。”

【译文】

孔子说：“看到善良的行为，就担心自己达不到；看到不善良的行动，就好像把手伸到沸水里一样要赶快避开。我见到过这样的人，也听到过这样的话。以隐居避世来保全自己的志向，依照义而贯彻自己的主张。我听到过这种话，却没有见到过这样的人。”

12. 齐景公有马千驷，死之日，民无德而称焉。伯夷叔齐饿于首阳之下，民到于今称之。其斯之谓与?

【译文】

齐景公有马四千匹，死的时候，百姓们觉得他没有什么德行可以称颂。伯夷、叔齐保守节操而饿死在首阳山下，百姓们到现在还在称颂他们。说的就是这个意思吧!

13. 陈亢问于伯鱼曰:“子亦有异闻乎?”对曰:“未也。尝独立，鲤趋而过庭。曰:‘学诗乎?’对曰:‘未也’。‘不学诗，无以言。’鲤退而学诗。他日又独立，鲤趋而过庭。曰:‘学礼乎?’对曰:‘未也’。‘不学礼，无以立。’鲤退而学礼。闻斯二者。”陈亢退而喜曰:“问一得三。闻诗，闻礼，又闻君子之远其子也。”

【译文】

陈亢（gāng）问伯鱼:“你在老师那里听到过什么特别的教诲吗?”伯鱼回答说:“没有呀。有一次他独自站在堂上，我快步从庭里走过，他问:‘学诗了吗?’我回答说:‘没有。’他说:‘不学诗，就不懂得怎么说话。’我回去就学诗。又有一天，他又独自站在堂上，我快步从庭里走过，他问:‘学礼了吗?’我回答说:‘没有。’他说:‘不学礼就不懂得怎样立身。’我回去就学礼。我就听到过这两件事。”陈亢回去高兴地说:“我提一个问题，得到三方面的收获，听了关于诗的道理，听了关于礼的道理，又知道了君子不偏爱自己儿子的态度。”

14. 邦君之妻，君称之曰夫人，夫人自称曰小童；邦人称之曰君夫人，称诸异邦曰寡小君；异邦人称之亦曰君夫人。

【译文】

国君的妻子，国君称她为夫人，夫人自称为小童；国人称她为君夫人，对他国人则称她为寡小君；他国人也称她为君夫人。

【评析】

这套称号是周礼的内容之一。这是为了维护等级名分制度，以达到“名正言顺”的目的。

阳货篇

本篇共26章。其中著名的文句有：“性相近也，习相远也”；“唯上知与下愚不移”；“君子有勇而无义为乱，小人有勇而无义为盗”；“唯女子与小人为难养也”。这一篇中，介绍了孔子的道德教育思想，孔子对仁的进一步解释，还有关于为父母守丧三年问题，也谈到君子与小人的区别等。

1. 阳货欲见孔子，孔子不见，归（通“馈”）孔子豚。孔子时其亡也，而往拜之，遇诸涂。谓孔子曰：“来！予与尔言。”曰：“怀其宝而迷其邦，可谓仁乎？”曰：“不可。”“好从事而亟（qì）失时，可谓知乎？”曰：“不可。”“日月逝矣，岁不我与。”孔子曰：“诺，吾将仕矣。”

【译文】

阳货想见孔子，孔子不见，他便赠送给孔子一只熟小猪（想要孔子去拜谢他）。孔子打听到阳货不在家时，去阳货家拜谢，却在半路上遇见了。阳货对孔子说：“来，我有话要跟你说。”阳货说：“把自己的本领藏起来而听任国家迷乱，这可以叫作仁吗？”（孔子没吭声，阳货）说：

"不可以。"（阳货）说："喜欢参与政事而又屡次错过机会，这可以说是智吗？"（阳货）说："不可以。"（阳货）说："时间一天天过去了，年岁是不等人的。"孔子说："好吧，我将要去做官了。"

2. 子曰："性相近也，习相远也。"

【译文】

孔子说："人的本性是相近的，由于习染不同便相差悬殊了。"

3. 子曰："唯上知与下愚不移。"

【译文】

孔子说："只有上等的智者（生而知之者）与下等的愚者（困而不学）是改变不了的。"

【评析】

"上智"是指高贵而有智慧的人；"下愚"指卑贱而又愚蠢的人，这两类人是先天所决定的，是不能改变的。这种观念有其歧视甚至侮辱劳动民众的一面，这是应该予以指出的。

4. 子之武城，闻弦歌之声。夫子莞尔而笑，曰："割鸡焉用牛刀？"子游对曰："昔者偃也闻诸夫子曰：'君子学道则爱人，小人学道则易使也。'"子曰："二三子！偃之言是也。前言戏之耳。"

【译文】

孔子到武城去（当时子游做县长），听见弹琴唱歌的声音。孔子微笑着说："杀鸡何必用宰牛的刀呢？（这个小县城，需要教育诗书礼乐射御等科目吗？）"子游回答说："以前我听先生说过，'君子学习了礼乐就能爱人，小人学习了礼乐就容易指使。’”孔子说：“学生们，言偃的话是对的。我刚才说的话，只是开个玩笑而已。”

5. 公山弗扰以费畔，召，子欲往。子路不悦，曰：“末之也已，何必公山氏之之也。”子曰：“夫召我者，而岂徒哉？如有用我者，吾其为东周乎？”

【译文】

公山弗扰据费邑反叛，来召孔子，孔子准备前去。子路不高兴地说：“没有地方去就算了，为什么一定要去公山弗扰那里呢？”孔子说：“他来召我，难道只是一句空话吗？如果有人用我，我就要在东方复兴周礼。”

6. 子张问仁于孔子。孔子曰：“能行五者于天下为仁矣。”“请问之。”曰：“恭、宽、信、敏、惠。恭则不侮，宽则得众，信则人任焉，敏则有功，惠则足以使人。”

【译文】

子张向孔子问仁。孔子说：“能够处处实行五种品德。就是仁人了。”子张说：“请问是哪五种呢？”孔子说：“庄重、宽厚、诚实、勤敏、慈惠。庄重就不致遭受侮辱，宽厚就会得到众人的拥护，诚信就能得到别人的任用，勤敏就会提高工作效率，慈惠就能够使唤人。”

7. 佛肸（xī）召，子欲往。子路曰：“昔者由也闻诸夫子曰：‘亲于其身为不善者，君子不入也。’佛肸以中牟畔，子之往也，如之何？”子曰：“然，有是言也。不曰坚乎，磨而不磷；不曰白乎，涅而不缁。吾岂匏瓜也哉？焉能系而不食？”

【译文】

佛肸召孔子去，孔子打算前往。子路说："从前我听先生说过：'亲自做坏事的人那里，君子是不去的。'现在佛肸据中牟反叛，您却要去，这如何解释呢？"孔子说："是的，我说过这样的话。不是说坚硬的东西磨也磨不坏吗？不是说洁白的东西染也染不黑吗？我难道是个苦味的葫芦吗？怎么能只挂在那里而不给人吃呢？"

8. 子曰："由也，女闻六言六蔽矣乎？"对曰："未也。""居，吾语女。好仁不好学，其蔽也愚；好知不好学，其蔽也荡；好信不好学，其蔽也贼；好直不好学，其蔽也绞；好勇不好学，其蔽也乱；好刚不好学，其蔽也狂。"

【译文】

孔子说："由呀，你听说过六种品德和六种弊病了吗？"子路回答说："没有。"孔子说："坐下，我告诉你。爱好仁德而不爱好学习，它的弊病是受人愚弄；爱好智慧而不爱好学习，它的弊病是行为放荡；爱好诚信而不爱好学习，它的弊病是被人利用而害了自己；爱好直率却不爱好学习，它的弊病是说话尖刻；爱好勇敢却不爱好学习，它的弊病是犯上作乱而闯祸；爱好刚强却不爱好学习，它的弊病是狂妄自大。"

9. 子曰："小子何莫学夫诗。诗，可以兴，可以观，可以群，可以怨。迩之事父，远之事君；多识于鸟兽草木之名。"

【译文】

孔子说："学生们为什么不学习《诗》呢？学《诗》可以激发志气，可以观察天地万物及人间的盛衰与得失，可以使人懂得合群的必要，可以使人懂得怎样去讽谏上级。近可以用来侍奉父母，远可以侍奉君主；

还可以多知道一些鸟兽草木的名字。”

10. 子谓伯鱼曰：“女为《周南》《召南》矣乎？人而不为《周南》《召南》，其犹正墙面而立也与？”

【译文】

孔子对伯鱼说：“你学习《周南》《召南》了吗？一个人如果不学习《周南》《召南》，那不就像面对墙壁而站着吗？”

11. 子曰：“礼云礼云，玉帛云乎哉？乐云乐云，钟鼓云乎哉？”

【译文】

孔子说：“礼呀礼呀，只是说的玉帛之类的礼器吗？乐呀乐呀，只是说的钟鼓之类的乐器吗？”

12. 子曰：“色厉而内荏，譬诸小人，其犹穿窬（yú）之盗也与？”

【译文】

孔子说：“外表严厉而内心虚弱，以小人做比喻，就像是挖墙洞的小偷吧？”

13. 子曰：“乡愿，德之贼也。”

【译文】

孔子说：“没有真是非的好好先生是足以破坏道德的人。”

【评析】

孔子所说的“乡愿”，就是指那些表里不一、言行不一的伪君子，这些人欺世盗名，却可以堂而皇之地自我炫耀。孔子反对“乡愿”，就是主张以仁、礼为原则，只有仁、礼可以使人成为真正的君子。

14. 子曰：“道听而涂说，德之弃也。”

【译文】

孔子说：“在路上听到传言就到处去传播，这是道德所唾弃的。”

【评析】

道听途说是一种背离道德准则的行为，而这种行为自古以来就存在。在现实生活中，有些人不仅道听途说，而且四处打听别人的隐私，然后到处传说，以此作为生活的乐趣，实乃卑鄙之小人。

15. 子曰：“鄙夫可与事君也与哉？其未得之也，患（不）得之。既得之，患失之。苟患失之，无所不至矣。”

【译文】

孔子说：“可以和一个鄙夫一起侍奉君主吗？他在没有得到官位时，总担心得不到。已经得到了，又怕失去它。如果他担心失掉官职，就会无所不用其极了。”

【评析】

孔子在本章里将那些一心想当官的人斥为鄙夫，这种人在没有得到官位时总担心得不到，一旦得到又怕失去。为此，他就会不择手段去做任何事情，甚至不惜危害群体，危害他人。这种人在现实生活中也是司空见惯的。当然，这种人是不会有好结局的。

16. 子曰：“古者民有三疾，今也或是之亡也。古之狂也肆，今之狂也荡；古之矜也廉，今之矜也忿戾；古之愚也直，今之愚也诈而已矣。”

【译文】

孔子说：“古代人有三种毛病，现在恐怕连这三种毛病也不是原来的样子了。古代的狂者不过是肆意直言，而现在的狂妄者却是放荡不羁；古代骄傲的人不过是难以接近，现在那些骄傲的人却是凶恶蛮横、无理取闹；古代愚笨的人不过是直率一些，现在的愚笨者却是欺诈啊！”

【评析】

孔子所处的时代，已经与上古时代有所区别，上古时期人们的“狂”“矜”“愚”虽然也是毛病，但并非让人不能接受，而今天人们的这三种毛病都变本加厉。从孔子时代到现在，又过去了两千多年了，这三种毛病不但没有改变，反而有增无减，到了令人无法理喻的地步。这就需要用道德的力量加以惩治，也希望有这三种毛病的人警醒。

17. 子曰：“巧言令色，鲜矣仁。”

【译文】

本章已见于《学而》篇之第三章，此处系重出。

18. 子曰：“恶紫之夺朱也，恶郑声之乱雅乐也，恶利口之覆邦家者。”

【译文】

孔子说：“我厌恶用紫色取代红色的光彩和地位，厌恶用郑国的声乐扰乱雅乐，厌恶用伶牙俐齿而颠覆国家这样的事情。”

19. 子曰:“予欲无言。”子贡曰:“子如不言,则小子何述焉?”子曰:“天何言哉?四时行焉,百物生焉,天何言哉?”

【译文】

孔子说:“我想不说话了。”子贡说:“您如果不说话,那么我们这些学生还传述什么呢?”孔子说:“天何尝说话呢?四季照常运行,百物照样生长。天说了什么话呢?”

20. 孺悲欲见孔子,孔子辞以疾。将命者出户,取瑟而歌,使之闻之。

【译文】

孺悲想见孔子,孔子以有病为由推辞不见。传话的人刚出门,(孔子)便取来瑟边弹边唱,(有意)让孺悲听到。

21. 宰我问:“三年之丧,期已久矣。君子三年不为礼,礼必坏;三年不为乐,乐必崩。旧谷既没,新谷既升,钻燧改火,期可已矣。”子曰:“食夫稻,衣夫锦,于女安乎?”曰:“安。”“女安则为之。夫君子之居丧,食旨不甘,闻乐不乐,居处不安,故不为也。今女安,则为之!”宰我出,子曰:“予之不仁也!子生三年,然后免于父母之怀,夫三年之丧,天下之通丧也。予也有三年之爱于其父母乎?”

【译文】

宰我问:“服丧三年,时间太长了。君子三年不讲究礼仪,礼仪必然败坏;三年不演奏音乐,音乐就会荒废。旧谷吃完,新谷登场,钻燧取火的木头轮过了一遍,有一年的时间就可以了。”孔子说:“(才一年的时间,)你就吃起了大米饭,穿起了锦缎衣,你心安吗?”宰我说:“我心安。”孔子说：“你心安，你就那样去做吧！君子守丧，吃美味不觉得香甜，听音乐不觉得快乐，住在家里不觉得舒服，所以不那样做。如今你既觉得心安，你就那样去做吧！”宰我出去后，孔子说：“宰予真是不仁啊！小孩生下来，到三岁时才能离开父母的怀抱。服丧三年，这是天下通行的丧礼。难道宰予对他的父母没有三年的爱吗？”

【评析】

这一段说的是孔子和他的弟子宰我之间，围绕丧礼应服几年的问题展开的争论。孔子的意见是孩子生下来以后，要经过三年才能离开父母的怀抱，所以父母去世了，也应该为父母守三年丧，这是必不可少的。所以，他批评宰我“不仁”。其实在孔子之前，华夏民族就已经有为父母守丧三年的习惯，经过儒家在这个问题上的道德制度化，一直沿袭到今天。这是以“孝”的道德为思想基础的。

22. 子曰：“饱食终日，无所用心，难矣哉！不有博弈者乎？为之，犹贤乎已。”

【译文】

孔子说：“整天吃饱了饭，什么心思也不用，真太难了！不是还有玩博和下棋的游戏吗？干这个，也比闲着好。”

23. 子路曰：“君子尚勇乎？”子曰：“君子义以为上。君子有勇而无义为乱，小人有勇而无义为盗。”

【译文】

子路说：“君子崇尚勇敢吗？”孔子答道：“君子以义作为最高尚的品德，君子有勇无义就会作乱，小人有勇无义就会偷盗。”

24. 子贡曰:“君子亦有恶乎?”子曰:“有恶。恶称人之恶者,恶居下流(“流”字疑似衍文)而讪上者,恶勇而无礼者,恶果敢而窒者。”曰:“赐也亦有恶乎?”“恶徼(jiǎo)以为知者,恶不孙以为勇者,恶讦(jié)以为直者。”

【译文】

子贡说:“君子也有厌恶的事吗?”孔子说:“有厌恶的事。厌恶宣扬别人坏处的人,厌恶身居下位而诽谤在上者的人,厌恶勇敢而不懂礼节的人,厌恶固执而又不通事理的人。”孔子又说:“赐,你也有厌恶的事吗?”子贡说:“厌恶偷取别人的成绩而让自己成为智者,厌恶把不谦虚当作勇敢的人,厌恶揭发别人的隐私而自以为直率的人。”

25. 子曰:“唯女子与小人为难养也,近之则不孙,远之则怨。”

【译文】

孔子说:“只有女子和小人是难以教养的,亲近他们,他们就会无礼,疏远他们,他们就会抱怨。”

【评析】

这一章表明了孔子轻视妇女的思想。这是儒家一贯的思想主张,后来则演变为“男尊女卑”“夫为妻纲”的男权主义。

26. 子曰:“年四十而见恶焉,其终也已。”

【译文】

孔子说:“四十岁还让人厌恶的人,一辈子都完了。”

【评析】

孔子说："到了四十岁的时候还被人所厌恶，他这一生也就终结了。"

微子篇

本篇共计11章。其中著名的文句有："四体不勤，五谷不分"；"往者不可谏，来者犹可追"。这一篇中有如下内容：孔子的政治思想主张，孔子弟子与老农谈孔子、孔子关于塑造独立人格的思想等。

1. 微子去之，箕子为之奴，比干谏而死。孔子曰："殷有三仁焉。"

【译文】

（商纣王不行王道，）微子离开了纣王，箕子做了他的奴隶，比干劝谏后被杀死了。孔子说："这是殷朝的三位仁人啊！"

2. 柳下惠为士师，三黜。人曰："子未可以去乎？"曰："直道而事人，焉往而不三黜？枉道而事人，何必去父母之邦？"

【译文】

柳下惠当典狱官，三次被罢免。有人说："你不可以离开鲁国吗？"柳下惠说："按正道侍奉君主，到哪里不会被多次罢官呢？如果不按正道侍奉君主，为什么一定要离开本国呢？"

3. 齐景公待孔子曰："若季氏，则吾不能；以季、孟之间待之。"曰："吾老矣，不能用也。"孔子行。

【译文】

齐景公讲到对待孔子的礼节时说："像鲁君对待季氏那样，我做不到，我用介于季氏孟氏之间的待遇对待他。"又说："我老了，没有什么大作为了。"孔子离开了齐国。

4. 齐人归（通"馈"）女乐，季桓子受之，三日不朝。孔子行。

【译文】

齐国人赠送了一些歌女给鲁国，季桓子接受了，三天不上朝。孔子于是离开了。

5. 楚狂接舆歌而过孔子曰："凤兮凤兮！何德之衰？往者不可谏，来者犹可追。已而已而！今之从政者殆而！"孔子下，欲与之言。趋而辟之，不得与之言。

【译文】

楚国的狂人接舆唱着歌从孔子的车旁走过，他唱道："凤凰啊！凤凰啊！你的德运怎么这么衰弱呢？过去的已经无可挽回，未来也无须再执着推行德行了。算了吧，算了吧。今天的执政者危乎其危！"孔子下车，想同他谈谈，他却赶快避开，孔子没能和他交谈。

6. 长沮、桀溺耦而耕。孔子过之，使子路问津焉。长沮曰："夫执舆者为谁？"子路曰："为孔丘。"曰："是鲁孔丘与？"曰："是也。"曰："是知津矣。"问于桀溺。桀溺曰："子为谁？"曰："为仲由。"曰："是孔丘之徒与？"对曰："然。"曰："滔滔者天下皆是也，而谁以易之？且而与其从辟人之士也，岂若从辟世之士哉？"耰（yōu）而不辍。子路行以告。夫子怃然曰："鸟兽不可与同群，吾非斯人之徒与而谁与？天下有道，丘不与易也。"

【译文】

长沮、桀溺在一起耕种，孔子路过，让子路去寻问渡口在哪里。长沮问子路："那个拿着缰绳的是谁？"子路说："是孔丘。"长沮说："是鲁国的孔丘吗？"子路说："是的。"长沮说："那他应该早已知道渡口的位置了。"子路再去问桀溺。桀溺说："你是谁？"子路说："我是仲由。"桀溺说："你是鲁国孔丘的门徒吗？"子路说："是的。"桀溺说："像洪水一般的坏东西到处都是，你们同谁去改变它呢？而且你与其跟着躲避人的人，为什么不跟着我们这些躲避动荡社会的人呢？"说完，仍旧不停地做田里的农活。子路回来后把情况报告给孔子。孔子很失望地说："人是不能与飞禽走兽合群共处的，如果不同世上的人群打交道还与谁打交道呢？如果天下太平，我就不会与你们一道来从事改革了。"

【评析】

这一章反映了孔子关于社会改革的主观愿望和积极的入世思想。儒家不倡导消极避世的做法，这与道家不同。儒家认为，即使不能齐家治国平天下，也要独善其身，做一个有道德修养的人。孔子就是这样一位身体力行者。所以，他感到自己有一种社会责任心，正因为社会动乱、天下无道，他才不辞辛苦地带着自己的弟子们四处呼吁，为社会改革而努力，这是一种可贵的忧患意识和历史责任感。

7. 子路从而后，遇丈人，以杖荷蓧（diào）。子路问曰："子见夫子乎？"丈人曰："四体不勤，五谷不分，孰为夫子？"植其杖而芸。子路拱而立。止子路宿，杀鸡为黍而食之。见其二子焉。明日，子路行以告。子曰："隐者也。"使子路反见之。至，则行矣。子路曰："不仕无义。长幼之节，不可废也；君臣之义，如之何其废之？欲洁其身，而乱大伦。君子之仕也，行其义也。道之不行，已知之矣。"

【译文】

子路跟随孔子出行，落在了后面，遇到一个老丈，用拐杖挑着除草的工具。子路问道："你看到我的老师了吗？"老丈说："你们四肢不劳作，分不清五谷，哪里知道你的老师是谁？"说完，便拄着拐杖去除草。子路拱着手恭敬地站在一旁。老丈便留子路到他家住宿，杀了鸡，做了黄米饭给他吃，又叫两个儿子出来与子路见面。第二天，子路赶上孔子，把这件事告诉了孔子。孔子说："这是个隐士啊。"叫子路回去再看看他。子路到了那里，老丈已经走了。子路说："不做官是不对的。长幼间的关系是不可能废弃的；君臣间的关系怎么能废弃呢？想要自身清白，却忽视了根本的君臣伦理关系。君子做官，只是为了实行君臣之大义。至于儒道行不通，早就知道了。"

【评析】

过去有一个时期，人们认为这一章中老丈所说"四体不勤，五谷不分"是劳动人民对孔丘的批判等。这恐怕是理解上和思想方法上的问题。对此，我们不想多作评论，因为当时不是科学研究，而是政治需要。其实，本章的要点不在于此，而在于后面子路所做的总结，即隐居山林是不对的，老丈与他的儿子的关系仍然保持，却抛弃了君臣之伦。这是儒家向来都不提倡的。

8. 逸民：伯夷、叔齐、虞仲、夷逸、朱张、柳下惠、少连。子曰："不降其志，不辱其身，伯夷、叔齐与？"谓柳下惠、少连，"降志辱身矣，言中伦，行中虑，其斯而已矣"。谓虞仲、夷逸，"隐居放言，身中清，废中权"。"我则异于是，无可无不可"。

【译文】

被遗落的人有：伯夷、叔齐、虞仲、夷逸、朱张、柳下惠、少连。

孔子说："不降低自己的志向，不屈辱自己的身份，这是伯夷叔齐吧。"说柳下惠、少连是"被迫降低自己的志向，屈辱自己的身份，但说话合乎伦理，行为经过思考，也不过如此吧！"说虞仲、夷逸"过着隐居的生活，说话直接率性，能洁身自爱，离开官位合乎权宜"。"我却同这些人不同，可以这样做，也可以那样做。"

9. 大师挚适齐，亚饭干适楚，三饭缭适蔡，四饭缺适秦，鼓方叔入于河，播鼗武入于汉，少师阳、击磬襄入于海。

【译文】

太师挚到齐国去了，亚饭干到楚国去了，三饭缭到蔡国去了，四饭缺到秦国去了，打鼓的方叔到了黄河边，敲小鼓的武到了汉水边，少师阳和击磬的襄到了海滨。

10. 周公谓鲁公曰："君子不施其亲，不使大臣怨乎不以。故旧无大故，则不弃也。无求备于一人。"

【译文】

周公对鲁公说："君子不疏远他的亲属，不使大臣们抱怨不用他们。旧有老臣没有大的过失，就不要抛弃他们，不要对人求全责备。"

11. 周有八士：伯达、伯适、伯突、仲忽、叔夜、叔夏、季随、季騧。

【译文】

周代有八个士：伯达、伯适、伯突、仲忽、叔夜、叔夏、季随、季騧。

子张篇

本篇共计25章。其中著名的文句有："见危致命，见得思义"；"仕而优则学，学而优则仕"；"君子之过也，如日月之食也"；"其生也荣，其死也哀"。本篇中包括的主要内容有：孔子学而不厌、不耻下问的精神，孔子对殷纣王的批评，子夏关于学与仕关系的论述，君子与小人在有过失时的不同表现，以及孔子与其学生和他人之间的对话。

1. 子张曰："士见危致命，见得思义，祭思敬，丧思哀，其可已矣。"

【译文】

子张说："读书人遇见危险时能献出自己的生命，有利可得时能考虑是否符合义的要求，祭祀时能想到是否严肃恭敬，居丧的时候想到自己是否哀伤，这样就可以了。"

【评析】

"见危致命，见得思义"，这是君子之所为，在需要自己献出生命的时候，他可以毫不犹豫。同样，在有利可得的时候，他往往想到这样做是否符合义的规定。这是孔子思想的精华点。

2. 子张曰："执德不弘，信道不笃，焉能为有？焉能为亡？"

【译文】

子张说："对于道德，行为不坚强，信仰道而不忠实坚定，（这样的人）无足轻重。"

3. 子夏之门人问交于子张。子张曰："子夏云何？"对曰："子夏曰：'可者与之，其不可者拒之。'"子张曰："异乎吾所闻：君子尊贤而容众，嘉善而矜不能。我之大贤与，于人何所不容？我之不贤与，人将拒我，如之何其拒人也？”

【译文】

子夏的学生向子张询问怎样结交朋友。子张说：“子夏是怎么说的？”答道：“子夏说：‘可以相交的就和他交朋友，不可以相交的就拒绝他。’”子张说：“我所听到的和这些不一样：君子既尊重贤人，又能容纳众人；能够赞美善人，又能同情能力不够的人。如果我是十分贤良的人，那我对别人有什么不能容纳的呢？我如果不贤良，那人家就会拒绝我，又怎么谈能拒绝人家呢？”

4. 子夏曰：“虽小道，必有可观者焉；致远恐泥，是以君子不为也。”

【译文】

子夏说：“虽然都是些小的技艺，也一定有可取的地方；但用它来实现远大的事业就行不通了，所以君子不从事小道。”

5. 子夏曰：“日知其所亡，月无忘其所能，可谓好学也已矣。”

【译文】

子夏说：“每天学到一些过去所不知道的东西，每月都不会忘记已经学会的东西，这就可以叫作好学了。”

【评析】

这是孔子教育思想的一个组成部分。孔子并不笼统地反对博学强记，因为人类知识中的很多内容都需要认真记忆，不断巩固，并且在原有知识的基础上再接受新的知识。这一点，对我们今天的教育也有借鉴作用。

6. 子夏曰：“博学而笃志，切问而近思，仁在其中矣。”

【译文】

子夏说："博览群书广泛学习而坚守自己的志向，就切身的问题提出疑问并且去思考，仁德就在其中了。"

【评析】

这里又提到孔子的教育方法问题。"博学而笃志"即"博学而笃定志向"，再一次谈到它的重要性问题。

7. 子夏曰："百工居肆以成其事，君子学以致其道。"

【译文】

子夏说："各行各业的工匠住在作坊里来完成自己的工作，君子通过学习来掌握道。"

【评析】

百工与君子各行其道，各有志向。

8. 子夏曰："小人之过也必文。"

【译文】

子夏说："小人犯了过错一定要掩饰。"

9. 子夏曰："君子有三变：望之俨然，即之也温，听其言也厉。"

【译文】

子夏说："君子有三变：远看他的样子庄严可怕，接近他又温和可亲，听他说话语言严厉。"

10. 子夏曰："君子信而后劳其民；未信，则以为厉己也，信而后谏；未信，则以为谤己也。"

【译文】

子夏说："君子必须取得信任之后才去役使百姓，否则百姓就会以为是在折磨他们。要先取得信任，然后才去规劝；否则，（君主）就会以为你在诽谤他。"

11. 子夏曰："大德不逾闲，小德出入可也。"

【译文】

子夏说："大节上不能超越界限，小节上有些出入是可以的。"

【评析】

这一章提出了大节小节的问题。儒家向来认为，作为有君子人格的人，应当顾全大局，而不在细枝末节上斤斤计较。

12. 子游曰："子夏之门人小子，当洒扫应对进退，则可矣，抑末也。本之则无，如之何？"子夏闻之，曰："噫，言游过矣！君子之道，孰先传焉？孰后倦焉？譬诸草木，区以别矣。君子之道，焉可诬也？有始有卒者，其惟圣人乎？"

【译文】

子游说："子夏的学生，做些打扫和迎送客人的事情是可以的，但这些不过是末节小事，根本的东西却没有学到，这怎么行呢？"子夏听了，说："唉，子游错了。君子之道先传授哪一条？后传授哪一条？学术就像草和木一样，都是分类区别的。君子之道怎么可以随意歪曲？能按次序有始有终地传授给学生们的，恐怕只有圣人吧！"

【评析】

孔子的两个学生子游和子夏，在如何教授学生的问题上发生了争执，而且争得比较激烈，不过，这其中并没有根本的不同，只是教育方法各有自己的路子。

13. 子夏曰:“仕而优则学,学而优则仕。”

【译文】

子夏说:“做官还有余力的人,就可以去学习,学习有余力的人,就可以去做官。”

【评析】

子夏的这段话集中概括了孔子的教育方针和办学目的。做官之余,还有精力和时间,那他就可以去学习礼乐等治国安邦的知识;学习之余,还有精力和时间,他就可以去做官从政。同时,本章又一次谈到“学”与“仕”的关系问题。

14. 子游曰:“丧致乎哀而止。”

【译文】

子游说:“丧事做到尽哀也就可以了。”

15. 子游曰:“吾友张也为难能也,然而未仁。”

【译文】

子游说:“我的朋友子张可以说是难能可贵了,然而还没有做到仁。”

16. 曾子曰:“堂堂乎张也,难与并为仁矣。”

【译文】

曾子说:“子张外表堂堂,难以和他一起做到仁。”

17. 曾子曰:“吾闻诸夫子,人未有自致者也,必也亲丧乎。”

【译文】

曾子说："我听老师说过，（平常的时候，）人不可能自动地充分发挥感情，（如果有，）一定是在父母死亡的时候。"

18. 曾子曰："吾闻诸夫子，孟庄子之孝也，其他可能也；其不改父之臣与父之政，是难能也。"

【译文】

曾子说："我听老师说过，孟庄子的孝，其他人也可以做到，但他不更换父亲的旧臣及其政治措施，这是别人难以做到的。"

19. 孟氏使阳肤为士师，问于曾子。曾子曰："上失其道，民散久矣。如得其情，则哀矜而勿喜。"

【译文】

孟氏任命阳肤做典狱官，阳肤向曾子请教。曾子说："在上位的人离开了正道，百姓早就离心离德了。你如果能弄清他们的情况，就应当怜悯他们，而不要自鸣得意。"

20. 子贡曰："纣之不善，不如是之甚也。是以君子恶居下流，天下之恶皆归焉。"

【译文】

子贡说："纣王的不善，不像传说的那样厉害。所以君子憎恨处在下流的地方，（一旦居下流，）天下一切坏名声都会归到他的身上。"

21. 子贡曰："君子之过也，如日月之食焉。过也，人皆见之；更也，人皆仰之。"

【译文】

子贡说："君子的过错好比日食、月食。他犯过错，人们都看得见；

他改正过错，人们都仰望着他。”

22. 卫公孙朝问于子贡曰：“仲尼焉学？”子贡曰：“文武之道，未坠于地，在人。贤者识其大者，不贤者识其小者，莫不有文武之道焉。夫子焉不学？而亦何常师之有？”

【译文】

卫国的公孙朝问子贡说：“仲尼的学问是从哪里学来的？”子贡说：“周文王、周武王的道，并没有失传，还留在人们中间。贤能的人可以了解它的根本，不贤的人只了解它的末节，没有什么地方无文王、武王之道。我们老师何处不学，又何必要有固定的老师教授呢？”

【评析】

这一章又讲到孔子之学何处而来的问题。子贡说，孔子承袭了周文王、周武王之道，并没有固定的老师给他传授。这实际是说，孔子肩负着上承尧舜禹汤文武周公之道，并将其发扬光大的责任，这不需要什么人讲授给孔子。表明了孔子“不耻下问”“学无常师”的学习过程。

23. 叔孙武叔语大夫于朝曰：“子贡贤于仲尼。”子服景伯以告子贡。子贡曰：“譬之宫墙，赐之墙也及肩，窥见室家之好。夫子之墙数仞，不得其门而入，不见宗庙之美，百官（指‘房舍’）之富。得其门者或寡矣。夫子之云，不亦宜乎！”

【译文】

叔孙武叔在朝廷上对大夫们说：“子贡比仲尼更贤。”子服景伯把这一番话告诉了子贡。子贡说：“拿围墙来做比喻，我家的围墙只有齐肩高，从外面可以看到里面房屋的美好。老师家的围墙却有几仞高，如果找不到门进去，你就看不见里面宗庙的富丽堂皇和房屋的绚丽多彩。能够找到门进去的人并不多。叔孙武叔那么讲，不也是很自然吗？”

24. 叔孙武叔毁仲尼。子贡曰："无以为也！仲尼不可毁也。他人之贤者，丘陵也，犹可逾也；仲尼，日月也，无得而逾焉。人虽欲自绝，其何伤于日月乎？多见其不知量也。"

【译文】

叔孙武叔诽谤仲尼。子贡说："（这样做）是没有用的！仲尼是诽谤不了的。别人的贤德好比丘陵，还可超越过去，仲尼的贤德好比太阳和月亮，是无法超越的。虽然有人要自绝于日月，对日月又有什么损害呢？只是表明他不自量力而已。"

25. 陈子禽谓子贡曰："子为恭也，仲尼岂贤于子乎？"子贡曰："君子一言以为知，一言以为不知，言不可不慎也。夫子之不可及也，犹天之不可阶而升也。夫子之得邦家者，所谓立之斯立，道之斯行，绥之斯来，动之斯和。其生也荣，其死也哀，如之何其可及也？"

【译文】

陈子禽对子贡说："你是谦恭了，仲尼怎么能比你更贤良呢？"子贡说："君子的一句话就可以表现出他的智识，也可以表现出他的不智，所以说话不可以不慎重。夫子的高不可及，正像天是不能够顺着梯子爬上去一样。夫子如果得国而为诸侯或得到采邑而为卿大夫，那就会像人们说的那样，教百姓立于礼，百姓就会立于礼，要引导百姓，百姓就会跟着走；安抚百姓，百姓就会从远方归顺；动员百姓，百姓就会齐心协力。（夫子）生得光荣，（夫子）死得可惜。我怎么能赶得上他呢？"

【评析】

以上这几章，都是子贡回答别人贬低孔子而抬高子贡的问话。子贡对孔子十分敬重，认为他高不可及，所以他不能容忍别人对孔子的毁谤。

尧曰篇

本篇共3章，著名的文句有："君子惠而不费，劳而不怨，欲而不贪，泰而不骄，威而不猛"；"宽则得众，信则民任"；"兴灭国，继绝世，举逸民"等。这一篇中，主要谈到尧禅让帝位给舜，舜禅让帝位给禹，即所谓三代的善政和孔子关于治理国家事务的基本要求。

1. 尧曰："咨！尔舜！天之历数在尔躬，允执其中。四海困穷，天禄永终。"舜亦以命禹。曰："予小子履，敢用玄牡，敢昭告于皇皇后帝：有罪不敢赦。帝臣不蔽，简在帝心。朕躬有罪，无以万方；万方有罪，罪在朕躬。"周有大赉，善人是富。"虽有周亲，不如仁人。百姓有过，在予一人。"谨权量，审法度，修废官，四方之政行焉。兴灭国，继绝世，举逸民，天下之民归心焉。所重：民、食、丧、祭。宽则得众，信则民任焉（《汉石经》无此五字，盖因《阳货篇》"信则人任焉"误增）。敏则有功，公则说。

【译文】

尧（让位给舜的时候）说："啧啧！你这位舜！上天的大命已经落在你的身上了。诚实地保持那中道吧！假如天下百姓都陷于困苦和贫穷，上天赐给你的禄位也就会永远终止。"舜（再让位给禹的时候）也这样告诫过禹。（商汤）说："我履谨用黑色的牡牛来祭祀，向伟大的天帝祷告：有罪的人我不敢擅自赦免，天帝的臣仆我也不敢掩蔽自己的罪恶，都由天帝的心来分辨。我本人若有罪，不要牵连天下万方，天下万方若有罪，都归我一个人承担。"周朝大封诸侯，使善人都富贵起来。（周武王）说："我虽然有至亲，不如有仁德之人。百姓有过错，都由我一人承担。"认真检查审定度量衡器，启用废弃的政治体系，全国的政令就会通行。恢复被灭亡了的国家，接续已经断绝的后代，提拔被遗落的人才，天下百姓就会真心归服了。所重视的四件事：人民、粮食、丧礼、祭祀。宽厚就能得到众人的拥护，勤敏就能取得功绩，公平就会使百姓高兴。

【评析】

这一大段文字，记述了从尧帝以来历代先圣先王的遗训，中间或许有脱落之处，衔接不畅。后来的部分，孔子对三代以来的美德善政做了高度概括，可以说是对《论语》全书中有关治国安邦平天下的思想加以总结。

2. 子张问于孔子曰："何如斯可以从政矣？"子曰："尊五美，屏四恶，斯可以从政矣。"子张曰："何谓五美？"子曰："君子惠而不费，劳而不怨，欲而不贪，泰而不骄，威而不猛。"子张曰："何谓惠而不费？"子曰："因民之所利而利之，斯不亦惠而不费乎？择可劳而劳之，又谁怨？欲仁而得仁，又焉贪？君子无众寡，无小大，无敢慢，斯不亦泰而不骄乎？君子正其衣冠，尊其瞻视，俨然人望而畏之，斯不亦威而不猛乎？"子张曰："何谓四恶？"子曰："不教而杀谓之虐；不戒视成谓之暴；慢令致期谓之贼；犹之与人也，出纳之吝谓之有司。"

【译文】

子张问孔子说："怎样才可以治理政事呢？"孔子说："尊重五种美德，排除四种恶政，这样就可以治理政事了。"子张问："五种美德是什么？"孔子说："君子要给予百姓恩惠而自己却无所耗费，让百姓劳作而不使他们怨恨，自己追求仁德而不贪图财色，安泰矜持而不傲慢，威严而不凶猛。"子张说："怎样叫要给百姓以恩惠而自己却无所耗费呢？"孔子说："就着人民能得到利益之处因而使他们有利，这不就是对百姓有利而自己无所耗费吗？选择可以让百姓劳作的时间和事情让百姓劳动，这谁又会有怨恨呢？自己要追求仁德便得到了仁德，又贪什么呢？无论人多人少，势力大小，君子都不怠慢他们，这不就是安泰矜持而不傲慢吗？君子衣冠整齐，目不斜视，使人见了就生敬畏之心，这不也是威严而不凶猛吗？”子张问：“什么叫四种恶政呢？”孔子说：“不经教化便加以杀戮叫作虐；不加申诫便要求成绩叫作暴；开始懈怠而突然限期叫作贼，同样是给人财物，却出手吝啬，叫作小气。”

【评析】

这是子张向孔子请教为官从政的要领。这里，孔子讲了“五美四恶”，这是他政治主张的基本点，其中包含有丰富的“民本”思想，比如：“因民之所利而利之”，“择可劳而劳之”，反对“不教而杀”“不戒视成”的暴虐之政。从这里可以看出，孔子对德治、礼治社会有自己独到的主张，在今天仍不失其重要的借鉴价值。

3. 孔子曰：“不知命，无以为君子也；不知礼，无以立也；不知言，无以知人也。”

【译文】

孔子说：“不懂得命运，就不能做君子；不懂得礼仪，就不能立身处世；不懂得分辨别人的话语，就不能真正了解人。”

【评析】

这一章，孔子再次提出做君子的三点要求，即“知命”“知礼”“知言”，这是君子立身处世需要特别注意的问题。《论语》一书最后一章谈君子人格的内容，表明此书之侧重点，就在于塑造具有理想人格的君子，培养治国安邦平天下的志士仁人。